# 天下梦

## 铁血复兴

周知惟 著

吉林文史出版社

**图书在版编目（CIP）数据**

秦国梦:铁血复兴 / 周知惟著. — 长春:吉林文史出版社，2017.12

ISBN 978-7-5472-4657-3

Ⅰ. ①秦… Ⅱ. ①周… Ⅲ. ①中国历史-秦代-通俗读物 Ⅳ. ①K233.09

中国版本图书馆 CIP 数据核字 (2017) 第 297315 号

# 秦国梦：铁血复兴

QIN GUO MENG TIE XUE FU XING

出版人 / 孙建军

著者 / 周知惟

责任编辑 / 王明智

封面设计 / 中北传媒

出版发行 / 吉林文史出版社

地址 / 长春市人民大街 4646 号　　邮编 / 130021

网址 / www.jlws.com.cn

电话 / 0431-86037501

印刷 / 廊坊市海涛印刷有限公司

开本 / 710mm ×1000mm　　16 开

印张 / 16　字数 / 214 千

版次 / 2018 年 2 月第 1 版　2018 年 2 月第 1 次印刷

书号 / ISBN 978-7-5472-4657-3

定价 / 48.00 元

# 目 录

# 秦孝公的压力

秦孝公元年（前 361 年），二十一岁的秦孝公嬴渠梁心情不是很好。

这一年，他先是经历了丧父之痛，最尊敬的父亲离他而去。秦孝公的父亲名叫嬴师隰，史称秦献公。这位早年流亡魏国的国君，是个类似于晋文公的雄主，不惑之年才回到秦国即位。甫一即位，他便利用其强有力的政治手腕，力排众议在秦国进行改革，又数次发动收复河西失地的战争。

在二十三年的帝王生涯中，秦献公无时无刻不为国事操劳，不敢有丝毫懈怠。因为当时的秦国经历百余年的内乱，国势不稳，中原诸侯国把秦国当成蛮夷歧视，老大哥魏国更是三天两头欺负秦国，诸侯国开国际会议从来不带秦国一块儿玩，就连那个同样受歧视的荆蛮楚国也瞧不起秦国。

同是天涯沦落人，何必呢？

秦献公对此很心痛。遥想当年，先祖秦穆公称霸西戎，开地千里，在与中原各国的较量中屡屡得手，击败霸主国晋国，俘虏晋惠公，先后消灭了梁国、芮国、滑国等十二个诸侯国，虽无霸主之名，但当时秦国的实力无愧于五霸之一。当时的诸侯国，尽管心里不服气，但谁也不敢明目张胆与秦国叫板。

现在秦国没落了，这群势利眼的家伙，就争先恐后地与秦国割袍断义，把歧视秦国当成时尚，好像不骂秦国几句就落伍似的。秦献公在残酷的现实中磨砺出更坚毅的品格、更崇高的志向，他要穷尽毕生之力让秦国重焕生机，恢复先祖穆公时代的强盛，为秦人争口气。

然而，理想和现实差距太大，秦献公殚精竭虑一生，最终也没能实现他的宏伟夙愿。在军事上，虽然秦献公的战绩可圈可点，屡败魏军，收复了不少土地，还曾俘虏魏国相国公叔痤，但秦国并没有建立起一套精兵强军的军事制度。在政治上，秦国的旧贵族势力仍然十分强大，秦献公的改革也因此很不彻底，不足以使秦国真正走向强盛。

秦献公二十三年（前362年），秦献公乘魏国与韩、赵两国作战之机，发动少梁突袭战，大败魏军，攻占庞城（陕西韩城东南）。这是秦献公最后的荣光，但可惜的是，此战并未改变天下格局，诸侯卑秦的现状依然存在，强邻魏国依然压得秦国喘不过气来。

少梁之战的第二年（一说当年），年老体衰的秦献公终于油尽灯枯，在栎阳秦宫撒手人寰。是时，秦国在秦献公的治理下，秦人重新激起了满腔热血，秦国大有复兴之势。此时，秦国正需要一位政治手腕老练的雄主统领，然而六十二岁的秦献公战胜得了强大的魏国，却无法延缓死神的脚步，在这关键时刻，永远地离开了这个世界。

就这样，复兴秦国祖业的重任，交到了年轻的秦孝公嬴渠梁手里。

秦孝公也是一位志向远大的君主，但越是志向远大，他的压力就越重。父亲秦献公是他的依靠和榜样，但如此阅历丰富、雄才大略的秦献公殚精竭虑了二十多年，都尚未让秦国真正走向强盛，不禁让人质疑，年轻的秦孝公能做到吗？

秦献公是秦灵公之子，秦灵公死后，他的叔祖悼子（秦简公）篡夺君位，秦献公被迫逃到魏国，开始了长达二十九年的流亡生涯。近三十年的颠沛流离，无疑开阔了秦献公的视野，使他更了解民间疾苦、百姓所需，更了解诸侯各国的局势，而秦孝公生长于深宫之中，他的社会阅历远不及其父，他能比得上秦献公吗？

当我们这样质疑秦孝公时，秦孝公内心深处也在反省。越是反省，他越觉得父亲秦献公高不可攀，心里的压力也就越大。但压力再大也要扛住，他是秦献公最中意的儿子，父亲临终前的深厚嘱托言犹在耳，为了不辜负父亲的厚爱，为了心中熊熊燃烧的强国梦想，为了大秦子民的殷切期待，秦孝公没有退路。

秦孝公决不是自卑之人，但他深刻懂得，凭一己之力断不可能复兴秦国，凭一国之才也难以让秦国真正强大。父亲秦献公就是最好的例子，他难道不够励精图治吗？他难道不够精明强干吗？他难道不懂得任用国中贤才吗？可事实很残酷，秦国确实没有因秦献公的努力真正强大起来。

在残酷的现实面前，顶着巨大压力的秦孝公深刻反思，他想到了伟大的先祖秦穆公。当年秦穆公之所以能称霸，在于唯才是举，求贤不局限于秦国，而是放眼天下，他手下的能臣们很多来自异国他乡。最有名的五羖大夫百里奚是虞国人，上大夫蹇叔是宋人，著名的谋臣由余从西戎投奔而来，秦孝公心想，自己何不效仿先祖从诸侯各国求贤呢？

现在的秦国虽然没落，但瘦死的骆驼比马大，相比起秦穆公之前的秦国，当前秦国的实力有过之而无不及。既然秦穆公能通过招揽天下贤才强国，秦孝公自信并非愚劣之才，为什么不效仿先祖，为什么不通过招揽贤才使秦国复兴？

想清楚了这些，秦孝公豁然开朗，压抑的内心也逐渐舒朗起来。尽管他背负着沉重的使命，但他将以一种积极的心态投入他的国君生涯中。他即将发布他国君生涯中的第一道诏令，也是他人生中最重要的一道诏令，它将彻底改变秦国的面貌。

# 求 贤

秦孝公出生在一个乱世，比起孔子哀叹的礼崩乐坏的春秋时期更为混乱。

在孔子之前，这种乱象就已经露出端倪。春秋前期，还只是周天子权势衰弱，诸侯国各自为政。到了孔子所处的春秋晚期，诸侯国国君也不幸步周王后尘，政在卿大夫之手。如孔子的母国鲁国，便是政出三桓，鲁君几乎形同虚设。

与鲁国同病相怜的是老牌霸主国晋国，国君被架空，晋国权力掌握在韩氏、赵氏、魏氏、智氏、范氏、中行氏六卿手中。孔子五十四岁那年（前490年），赵氏击败范氏与中行氏，晋国动乱进一步加剧。

孔子去世后二十年（前458年），赵、魏、韩、智四家完全瓜分范氏、中行氏的地盘，晋国由六卿执政变成权在四卿之手。

孔子去世后二十一年（前457年），赵、魏、韩三家结盟，击败最强大的智氏，平分其地，分别建立赵、魏、韩三个政权。

孔子去世后七十二年（前406年），周威烈王正式承认赵、魏、韩三家的诸侯地位，赵国、魏国、韩国建立。

随着晋国被赵、魏、韩瓜分，春秋彻底成为过去，历史的车轮隆隆向前推动。战国时代，诸侯国之间战争更频繁，战争规模更大、更惨烈。春秋时期战争还存有些道义，战国则全无节操，只讲权谋与利益。诸侯国之间，大鱼吃小鱼，小鱼吃虾米，兼并战争打得火热，一个又一个的诸侯国在战争中成为历史。

到秦孝公即位时，在秦国崤山以东只剩下齐、楚、燕、赵、魏、韩六大强国，国君分别为：齐威王、楚宣王、燕悼侯、赵成侯、魏惠王、韩哀侯。另外，在淮水与泗水一带，还存在十多个小国。

天下大势，总是由分裂走向统一，战国时期的诸侯国虽寥寥无几，但兼并战争仍然方兴未艾。在这样的时势下，秦国随时面临着被瓜分的危险，要么强大起来兼并别人，要么等待别人强大兼并自己。

秦孝公是个志存高远的强者，他想做兼并者，不想让秦国也成为历史。

但做兼并者又谈何容易，尤其是彻底解决魏国的腹背之患，与中原诸侯强国逐鹿天下，非得让秦国有一番翻天覆地的变化不可。秦国这个古老的诸侯王国，从先祖秦襄公护送落难的周平王因功被封为诸侯立国起，至今已延续了四百多年。

四百多年的漫长岁月，足以让一个朝气蓬勃的王国变得暮气沉沉，金玉其外，败絮其中。秦国犹如一棵生满虫子的参天大树，虽然看上去依然是那么高大雄伟，但事实上外强中干，如果不处理这些害虫，继续让其蚕食，国家迟早会有倒下的一天。

这些害人虫包括秦国的旧贵族势力、横行霸道的奴隶主，也包括各项陈腐的制度。尤其是旧贵族势力，他们出于自身利益的考虑，不仅不想革故鼎新，反而是旧制度的维护者。当年秦献公推行新法，便深受其害。

这些养尊处优的贵族掌控朝政，宁愿给自己不成器的狐朋狗友提供岗位，也不想给真正有才干的人一个机会。他们因循守旧、门第取人，不以能力论英雄，专以比拼家族势力为手段，使得贤才无上进之路，士庶无奋勇之心（穷人家的孩子在战争中立了功，功劳也可能被贵族们抢走），长此以往，大秦焉能不亡？

这些都还只是秦国乱象的冰山一角。每每想到这里，年轻的秦孝公就痛心疾首，深为大秦的未来感到担忧。他清醒地认识到，秦国已垂垂老矣，若想重新焕发生机，就必须变法。不破不立，唯有打破陈腐的制度，建立与时俱进的新制度，秦国才能够浴火重生，从衰老走向新生。

但秦孝公此时也很矛盾，变法是国之大事，不变法，秦国虽然可能走向灭亡，但国运还能延续很长一段时间，至少他自己应该不会成为亡国之君，而变法一旦失败，秦国可能顷刻间亡于他本人之手。

是贪图一时安逸、墨守成规得过且过，成为一名平庸的君主，还是冒着亡国风险，开拓创新、有为而治，成为一名伟大的君主？秦孝公一时还拿不定主意。

且不去想那么多吧，秦孝公认为，不管最终是否下定决心变法，作为一个志向远大的君主，都应该表现出对人才的渴望。这种表现，不是沽名钓誉，是由衷而发，他确实亟须一批贤才辅佐他，即便将来不依仗他们推行新法，有他们的存在，也能够给古老的秦国注入一些新鲜血液，不至于那么腐气横生。

于是，就在即位的当年，满腔抱负的嬴渠梁发布了历史上有名的"求贤令"。这篇令文很朴实、很真挚，也很感人，它承载了年轻的秦孝公对国运不振的痛心，表达了他对贤才的渴望，更寄托了他对强国梦的憧憬。

> 昔我穆公，自岐雍之间，修德行武，东平晋乱，以河为界；西霸戎翟，广地千里；天子致伯，诸侯毕贺，为后世开业，甚光美。会往者厉、躁、简公、出子之不宁，国家内忧，未遑外事，三晋攻我先君河西地，诸侯卑秦，丑莫大焉。献公即位，镇抚边境，徙治栎阳，且欲东伐，复穆公之故地，修穆公之政令。寡人思念先君之意，常痛于心。宾客群臣有能出奇计强秦者，吾且尊官，与之分土。（《史记·秦本纪》）

这篇求贤令字数虽少，但内容丰富，可以从四个方面解读。

首先是回顾荣光。

秦国的历史悠久且光荣。先祖秦穆公崛起于岐雍之间，通过不断地励精图治，提升政治军事业务能力，一举平定晋国之乱，拥立了春秋霸主晋文公。在与西戎的战争中，秦军势如破竹，开疆辟地上千里，天子知道了，承认了秦国的西方霸主地位，诸侯知道了，挤破脑袋溜须拍马，那个时候的秦国多威风呀！

秦孝公在令文中回顾老一辈的光辉事迹，可不是想让秦人夜郎自大闭关锁国，而是增加秦人的自信心与凝聚力。二百年前秦国可以做到的，二百年后的秦国没理由做不到。

同时，秦孝公也是在宣传秦国形象。上百年的内乱，使秦国国势衰弱，中原诸侯歧视秦国，把它视为戎狄，天下才子对秦国敬而远之。面对这种尴尬的局面，秦孝公必须列举出先祖的霸业，以证明秦国也是可以建功立业之地。可惜当时没有摄像机，不然秦孝公非得拍一部纪录片宣传秦国形象不可。

其次是承认现实。

一百年前，秦国开始出现动乱，秦厉公穷兵黩武，内政不稳。

秦厉公死后，秦躁公即位，西戎乘机作乱，直逼渭水。

秦躁公死后，其弟秦怀公即位，国君地位不稳，怀公被大臣围攻，自杀而死。

秦怀公是秦孝公的高祖父，秦怀公死后，祖父秦灵公即位。秦灵公死后，父亲秦献公的君位却被叔祖秦简公篡夺。

秦献公被迫流亡在外。二十九年后，不惑之年的秦献公借助魏国势力回国，从秦灵公的孙子出子手中夺回本属于自己的国君之位。

百年动乱，使秦国内忧外患，国内争权夺利血腥不断，国外诸侯国趁火打劫，魏军在名将吴起的率领下屡次大败秦军，攻占西河要地。人善被人欺，国弱被人歧，秦国本来就与西戎接壤，保留有少数民族文化特性，加上国力的走衰，中原诸侯更加看不起秦国，蛮夷视之。蛮夷是什么？在中原人看来，蛮夷就是落后的不开化之地的民众。中原诸侯把秦国当"蛮夷"看待，秦孝公坦白地表示，没有比这更大的耻辱。

俗话说得好，知耻而后勇，不甘受辱的秦国人一定会奋力反击，重夺失去的尊严。这也从侧面告诉天下人，秦人要振作了，我嬴渠梁发布求贤令，不只是说说而已，渴望建功立业的才子们不应放过这个机会。

再次是表明心迹。

自先父秦献公即位以来，励精图治，安抚边境，迁都栎阳，出兵东征。先父如此殚精竭虑，图的是什么？是收复失地，恢复穆公时代的强盛，扬我大秦国威。我嬴渠梁作为秦献公的继承人，也一定秉承先君的遗志，好好学习，提升业务能力，努力工作，天天向上，争取为秦国打一个漂亮的翻身仗。

在表明心迹的同时，秦孝公也是为秦人树立信心。众所周知，秦献公即位后，铁血治国，致力变革，发动反击战，迅速遏制了秦国的继续衰败，俨然有了复兴的气象。事实往往比空泛的言论更有说服力，一个正在走上坡路的秦国，足以证明秦国没有病入膏肓，秦人可以通过努力改变面貌，复兴祖业。

这也给天下人释放出一个信号，对秦国不要再拘泥于成见，这个国家已经出现了兴盛的苗头，正是才子们可放开手脚大干一番之地。

最后是慷慨利诱。

我嬴渠梁以人格担保，复兴祖业不是一时激动，求贤也不是开玩笑，每每想到先父的夙愿，想到秦国到了如今这般田地，就痛心不已。我今天就把话撂这儿了，不管是谁，只要能献计强秦，我立马给他官做，有多大能耐做多大官，有多少功绩赏多少土地。君子一言，驷马难追，谁能强秦，决不食言。

因为真挚，所以更能够打动人心。秦孝公这篇真挚的"求贤令"，在没有电视广播、互联网的战国时代，也出了秦国，传到了异国他乡一个落魄公子的耳中。

人生充满幽默，幽默各式各样，有热的，也有冷的，当然还有黑的。不幸的是，这名落魄公子遇到的就是黑色幽默。出生于国君之家，满腹王佐之才，在号称霸主国的魏国找工作，却屡屡不得志，混了好些年，还只是相府的一个小跟班。后来相爷总算把他推荐给貌似英明的魏王，不料魏王根本不买账。

好在这名落魄公子并没有自怨自艾，此处不留爷，自有留爷处，他决定离开魏国，前往那个令中原士子鄙而远之的所谓蛮夷之地——秦国，去开创一番属于自己的伟大事业。

是的，当这名落魄公子看到秦孝公的"求贤令"时，他很心动。

求
贤

# 落魄的卫鞅

这名落魄公子目前在魏国工作，在相国公叔痤的相府里当秘书（中庶子）。他原本是卫国人，而且出身高贵，是卫国国君的庶子，可能觉得卫国庙小容不下他这尊大佛，才背井离乡漂到魏国打拼。

魏国是当时天下最强大的诸侯国，它的强盛，得益于李悝的变法。李悝是法家代表人物，而恰好这名落魄公子研读的专业也是刑名之学，是根红苗正的法家学派传人。按理说，他来到靠变法强大的魏国，专业对口，应该能打拼出一番事业。

可惜的是，这么多年来，他一直怀才不遇，混得不是很好。

魏国那么强大的诸侯国，难道真没他展现自我的舞台？这人究竟是谁？他是真怀才不遇，还是只是个纸上谈兵的书呆子？

这人正是大名鼎鼎的商鞅。商鞅并不姓商，他为姬姓公孙氏，当时人都管他叫公孙鞅或卫鞅。那为什么又叫他商鞅呢？这当然不是因为他认了个姓商的干爹，而是他后来被封在商地，时人称之为商君，后人便索性叫他商鞅了。

商鞅不是纸上谈兵的书呆子，他具有王佐之才，之所以多年怀才不遇，问题出在他的领导公叔痤身上。

公叔痤是魏国的总理，当初少梁之战，他领兵作战，兵败后成了秦献公的俘虏。被俘的公叔痤既没有杀身成仁，也没有投靠秦国，正好秦献公不想与魏国仇上加仇，便把他遣送回魏国了。

作为败军之将，还是个俘虏，回国后的公叔痤却并不因此受魏王的冷落，依然担任魏国相国。

当时魏国的国君魏惠王，是个相对仁厚的君主，对公叔痤的印象很好，所以没有拿他兵败被俘的事严加惩治。魏惠王还夸公叔痤："岂非长者哉！既为寡人胜强敌矣，又不遗贤者之后，不掩能人之迹，公叔何可无益乎？"意思是说，公叔痤真是个能人，既能打仗，又会举贤，寡人得好好赏他。

然而就是这么一位在魏惠王眼中善于举贤的人，却遗漏了他官署里最大的才子商鞅。公叔痤没有向魏惠王举贤商鞅，并非不知商鞅满腹雄才，恰恰相反，他十分清楚商鞅是个能干大事的人，没有举荐，史书上说是因为"未及进"，意思是没来得及推荐。

这就有意思了，商鞅在他手底下干事也不是三两天了，你公叔痤同志再忙，总不至于向魏王推荐个人的时间都没有吧？于是有人怀疑，公叔痤担心举荐商鞅后，魏惠王会重用商鞅而冷落了他，所以耍了把心机选择沉默。

这样的怀疑并非空穴来风。公叔痤虽然在魏惠王口中有举贤的美名，但事实上他也有妒贤的丑闻。当初名将吴起在魏国混得风生水起，战功名望都很高，只是有些功高震主，让魏武侯心里不痛快，总担心吴起将来会做叛徒。公叔痤当然也不痛快，他担心吴起将来会取代他，于是利用魏武侯对吴起的怀疑，把吴起从魏国逼走了。

公叔痤以前就是这样一个有心机的人。当然，人都有犯错的时候，一次错误并不能说明什么，也不能总盯着一个人的一次旧错不放，一口咬定他公叔痤就是个嫉贤妒能之人，就是他在存心打压商鞅，这样似乎太过主观臆断。上述事件，只能说明公叔痤不向魏惠王举荐商鞅很有担心他夺宠的嫌疑。

从另一个角度来看，公叔痤对商鞅不仅印象不错，而且挺有感情的。说他为了权势在有生之年都将商鞅冷落，似乎太不近人情。如果真是那样，商鞅也不是傻子，应该对公叔痤恨之入骨才对，而事实上，他与公叔痤的关系也不错。

历史的真相究竟是什么？天知道。

公叔痤确实很重视商鞅，虽然他平常没有向魏惠王举荐商鞅，但在病重时却念念不忘把商鞅推荐给魏惠王。这可能是人们所猜测的那样，公叔痤故意等到病重时才举荐商鞅，这样才能确保他生时不会被商鞅夺位，也可能是他病重时不再管理朝政，才有闲暇更深沉地思考相国接班人的问题。

不管如何，弥留之际的公叔痤总算是开口了。公元前361年的某日，公叔痤正抱病在床，魏惠王得知公叔痤病得很严重，于是亲自前往相国府探望病情，顺便向他咨询相国接班人的事情。

公叔病，有如不可讳，将奈社稷何？（《史记·商君列传》）

相国这个病……那当然是会好的。寡人是说万一啊，万一相国走了，我魏国可就少了根顶梁柱，将来谁来接你的班呢？

公叔痤见机会来了，连忙向他推荐商鞅："这个您不用担心，臣府中有个叫卫鞅的中庶子，业务能力过硬，学的又是法家，大王不妨让他接臣的班。"

卫鞅？卫鞅啊，听都没听说过！魏惠王表示特无语，寡人此番前来，原本以为你公叔痤会有高见，给寡人推荐当代名士，没想到你给寡人推荐的竟是你们家秘书，无名小卒一个，都这个时候了，你还有心情跟我在这儿开玩笑。

虽然魏惠王将公叔痤的话当耳边风，但公叔痤说得很认真，见魏惠王沉默不语，他又补了一刀："卫鞅这个人了不得，大王如果实在怀疑他的能力，不想用他，那干脆杀了他，免得他去投奔别的国家。"

这回魏惠王倒是表态了，他向公叔痤承诺，如果将来不用卫鞅，一定收拾那兔崽子，不让他活着离开魏国。

公叔痤信以为真，对魏惠王的承诺很满意，但同时也隐隐生出一些愧疚与不忍。此时的他很矛盾，在对魏国的忠与商鞅的义之间不知如何取舍。作为魏国的朝廷重臣，他必须向魏惠王尽忠，为魏国的前途考虑；而作为商鞅的老上司，相交多年，他也有必要为朋友的前途考虑，至少不能伤害他。

是尽忠还是取义？这是个世界性的难题。孟子说鱼和熊掌不可兼得，但公叔痤"贪心"，他既要鱼又要熊掌，想忠义两全。

等魏惠王离开相国府，公叔痤连忙把商鞅叫到跟前，屏退左右，将他内心的矛盾坦诚相告："刚才魏王来府中了，他问谁可以继承老夫的相位，老夫向他推荐了你，但魏王没有答应。卫鞅啊，老夫知道你有才，你是个干大事的人，但你别怪老夫无情，老夫毕竟是魏国的相国，得为魏国的前途着想，老夫不能让你这样的人才投奔别的国家，使你将来成为魏国的劲敌。所以，卫鞅啊，老夫对不住你，老夫和魏王说了，如果不重用你，就杀了你。"

这番话道出了公叔痤的恻隐之心，他实在不愿看到相知多年的好友壮志未酬身先死，又提醒商鞅："卫鞅啊，老夫来日无多了，你快些走吧，离开魏国，走得越远越好，晚了，魏王的人就要对你下手了。"

公叔痤自以为这样做就能忠义两全了。但他不知道，当他劝魏惠王杀商鞅的那刻，就已经对商鞅不义了；当他劝商鞅赶快逃命的那刻，也已经对魏惠王不忠了。有得必有失，追求忠义两全的结果，往往是忠义两难全。

作为多年相知，商鞅能够体会到公叔痤内心的矛盾，他没有计较公叔痤建议魏惠王杀他，他知道老上司是迫于尽忠而不是出自私怨。但他同样没有听从公叔痤的建议，即刻逃离魏国，因为商鞅清楚，危险不会降临到他身上。

彼王不能用君之言任臣，又安能用君之言杀臣乎？（《史记·商君列传》）

面对公叔痤急切的劝诫，商鞅风轻云淡，一笑了之，魏王不听相国的话重用我，又怎么会听相国的话杀了我？

商鞅不仅有王佐之才，也善于揣度人心。魏惠王身上有三大特性，决定了他不可能置商鞅于死地，一是爱才，二是仁慈，三是好名。

因为爱才，魏惠王得人才而必用之，就连孟子那样满口仁义道德的老夫子，他也是毕恭毕敬。现在公叔痤建议他重用商鞅，而魏惠王以沉默表示抗议，说明在魏惠王眼中，商鞅并不是个能干大事的人。

既然魏惠王认为商鞅没有王佐之才，魏惠王自然也认为，商鞅不可能在将来威胁到魏国，对于仁慈且好名的魏惠王来说，他实无必要狠下心来冤杀这个平庸的读书人给自己带来残暴的恶名。

事实证明，商鞅的猜测一点儿没错，魏惠王回到王宫就对左右吐槽："悲剧啊，相国看来是病得很严重，脑子都有点不清楚了，竟然想让寡人提拔他官署的秘书卫鞅接任相国，就是那个无名小卒，这不开玩笑嘛！"

这一番吐槽，意味着魏惠王从头至尾都把公叔痤的建议当胡话，意味着魏惠王完全没把商鞅当盘菜，根本不会对商鞅采取任何行动。

此事过后不久，公叔痤终于熬到了生命的尽头。而在公叔痤死后，魏惠王依然没有对商鞅采取任何行动。这时的商鞅啼笑皆非，不知该庆幸他猜中了结果，还是该悲哀他在魏国永无出头之日，也许两者都有吧。

上天是不公平的，你能说山区里的穷孩子和王思聪一样幸运吗？我们没必要自欺欺人、牵强附会来证明上天公平。但天无绝人之路，命运也会给每一个有理想的人一个出头的机会，就看你能不能敏锐地洞察到，并充分利用努力拼搏了。

就在公叔痤死后不久，秦孝公求贤的令文传播到了魏国，传到了刚失去靠山正为前途忧虑的商鞅手中。这对于商鞅而言就是一个机会，一个展现王佐之才建功立业的机会。

商鞅详细地阅读求贤令，摒弃中原诸侯对秦国的偏见，他觉得这是个难得的机会，年轻的秦君雄心壮志，秦人铁血善战，秦国西部无强敌环伺后方稳固，且秦国近年来致力革新有复兴之势，投奔秦国大有可为。

于是，商鞅决定入秦。他收拾好行囊，怀揣着李悝所著的《法经》，开启了他的寻秦之旅。

落魄的卫鞅

# 面　试

　　商鞅入秦并不顺利，路途上的艰辛自不待言，当时没有飞机高铁汽车，长途旅行全靠马车或双腿。路途上吃点儿苦并不算什么，这个商鞅早有心理准备，可他意料不到的是，在秦国找份满意的工作也不容易，饶是他这样杰出的人才，遇上秦孝公这样求贤似渴的老板，也还有两次面试失败的经历。

　　作为一个魏国来的无名小卒，商鞅想见到秦孝公并不容易，他只好采取迂回战术，先取得秦孝公宠臣景监的信任，再通过景监的介绍拜见秦孝公。好在这景监比较厚道，没有太为难商鞅，很快就把他引荐给了秦孝公。

　　秦孝公求贤若渴，很快便安排面试。这是秦孝公对商鞅的第一次面试，不知道一心想遇到伯乐的商鞅是否紧张，但可以确定的是，秦孝公却觉得很无聊。

　　商鞅见到秦孝公便大谈三皇五帝之道，秦孝公对此很没兴趣，但商鞅依然滔滔不绝，"招来"了秦孝公的睡意。我们不妨想想那个场面，一边是商鞅把三皇五帝的事迹说得唾沫横飞，一边是秦孝公边听边打瞌睡，到后来索性直接睡大觉，这一幕是不是似曾相识？

　　作为学生，秦孝公觉得卫老师上课很没意思；作为老板，秦孝公觉得卫同志可能是个书呆子，说话不切实际；作为国君，秦孝公觉得卫先生有些迂腐，他的政见不可行。于是，商鞅的第一次面试，以失败而告终。

白白浪费这么多时间听一个迂腐书生高谈阔论，秦孝公很恼火，他需要发泄，于是把景监批评了一顿："你这回给我引荐的那个叫卫鞅的书生，寡人看他就是个狂妄无知的货色，这种人怎么可能让他在秦国混？"

好心没好报，挨了训的景监也很恼火，又把火发泄到商鞅头上。商鞅不以为忤，淡淡道："我可能有点儿高估秦君了，我和他讲解五帝之道，他没兴趣，想必是还没有领悟吧。你不妨让我再试一次，我说点儿别的。"

过了五天，秦孝公的怒气也逐渐消了，景监又向他推荐商鞅。秦孝公同意再次接见商鞅。对于这个狂妄无知的书生，秦孝公能答应景监在百忙之中再次接见，可见他求贤似渴到了何等地步。那时的秦孝公，对复兴秦国基业的急切，那种忧急如焚的心情，常人根本不可能感受得到。

在这种急切的心情中，秦孝公对商鞅进行了第二次面试。

这次商鞅与秦孝公谈论的是王道。所谓王道，无非就是夏禹、商汤、周文武建立王朝所实行的政治思想。如果说夏禹商汤距离秦孝公所处时期还有些遥远，那么周文王、周武王的事迹对秦孝公而言，就简直是本朝的国史了。

秦孝公对国史倒是有点兴趣，但他不想做文王、武王，文武之道投资周期太长了。他一想到周文王奋斗了一辈子，摘桃子的却是他儿子姬发，心里就不痛快，大丈夫生前就该轰轰烈烈，死后扬名还有什么意思？

于是，商鞅的第二次面试又以失败告终。

面试结束后，秦孝公又把景监训斥了一顿，而景监继续把秦孝公对他的火发泄在商鞅头上。

商鞅只是一个求职者，连员工也不算，面对老板秦孝公与充任人事专员的景监的怒火，他只能逆来顺受。他耐心地向景监解释，希望能再获得一次面试的机会："我这次和秦君谈的是王道，没想到啊，他还是不感兴趣。不过我这里还有别的治国之道，还请景兄再帮忙引荐一下，多谢了哈！"

也不知商鞅究竟给景监灌了什么迷魂汤，又或者给了景监什么好处，总之景监这次依然答应了商鞅的请求。求贤似渴的秦孝公也没有把商鞅拒之门外，毕竟相对于第一次面试，商鞅的第二次面试还是有些进步，他期待这次商鞅能有什么高见。

很快，秦孝公对商鞅的第三次面试又开始了。

俗话说事不过三，如果商鞅这次面试还不能说服秦孝公，很可能就要卷铺盖走人了。这次商鞅准备得更加充足，他与秦孝公谈论的是霸道，即齐桓、晋文、楚庄、阖闾、勾践之霸，这是发生在春秋时期的历史，对秦孝公而言无疑是近代史。

秦孝公对近代史很有兴趣，尤其是联想到他先祖秦穆公也曾称霸西戎，在中原诸侯中虽无霸主之名，但有霸主之实，他的内心就无比激动。商鞅说得头头是道，他也听得乐此不疲，时不时地赞美几句，但美中不足的是，对于商鞅的某些建议，他依然没有采用。

严格来说，商鞅的第三次面试并没有成功，或者说已经成功了一半，因为他获得了复试的机会。这次面试结束后，秦孝公没有再向景监发火，反而夸奖了一番："没想到你推荐的这个人还不错，等哪天有空，可以和他继续谈谈。"言外之意，景监你等下通知卫鞅，让他别急着离开，准备复试。

景监把这个好消息告诉商鞅，商鞅信心十足："这回我和秦君说的是霸道，我看他那样子，确实有些想施行的冲动。如果他真给我复试的机会，我知道说什么了。"

如商鞅所愿，复试如期而至。这次商鞅因为抓住了秦孝公的胃口，联系时事，侃侃而谈，秦孝公听得如痴如醉，不知不觉就把膝盖移到席前去了，一连听了几天都不知疲倦。这种兴致，和孔子"闻韶，三月不知肉味"异曲同工。

那么商鞅究竟和秦孝公说了什么，让他如此兴致勃勃？商鞅复试时与秦孝公谈论的应该是强国之术，也就是变法。秦孝公不喜欢远古的政治思想，商鞅与他交谈时所谈论的事迹越接近他所处的时代，他越感兴趣，谈到春秋五霸时，就有些兴致盎然了。商鞅于是明白，秦孝公与他一样，都是法家之术的爱好者，注重现实，不好古、不崇古、不复古，既然这样，复试时与他谈论变法他应该很感兴趣。

既然要谈论变法，就免不了提到魏国，提到李悝在魏国的变法。这就是几十年前发生的事情，对秦孝公而言，相当于现代史。作为魏国的老邻居、老对手，秦孝公当然对魏国的强大很感兴趣，很想了解魏国是如何成为当今天下最强大的诸侯国的。谈论魏国变法，其目的自然是希望秦国也能效仿，这其中需要讨论的问题更多，还需要联系时事针砭时弊，这些都是秦孝公很感兴趣的话题，数日不知疲倦完全不足为奇。

总之，商鞅在这次复试中的表现非常精彩，秦孝公很满意。

景监看到秦孝公如此兴奋，作为商鞅的推荐人，他脸上也倍儿光彩，但同时也很好奇，便问商鞅："卫兄和国君究竟说了些什么，能让国君这么高兴？"

商鞅坦诚相告："我之前和国君说帝道、王道，他不感兴趣，他觉得投资周期太长，要想完全看到成效恐怕得好几十年，甚至上百年的时间，他等不起。国君说出名要趁早，建功立业要趁早，不能一辈子郁郁不得志。于是，我给他讲强国之术，他认为强国之术能让他活着看到秦国复兴，所以很感兴趣。"

但商鞅同时也告诉景监，"然亦难比德于殷周"，意思是说利用强国之术治理秦国，秦国虽然会迅速走向强盛，但其成就也难以与商周两朝媲美。这句话不知是后世儒生添加，还是商鞅的原话。作为法家学术的代表人物，眼光理应是朝前看，为什么要说秦国的将来难以媲美殷周？儒生才喜欢厚古薄今。当然，商鞅能和秦孝公从三皇五帝谈到齐桓晋文，从帝道谈到王道、霸王，他对儒学也有过一番研究，或许也略微有点崇古情怀。然亦难比德于殷周的话，未必不是出自他之口。

但不管真相如何，在我看来，秦国，尤其是后来的秦朝，虽然只有短短十五年国祚，但要比商周两朝伟大。秦始皇统一全国，书同文，车同轨，废分封制，设郡县，南征北伐，奠定中华版图雏形，这是商周两朝都未曾实现过的。

而秦始皇之所以能够开创前所未有的功业，正是得益于自秦孝公以来苦心经营的基业。而秦孝公之所以能够开创基业，则是得益于商鞅变法。这场变法彻底改变了秦国萎靡不振的面貌，它无疑是成功且伟大的。

然而这场轰轰烈烈的变法，在起初并未得到秦人的认可，甚至该不该变法的问题，在秦国也是各执一词，吵得不可开交。

# 舌战保守派

秦孝公听商鞅讲富国强兵之术，很兴奋，也很有跃跃欲试的冲动。秦国这个老古董，到处都是灰尘，到处都生满了锈迹，不好好清理与维护一番，腐朽消亡是迟早的事。

但秦孝公到底还是没能下定决心。变法实在是一件惊世骇俗的大事，尽管秦孝公明白秦国到了必须改革的时刻，也对商鞅所提出的新法颇有信心，但那些顽固的老贵族就像横亘在变法之前的高山，秦孝公担心自己跨不过去。

还有秦国的老百姓们，变法势必从方方面面改变他们的生活习惯，对旧生活习以为常的老百姓们会支持新法吗？他们会不会在老贵族的煽动下闹事？退一步说，即便他们不闹事，会不会在背后指责他嬴渠梁是个背弃祖宗胡作非为的昏君？

秦孝公要脸，他可不想秦国百姓们都骂他不要脸。

商鞅很清楚秦孝公的苦衷，但相比长于深宫妇人之手的秦孝公，他的决心与魄力更大。商鞅认为，秦孝公不是傀儡君主，他的父亲秦献公很平稳地完成了权力交接，只要秦孝公凡事多长个心眼，牢牢控制住君权，老贵族们翻不了天。

至于老百姓的非议，在商鞅看来，那根本不值一提。在秦孝公最纠结的时候，商鞅的一席话，让他豁然开朗："君上如果想干一番大事，就应该果断点，犹犹豫豫，前怕狼后怕虎的，能干成什么事？咱们是在变法，变法当然有风险，如果没有风险，其他诸侯国的君主也不是傻子，不早就变法了吗？"

商鞅的这番话是在秦孝公举行的宫廷会议上说的，而会议的主题正是讨论该不该变法。这次会议聚集了秦国朝廷众多名望大臣，其中有很大部分是保守派贵族，由于秦孝公内心深处偏向变法，因此暂时没有给保守派们发力的机会，使商鞅得以继续侃侃而谈。

"臣知道君上担心什么，但臣可以明确告诉您，如果您推行新法，老百姓肯定非议，这是无法避免的。"商鞅正色道，"老百姓的见识水平低下，您的高瞻远瞩他们肯定不理解，在背后非议也正常，您不必太在意。真理掌握在少数人手中，这世上很多高明的主张刚提出时，都是不被人认可，甚至是嘲笑的，现在的变法也将如此，希望君上明鉴。"

秦孝公听到这番话，心里舒坦了许多。商鞅乘胜追击："君上，干大事者可不能墨守成规，您应该向远古时代的圣人学习，只要可以强国富民，根本不用眷恋旧制度，该抛弃就抛弃。如果老百姓不理解，您也不必跟他们解释，老百姓可以与他们乐享其成，但不能与之谋划大事。"

秦孝公正担心如果变法，该怎么和秦国老百姓解释，商鞅这番话说得很及时，让他恍然大悟——根本不必解释，他们尝到变法的甜头了自然会消停。

"卫先生说得真好啊！"秦孝公不禁发出一声赞叹。

"卫鞅一派胡言，君上万不可被他蒙蔽！"

秦孝公被这一声激烈的控诉吸引，他定睛一看，说话者正是老贵族甘龙。甘龙是秦国的老官僚保守派，官拜上大夫，他的一言一行在秦国都很有分量。尽管老贵族们造不成反，但秦孝公若想顺利完成变法，依然需要他这样的老贵族配合，因此说服这些老官僚支持变法，或者说服他们不给变法添乱，也是很有必要的。

作为秦孝公的辩手，商鞅早已做好应对保守派抗议的准备，此时他信心十足，从容不迫，正等着甘龙送上门来受虐。

甘龙的反对理由很有群众基础："变法太闹腾，把秦国折腾得天翻地覆的，百姓们不习惯，当官的也不习惯，这样做真的好吗？如果按老祖宗留下来的规矩管事，不需要多费精力，百姓们也都安定，不挺好的吗？老夫觉得，圣人不变法，能不改变祖宗的制度还能让国家强盛的人，才算得上是真正的聪明人。"

一番酣畅淋漓的抗议下来，甘龙很得意，自以为这番辩驳无懈可击，但他没想到商鞅比他还善辩，而且专打他这种保守派的七寸："君上，甘大夫所说的，正是世俗之见，老生常谈的论调。像甘大夫这种人，安于现状，缺乏进取心，拘泥于书本上的知识，说得难听点就叫书呆子。这种人让他奉公守法可以，和他谈改革就是扯淡。"

"甘大夫，您说圣人不变法，那么卫鞅想请教您两个问题。"商鞅开始与甘龙针锋相对，"夏商周三代制度各不一样，但夏禹、商汤、周文王和周武王都能够开辟新时代，请问他们遵循的是谁的制度？齐桓公、晋文公、楚庄王、吴王阖闾、越王勾践先后称霸，他们国家的法制互不相同，请问他们又是遵循谁的制度？他们可不像您这么保守，他们是开创者，制定法度，所以能成就大业，而像您这样的人，只能被他们所制定的法度统治。"

甘龙被商鞅这番有理有据的辩驳气得面红耳赤，心中虽然很不服气，但也实在是理屈词穷了，不知道如何反击。看着哑口无言的甘龙，又看着商鞅理直气壮一脸嘚瑟的样子，同为老贵族的杜挚气就不打一处来，他按捺不住心中的不满，一定要好好会会这个卫国人。

　　利不百，不变法；功不十，不易器；法古无过，循礼无邪。（《史记·商君列传》）

见商鞅骂反对变法的人为书呆子，杜挚觉得不能往刀口上撞，否则商鞅肯定会抓住这点大做文章，这样一来，辩论的主动权就在商鞅手中了，他想不败都很难。精明的杜挚没有直白地抗议变法，但他给变法设了个要求，即变法的前提是保证有百倍的利益、十倍的功效，为蝇头小利承担改弦易辙的风险不划算。

如果秦孝公决定变法，而且变法取得成功，秦国能否获得百倍的利益？当然不可能。这一点，秦孝公明白，商鞅也明白，在场的朝廷大臣只要不是猪脑子，都明白。正因为这样，杜挚便可以很自然地露出狐狸尾巴——"法古无过，循礼无邪"（仿效成法没有过失，遵循旧礼不会出偏差），理直气壮地维护传统且陈腐的政治制度与价值观。

杜挚的这番辩词也是一个套，他以"利不百，不变法"诱导商鞅，让商鞅从变法能否带来百倍利益这个点与他辩论。但商鞅并没有入套。如果他那样去辩论，则主动权就掌握在杜挚手中，而且以未实现且难以预知的变法利益去反驳保守派们，缺乏说服力，那样商鞅最终难免一败涂地。

商鞅从容不迫地避开杜挚的圈套，从是否该更改制度的问题入手，发起反击："治国有一成不变的制度吗？没有！规矩是人定的，如果非得照搬别人的东西才能治国，那三皇五帝照搬谁的制度？杜公说循礼无邪，事实真是这样吗？恰恰相反，商汤武王因为革故鼎新而平定天下，桀纣因为抱残守缺而身死国灭，这些可都是史有明文。杜公现在还认为按照祖宗的规矩办事就万事大吉吗？"

杜挚的辩词都是道理，但他的道理缺乏事实依据，如同臆想；商鞅则不同，他博览群书，深知历史治乱朝代兴衰，他的每一个道理都是建立在历史事实的基础上，言之有理，持之有据。杜挚以他的臆想撞击商鞅的史实，尽管理直气壮，但脚下空虚，不如商鞅四平八稳，摔倒便是理所当然了。

在一旁观战的秦孝公再次被商鞅杰出的思想与口才折服，又情不自禁地赞叹起来："卫先生说得太好了！"

当着保守派的面连连称赞商鞅，秦孝公的意思再明显不过，他认同了商鞅的主张，决心在秦国掀起一股变法狂潮。保守派们虽然仍不服气，但面对意志坚定的国君，又无法在言论上压倒商鞅，也只能忍气吞声屈从君命了。

宫廷会议最终在秦孝公商鞅的志得意满、保守派的抑郁难伸中结束。保守派们虽劝阻不了秦孝公变法，但可以阻碍新法的推行。而秦孝公虽在言论上战胜了保守派，变法已成定局，但为了使新法有条不紊地推行，他又酝酿了三年之久。

# 治内必先攘外

三年的时间说长不长，说短也不短，人生数十载，三年可能只是个零头，但秦孝公又能有多少个三年的执政时间？这三年对秦孝公来说，又是漫长的，他与商鞅无时不为新法做筹备，而面对日趋复杂的国内乱象与国际形势，要做的工作越来越多，在刚筹备新法的那会儿，秦孝公真不知道哪天是个尽头。

内政已经够繁杂了，外事也不让人省心，秦孝公都快被逼疯了。

在秦孝公刚决定变法的第二年（前358年），魏惠王派大将龙贾修筑长城。魏惠王这样做，明显是把秦国当流氓防患。对此，秦孝公心里很不痛快，我秦国还没富国强兵呢，魏人就把老秦人当贼防，今天可以修长城，明天保不准就为了图个安稳觉把军队开到秦国边境来砸场子了。

老秦人也不是好欺负的，秦孝公认为，必须给那些对秦国虎视眈眈的人一些教训。秦国变法势在必行，也许在近两年就可能正式推行新法，在此之前务必要制造一个相对稳定的外部环境，确保朝廷的精力都用在变法上，使新法顺利推行。

但面对魏国这头猛虎，秦孝公又有点心虚，既然魏罃没主动找麻烦，我嬴渠梁还是先不要惹他为好。与秦国东邻的赵、魏、韩三国，只有韩国的实力相对较弱，名义上它位列战国七雄之一，实际上是个纸老虎，连二流诸侯国宋国都可以欺负它，秦孝公决定柿子拣软的捏，把韩国胖揍一顿立威。

韩国当时的国君是韩昭侯韩武，与秦孝公一样，韩昭侯也是个志向非凡的君主。但可惜他目前还没遇到他的千里马，韩国的国力与他父亲韩懿侯韩若山在位时半斤八两，夹在秦、魏、楚三大猛兽中间战战兢兢混日子。

韩昭侯五年，也就是秦孝公四年，公元前358年的某天，秦军在西山与韩军交战，具体战况不明，但可以确定的是，韩军大败。

秦国军事上的胜利果然起到了杀鸡儆猴的效果，但也有副作用，它使魏惠王感到不安，为寻找抗秦盟友而于同年与赵成侯在葛孽会晤。到第二年，魏国为了争取韩国的加盟，又与韩昭侯会盟于巫沙。这一年，赵、魏两国也正式在鄗地会盟。

秦孝公五年（前357年），赵、魏、韩三国已经结成军事同盟，用意再明显不过，对抗共同的敌人秦国。

这使秦孝公备感压力。赵、魏、韩合体无疑是当年的晋国，秦国在秦穆公时期都曾败于晋国之手，现在赵、魏、韩三国若是合并攻秦，以秦国当前的实力恐怕凶多吉少。让秦孝公稍微宽心的是，赵、魏、韩哥仨自分晋以来，分分合合，总是不怎么团结，魏国一直以老大自居，韩国则承担受气包的角色，隔三岔五被老大教训。

魏国这个老大做得确实不厚道，不仅没有对小弟的关爱之心，反倒拳打赵二弟、脚踢韩三弟，发起疯来老二老三一起揍。秦献公二十三年（前362年），魏国就曾在浍地痛击赵韩联军。

这些都是往事，且不去过分计较，但让人气愤的是，韩国的以德报怨换来的是魏国的得寸进尺，就在秦军在西山大败韩军时，作为老大的魏国不仅不帮三弟出头，反倒干起了趁火打劫的勾当，在不久后派兵夺取了韩国朱城。

　　魏国简直卑鄙，有你这么做老大的吗？韩昭侯对魏惠王真是恨得咬牙切齿。但一想起秦国的咄咄逼人，韩昭侯就顿觉魏惠王没那么无耻了。那个西戎的邻居，又穷又落后又野蛮的秦国，竟然想打我们这些中原文明国家的主意。在韩昭侯心里，宁挨魏大哥的拳头，也不受"秦野蛮"的欺负。

　　不只韩昭侯，魏惠王与赵成侯也是这样，他们瞧不起秦国，谁也不愿意看到秦国得势。秦野蛮怎么能凌驾于我们这些文明国家之上呢？正因为如此，尽管赵、魏、韩三国平常总是互相攻伐"礼尚往来"，你给我一拳，我回你一脚，只要谁吆喝一声"秦野蛮又要东出打家劫舍了"，哥仨立马化干戈为玉帛，团结起来抗秦。

　　这一点秦孝公心知肚明，并且深以为耻。秦国没有在江湖上打出地位前，赵、魏、韩的结盟难以分化，秦国与之硬碰硬是找死，投降是间接找死，要想化解危机，只能有样学样，也与诸侯国结盟。

　　找谁结盟，这是个问题。天下诸侯，齐、楚、秦、燕、赵、魏、韩七大高手并立，要找就找高手。这七大高手中，除了秦和赵、魏、韩，还剩齐国、燕国及楚国。

　　燕国实力弱小，又远在东北，向来不敢染指诸侯国间的战事，燕文侯要敢与秦国结盟，赵成侯反手就可以叫他好看。

　　齐国倒还算名副其实的一流强国，可以与之结盟夹攻赵、魏、韩，但一来当时齐国国君田因齐貌似是个二百五，除了喝酒泡妞啥事不管；二来作为曾经的霸主国，齐国也未必看得上秦国这个穷小子。

　　最适合与秦国结盟的，莫过于与秦国是难兄难弟的楚国。楚国毗邻南方少数民族聚居地，因此也被中原各国诸侯歧视。后来由于楚国的强大，楚庄王问鼎中原，中原各国对楚国的歧视逐渐减轻，但也顶多是把楚国当大半个文明国家看待。

　　秦国虽说在秦献公即位前国运不济，让天下诸侯瞧不起，但同样被中原诸侯歧视为荆蛮的楚国，鄙视秦国的程度肯定不如中原诸侯国。现在秦国自秦献公即位，锐意奋发，秦国大有复兴之势，楚国自然要重新审视这个老邻居。

与秦国一样，楚国也是国土辽阔，国人剽悍勇猛。秦国与楚国一旦结盟，就根本不必再恐惧赵、魏、韩，赵、魏、韩也不敢轻易到秦国砸场子，秦孝公便可以安安心心地发动变法，踏踏实实搞建设了。

于是，在赵、魏、韩结盟的同年，秦孝公开启了对楚国的联姻。

联姻是诸侯国之间通过缔结婚姻关系，以达到友好交往的目的。秦国联姻不是自秦孝公始，秦孝公也是效仿他的先祖秦穆公。当初秦穆公想融入中原诸侯圈，便把女儿嬴怀嫁给晋文公，最终促成了秦晋之好。

秦国与楚国联姻，也不是自秦孝公始，同样是秦穆公，当初他与楚成王结成婚姻关系。此后秦、楚两国还有过多次联姻，如秦景公将女儿嫁给楚共王，楚平王为太子平娶秦女。既然秦、楚自古就有婚姻关系，秦孝公想重启联姻，问题不大。

当时楚国的国君是楚宣王熊良夫，这位楚王有人可能感到陌生，但一定很熟悉"狐假虎威"这个成语，楚宣王就是成语故事中的主人翁。楚宣王也是位比较出色的君主，楚国在他的治理下，让中原诸侯无不畏惧三分。

楚宣王十三年（前357年），秦孝公再次与楚国缔结婚姻关系，楚宣王派右尹黑赴秦国迎亲。这次联姻的具体情形不明，《六国年表》以"右尹黑迎女秦"六字一笔带过，但我觉得此事对秦国变法具有一定意义。

此次联姻恰好发生在秦孝公正式变法的前一年，这不是偶然，是秦孝公为了对抗赵魏韩联盟采取的外交策略。楚宣王也很够意思，终其一生，没有对秦国大动干戈，秦、楚基本处于相对友好的状态。

楚宣王对秦国的友好，当然不可能是完全看在联姻的分儿上，更多的是出于国家利益的考虑。但秦、楚之间的友好，无疑让赵、魏、韩三国投鼠忌器，如果对秦国下手，楚国会不会出兵援助？秦、楚与赵、魏、韩双方势均力敌，谁也不敢率先挑起战火，战争自然也打不起来，这使秦国避免了在变法前遭到群殴的惨痛局面。

通过与楚国的联姻，秦孝公基本上解决了外患问题，至少未来两年，秦国只要不主动挑衅，就不会遭受大战的危机。这两年对秦国弥足珍贵，秦孝公终于可以将精力集中于内政，放开手脚干一番革故鼎新的大事业了。

# 变　法

对于变法，秦孝公一直很渴望，也一直很谨慎。秦孝公正式变法是在即位后的第六年，但《秦本纪》也有记载："三年，卫鞅说孝公……卒用商鞅法，百姓苦之；居三年，百姓便之，乃拜鞅为左庶长。"如果这段事实没错，说明在正式变法前，秦孝公曾小规模推行过商鞅的新法，试其效果。

这段试法时间为期三年，刚开始正如商鞅所预料，变法特区里的百姓对新法很不满，觉得扰乱了他们习以为常的生活方式，但过了三年，特区百姓习惯了新法，对变法的态度来了个惊天大逆转，深以为便。

在这样的背景下，秦孝公才决定将新法推向全国。

秦孝公六年（前356年），秦孝公任命商鞅为左庶长，一场轰轰烈烈的变法运动拉开了序幕。这场变法因为是商鞅谋划与主导的，史称"商鞅变法"。

疑人不用，用人不疑，在这场伟大的变法中，秦孝公对商鞅给予了绝对的支持。首先是权力支持，秦孝公以商鞅为左庶长，左庶长虽只是秦国二十等爵的第十级，但权力非常大，既管政治也管军事，是秦国最有实权的官职之一。

其次是行动支持。在变法运动中，商鞅可以便宜行事，任何决策都得到了秦孝公不打折扣的支持，包括对违反新法的太子的处罚，秦孝公也是坚定不移地站在商鞅这边。

手中掌权好办事，领导支持底气足，在守旧派的质疑与不满声中，商鞅大义凛然地开始了变法。对于这次变法的成败，商鞅信心十足，他坚信变法能取得成功，但他也深知任何事情都不可能一蹴而就，变法更是如此。于是，他决定循序渐进，将变法分为两个阶段，本次推行新法只是第一阶段。

本次变法的内容主要有五个方面。

**一、令民为什伍，而相牧司连坐。不告奸者腰斩，告奸者与斩敌同赏，匿奸者与降敌者同罚。**

建立什伍制度，百姓十家为什，五家为伍，各家各户相连相保，即以法律规定，人人都必须相互监督，同伍的家庭如果有人犯罪，其他家庭知道了必须举报。不举报？也成，你不怕死就干，陪犯罪的邻居一块儿坐牢砍头，这就叫连坐。新法规定，告发奸人等于战场杀敌立功。想包庇罪犯？你试试看？等同降敌！

此举意在便于管理民众，维持国内秩序，打击不法分子，同时也是为变法创造良好的社会环境。以"罪相连坐"的方式绑定各家，谁不服从新法，谁就是坏分子，知情不举的等同坏分子。这样一来，百姓们都担心自己的抗法行为被人举报，自然就不敢再公然抗法了（但平心而论，此法未免太过残酷）。

**二、民有二男以上不分异者，倍其赋。**

强迫百姓分居，想四世同堂？门儿都没有！新法规定，老百姓家中有两个男丁以上的必须分家，谁敢不分家，加倍增收赋税。

此举意在增加政府财政收入。先秦时期以家为单位征赋，民多而家少，势必使政府的税收减少。因此，商鞅才采取"不分居而倍其赋"的方式，迫使男丁们离旧家建新家，增加政府控制的户口数，为政府增加税收。

**三、有军功者，各以率受上爵；为私斗者，各以轻重被刑大小。**

赏罚分明，有军功的赏，打架斗殴的罚。具体执行方式是，按功劳大小赏赐爵位，按斗殴情节轻重处以刑罚。

此举前者鼓励国民从军立功，有力气都往战场上用，别几个乡里乡亲的天天大打出手，这无疑可以强大国防军事力量；后者则是为加强中央集权。因为所谓私斗，并不完全是指普通百姓打群架，有时也指"邑斗"，即奴隶主之间为争夺利益而进行的武力斗争。商鞅立法阻止私斗，目的在于削弱奴隶主的实力，加强中央集权。此外，奴隶主之间不准私斗，就难以进行兼并，以致出现几家独大的局面，对君权构成威胁。

**四、僇力本业，耕织致粟帛多者复其身。事末利及怠而贫者，举以为收孥。**

确立重农抑商的基本国策。农业是本业，商业是末业，老百姓弃农从商叫本末倒置，后果很严重，新法规定，这种人严惩不贷，把他和他的老婆孩子都发配到官府终生劳改（做官奴婢）。当然，有罚必有赏，农业生产干得出色，尤其是那些纳税大户，政府给予免除劳役的赏赐。另外，秦国不养懒汉，对于因懒致贫的人，政府不但不会同情，还要把他发配到官府终身劳改。

对于商鞅重农抑商的国策，不能根据近现代社会状况分析，现代社会生产力水平较高，少数人可以完成全民的物资生产，而商业的盛行，不仅不会导致物资缺乏，反而会促进生产与消费，带来经济的腾飞。但先秦时代生产力低下，即便全民参加农业生产，如果老天爷发个脾气，风不调雨不顺，就会出现饥荒。如果还有大量人民弃本务末，这种饥荒的程度必然更严重，这时一旦有诸侯国乘人之危，这个国家基本上就只能出现在回忆中了。

除此之外，战国时期是个战争频发的动乱时代，国家需要一支庞大的常备军，而供养军队需要粮食，打仗更需要粮食。商人本身不生产粮食，他们只是贱买贵卖，而当时商路并不十分畅通，遇上战事就更麻烦，而且还要防止商人乘机抬高物价，因此国家不能将粮食的需求寄托在商人身上，以耕养战无疑是当时最明智的选择。所以说商鞅重农抑商的政策，在当时是具有积极意义的。

**五、宗室非有军功论，不得为属籍。明尊卑爵秩等级，各以差次名田宅，臣妾衣服以家次。有功者显荣，无功者虽富贵无所芬华。**

这一条是用来专治秦国贵族的各种不服，而且下手非常狠。贵族们最喜欢干的事是什么？拼爹，拼爷，拼祖宗，就是很少拼自己。现在商鞅颁布新法，贵族除了拼自己，拼谁都不行，没有建立军功的公子哥，不管你爸爸你祖宗是谁，一律剥夺贵族身份，不得入籍。

没有被开除出籍的贵族或者官僚，也不能再像以前那样由着性子胡来，一定要有尊卑等级观念。以前你作为一个贵族，想占多少土地房产，就占多少土地房产，只要胆子大，占领全天下。但现在不行，你是什么级别的爵位，就只能按级别占有，包括家里的奴仆该穿什么衣服，都得视等级而定。

商鞅颁布这条法令，完全是不要命了，为了变法强秦，不惜杀身成仁。这条法令的前部分是剥夺贵族的血统优势，后部分是剥夺贵族的放纵自由。前部分固然可以鼓励宗室子弟杀敌立功，为全国人民树立榜样，后部分以尊卑等级限制贵族，也无疑是加强君权，这对于秦国而言，对于秦孝公而言，都是送温暖，但对于商鞅而言，就是树敌了。

你想啊，那些贵族哥们儿自小养尊处优，长大了政府分配工作，就算没有上进心，也一样过得潇洒快活。现在你姓卫的一上台，二话不说就逼他们上战场，不上就剥夺待遇，不给安排工作，不准入贵族籍，直接打成平民百姓。就算上战场，刀头舔血，好不容易建立战功，还得被他制定的那些严苛法令控制。如果你是秦国贵族，你心里痛快吗？恨不恨商鞅？等秦孝公去世，会不会疯狂地报复商鞅？

当然会。当初吴起在楚国变法，因为得罪了楚国贵族，楚悼王尸骨未寒，吴起就被积怨已久的贵族们杀害。这就是二十多年前发生的事情，商鞅难道不清楚？变法越彻底，得罪的人也就越多，流血牺牲在所难免，商鞅早有心理准备。

但现在商鞅根本无暇考虑将来，他正为新法推行的事情伤脑筋。法令确实制定了，但如何取信于民，让秦国百姓都相信变法的诚意，尤其是相信新法中有利于百姓的法令，比如奖励耕战，却不是件很容易的事情。

商鞅冥思苦想，决定以悬赏搬木头的方式取信于民，历史上称为"徙木立信"。

商鞅在国都栎阳市场南门立下一根三丈长的木头，发布悬赏令：谁能将此木头搬到市场北门，奖赏十金！

十金在当时可不是个小数目，集市上的百姓们听说有人悬赏十金徙木，一窝蜂地跑过来围观。但令人尴尬的是，围观的百姓倒是很多，可大家都只是抱着看热闹的心态而来，谁也没有报名挑战。

千万不要小看古人的智商，他们也不是弱智，栎阳商业市场并不大，将三丈长的木头搬到北门根本不困难，怎么可能获得十金之多的报酬？百姓们大多认为，这指不定就是一场骗局，谁搬谁脑残，咱们就等着看笑话吧！

商鞅见围观的百姓没有一个报名，于是将奖励提高到五十金，他相信重赏之下必有勇夫。这时候百姓们尽管仍不太相信商鞅的诚意，但面对如此巨额的财富，很多人都有些心动了。百姓们面面相觑，不少人已有跃跃欲试的冲动，但又担心上当受骗，被别人看笑话。

正犹豫间，一个"勇士"从人群中冲上前来，说他愿意将木头搬到北门。商鞅很欣慰，连忙表示可以。

这个时候，想必还有百姓嘲笑这哥们儿是个弱智，出五十金让你把木头从南门搬到北门，天下哪有这么好的事，卫大人就跟你开个玩笑而已，没想到你还当真了。然而，事实狠狠地扇了那些自作聪明的人一耳光，当勇士把木头搬到北门后，商鞅依悬赏令给了他五十金奖励，整整五十金，一个子儿都不少。

这真是太不可思议了，没想到这道悬赏令竟然是真的，在场的围观群众都只恨没有后悔药吃，要不然这黄灿灿的金子就是自己的了。百姓们纷纷议论商鞅徙木立信的事，一传十十传百，这事很快在栎阳城里炸开了锅，紧接着又从城里传到乡里，从栎阳传到别的城市，直至传遍全秦国，传到其他诸侯国。

徙木立信之事无疑成了当年秦国最热门的新闻。这则新闻也使秦国百姓明白，政府是讲信用的，说一不二，决不会欺骗百姓。于是，商鞅趁秦国政府的公信力正在百姓心中提升，连忙颁布新法，向全国推行。

现在新法制定了，也颁布了，民众也相信了政府变法的决心，但商鞅的压力一点没少。

事实上，这种压力商鞅早就预料到了，但也只是有一定的心理准备，真遇上了这种压力，仍让人疲于应对。在新法正式推行后的一年时间里，秦国百姓并不觉得新法多么有利于民，反倒叫苦连天，纷纷抵触新法。

在这种背景下，徙木立信反倒加重了商鞅的压力。因为徙木立信让百姓知道，政府说一不二，推行新法必然严格执行，使他们抛弃了对新法虎头蛇尾的幻想。于是，抗议新法的百姓们坐不住了，纷纷跑到国都上访，一年的时间里，上访的人员数以千计。

百姓不支持新法就已经够让商鞅烦恼的了，没想到在变法的关键时刻，连秦孝公年幼的太子嬴驷也触犯了新法。

这让商鞅很头疼，究竟该不该依法处置太子？如果不处置，新法无威信可言，到时候人人都会触犯新法，变法难免破产；处置太子似乎也不好，他可是将来秦孝公的继承人，打狗也得看主人，何况是国君的宝贝儿子。

商鞅想了很久，他决定折中处理。在处理前，他先是征求秦孝公的意见："君上，自推行新法一年以来，百姓们纷纷抵触，但臣以为新法本身并没有什么问题，而是在执行上不给力，因为秦国的贵族带头抵触新法，包括您的太子在内。君上如果希望变法成功，希望您自上而下惩治那些触犯新法的人。臣斗胆建议先从太子下手，惩治了太子，下面的人就不敢再嚣张放肆了。"

"不过太子是储君，将来要继承君上的大位，不能动刑。太子犯法，是因为他的老师教育不当，臣建议严惩太子的老师。"

秦孝公长舒一口气，如果商鞅建议他对太子动刑，他还真不知道如何取舍。现在商鞅折中处理，只要求惩治太子太傅以儆效尤，成大事者不顾小仁，秦孝公狠一狠心，答应了商鞅的请求。

嬴驷有两位老师，一位是宗室公子虔，一位是公孙贾。在孙皓晖先生的《大秦帝国》里，公子虔是秦孝公的同胞哥哥，但正史上似乎并无明确记载。然而公子虔能成为嬴驷的老师，应该比他辈分高，是秦国宗室极有影响力的人物。

对公子虔这样的强悍宗室，商鞅给他留了几分薄面，没有一开始就下狠手把他往死里整。但公孙贾就没那么好运了，他被商鞅处以黥刑，即在脸上刻字，然后再涂上黑墨。黥刑最让人恐惧的不是受刑的痛苦，而是耻辱，表现在脸上的耻辱，人们只要看到他这张脸，就知道他以前是个犯罪分子。

无穷的耻辱终将化作无穷的仇恨，公孙贾要想洗刷耻辱，就必须打倒商鞅，只有把商鞅打成反革命分子，他这个曾经的反革命分子才能平反。同样这样认为的还有公子虔，他现在虽然没有被商鞅严惩，但几年后，没有真正体会到犯法教训的他，将遇到比公孙贾更可怕的耻辱，这耻辱让他整整八年不敢出门。

这些自然是后话，暂且卖个关子，先说这次变法的事。

商鞅惩治公子虔、黥面公孙贾的事又引起了轰动，街谈巷议，成了秦国热门新闻。太子是国家储君，太师太傅地位尊贵，太子触犯新法，连太师太傅这种级别的高官都要受牵连，倒霉的公孙太师脸上还被刻字，简直毁容，百姓们觉得商鞅执法真是冷酷无情，如果哪天他自己不小心触犯新法，没准儿这哥们儿发起疯来连自己都治，咱们能和这种变法狂人较劲吗？咱们敢和这种变法狂人较劲吗？

商鞅以他的执法必严，不避亲疏贵贱，捍卫了新法的尊严。此事以后，秦国上至贵族官僚，下至平民改性，再无人敢蔑视新法，不管服不服气，秦人们都表现得老老实实，一切听从政府的领导，这场轰轰烈烈的变法运动最终得以在秦国顺利推行。

看到这样的局面，商鞅终于松了口气，秦孝公紧绷的神经也松弛下来，他朝思暮想的复兴之梦，不再是脑海中的幻境。

相对于秦国的前途一片光明，住在山那边的齐国就有些灰暗。作为竞争对手，秦孝公也在时刻关注齐国的局势，他当然不希望齐威王也像他那样雄才大略，但有一天他突然发现，齐威王这个貌似不理朝政的"昏君"一点儿都不傻，他其实一直都在玩套路。

# "装傻"的齐威王

如果要评选出战国时期诸侯王中的最佳套路帝，我觉得齐威王肯定高居榜首。齐威王这个人也很幽默，不管你信不信，反正我都要让你信，不信就请看下面这段史料：

> 子无辞也。寡人岂责子之令太子必如寡人也哉？寡人固生而有之也。子为寡人令太子如尧乎？其如舜也？（《吕氏春秋·壅塞》）

这段话的意思是说：先生就不要推辞了。寡人又没有让你把太子教得像寡人一样英明神武，寡人的英明神武那是天生的，先生想教也教不来。这样吧，你就把寡人的宝贝儿子教得像尧一样英明就可以了，实在不行像舜一样也成。

您瞧瞧，这不是开玩笑是什么？

自古帝王，除了那个自以为"德高三皇，功盖五帝"的秦始皇之外，哪个不把尧舜当榜样？哪个敢说自己比尧舜还英明？尧舜之于帝王，就是孔子之于儒生。

但齐威王偏偏就敢。《吕氏春秋》的作者较真了，把他狠狠地批判了一番。

那么，这个齐威王到底是个什么样的君主？下面就让笔者为大家来介绍吧！因为齐威王比较幽默，为了表示对他老人家的敬意，我也尽量采用轻松幽默的写作风格。

齐威王名叫田因齐，父亲是齐桓公，他在秦孝公正式变法的那年即位（前356年），年龄也和秦孝公相仿，出生于公元前378年，只比秦孝公小三岁。

了解春秋史的都知道，春秋时期有个霸主叫齐桓公，怎么这里又有一个齐桓公？

此齐桓公非彼齐桓公，齐威王他爸叫田午。这也很让人费解，春秋齐国的国君不是姓姜吗？怎么到战国时期又变成姓田的了？

事情的真相是，齐威王的爷爷田和祖上出自陈国，他的祖先陈完因为躲避国内动乱，逃到了靠海边的齐国，并改姓田。田完是个比较安分厚道的人，齐桓公姜小白很欣赏他，给他封官拜爵。

人算不如天算，姜小白原以为田完一族会成为齐国的忠臣，没想到老实巴交的田完其后代却野心勃勃，在齐国收买人心，大斗借米小斗还，把齐国国君架空了。等到田和继承家业时，齐君完全失势，田和将齐康公流放到海岛，自己做起了齐国的老大，并与魏文侯（魏惠王他爷爷）狼狈为奸，逼迫周威烈王承认事实。

和魏惠王一样，齐威王的家族史既不威风又不光彩，毕竟祖上都有过篡权的前科。事实上，齐威王比魏惠王更不愿提起上辈的事，他爷爷是个篡位者，他爸爸也是个篡位者，他爸爸把他继承他爷爷侯位的哥哥田剡给做了，取而代之。

拜爷爷和爸爸所赐，齐威王即位时，齐国想必还有不少反对他的政敌。齐威王不清楚究竟谁是敌人谁是朋友，这也无怪于他在刚即位时除了说隐语，就是装傻。

事实上，这叫韬光养晦，伺机而动。

终于有一天，机会来了，齐国有个叫淳于髡的人看不下去了，他要唤醒沉睡已久的齐威王。

淳于髡这人可能长得有点儿对不起观众，他不是那种长得伟岸正派不怒自威的人，相反，他身高不足七尺，也就是说不到160厘米，成年人的相貌，小朋友的身高。而且他还是个倒插门，"嫁"了齐国姑娘。

不过这哥们儿很有本事，博闻强识，能言善辩，在齐国干过外交工作，出使诸侯从未受辱，尽管他是个矮子。淳于髡有一颗爱国心，也好说隐语，就想通过隐语劝谏，让齐威王做个正常人。

> 国中有大鸟，止王之庭，三年不蜚又不鸣，不知此鸟何
> 也？（《史记·滑稽列传》）

齐国有一只大鸟，停在国君的庭院中，三年不飞又不叫，不知道这是个什么傻鸟？淳于髡历史学得不错，这话历史上有人说过，当年春秋五霸之一的楚庄王在刚即位时也像如今的齐王，楚国大臣伍举就用这话劝谏。

齐威王当然不是真傻，好说隐语的他自然清楚淳于髡的用意，他用楚庄王的原话回答：

> 此鸟不飞则已，一飞冲天；不鸣则已，一鸣惊人。（《史
> 记·滑稽列传》）

这鸟可不是什么傻鸟，它是只厚积薄发的淡定鸟，不会在沉默中灭亡，只会在沉默中爆发，让整个世界为之鼓掌。淳于髡用鸟来暗指齐威王即位以来毫无作为，而齐威王则明确告诉他，寡人现在正在玩深沉，等寡人不沉了的时候，就能一飞冲天，带领齐国人民走上强国道路。

淳于髡听到这话，顿时明白了，这个爱装傻的国君不简单，用不着他再杞人忧天。但淳于髡的劝谏也使齐威王明白，这个为国家命运担忧、为他个人前途担忧的矮个儿，可以成为他忠实可靠的合作伙伴。

于是，本节开篇前的那一幕就因此而发生了。

在这以后，齐威王更觉得淳于髡博学多才，就想聘请他给宝贝儿子田辟疆当老师。没想到淳于髡谦虚，死活不干："臣不合适，哪里都不合适，请君上另请高明。"

淳于髡能言善辩，本身是个很幽默的人，于是齐威王说："你把太子教得像尧舜一样就可以了，像寡人这样英明神武是天生的，先生你也教不来。"

很显然，齐威王这是和幽默的淳于髡玩幽默，淳于髡拒绝担任太子的老师，场面尴尬，齐威王整这么一出给自己个台阶下。齐威王是战国时期杰出的诸侯王，从谏如流，不至于狂妄自大到藐视尧舜的地步。

以幽默化解尴尬，这是齐威王高情商的表现，真正情商高的人往往善于听取别人的意见，于是，郁郁不得志的邹忌得以靠进谏成名。

邹忌此人我们并不陌生，中学课本上有篇古文《邹忌讽齐王纳谏》，说的就是邹忌向齐威王劝谏的事。

和淳于髡一样，邹忌也是个很有才华的人，但和淳于髡不同的是，邹忌是个大帅哥，而且还似乎是个文艺青年。一个长得又帅又很文艺范儿的男子，不仅能吸引女人，也往往能取得男人的好感。

齐威王就是一个比较欣赏邹忌的男士，但很可惜的是，刚当上国君的齐威王欣赏的不是邹忌的政治才华，而是邹忌的文艺范儿。史书上说，因为邹忌善弹琴击鼓，齐威王把邹忌安排在宫中右室居住，想把他当出色的文艺工作者培养。

邹忌很郁闷呀，满腹治国之才，没有在新国君手下表现就算了，还糊里糊涂地走向了乐师的行列。邹忌虽然知音善琴，但他并不想做个文艺工作者，他希望在政治上大放光彩，于是他决定向齐威王自荐，以便谋个朝廷要职。

有一天，乘齐威王正在房间里弹琴，邹忌招呼也不打，突然推门而入，称赞道："君上的琴弹得真好啊！"

人都喜欢听好话，但齐威王听到邹忌的夸奖，却并不高兴，反而很警惕地推开琴，按剑道："你才进来，就看了个表面，都没有细细品味，是怎么知道寡人琴弹得好的？"

齐威王也许是怀疑邹忌在搞战国版窃听风云，监视他，不然你邹忌怎么刚进门就清楚寡人琴弹得好？人臣监视人主，这是大忌讳，尤其是齐威王这样城府极深的君主，只有他监视臣下的份儿，臣下监视他那不是翻了天？所以他很生气，按剑质问邹忌。

邹忌从容不迫以弹琴回答："君上您先别急，听臣解释：大弦的音调低沉浑厚而温和，象征国君；小弦的音调高亢清脆，象征相国；弦摁得深而放得舒展，象征政令；发出的声音均衡和谐而响亮，配合得相当美妙，曲折之声互不相扰，象征四时。您在弹琴的时候，臣想到了这几点，并据此判断您弹得好。"

将弹琴寄寓在治国中，很显然，邹忌另有深意，但齐威王装聋作哑，偏偏不接招，只是淡淡说了句："先生果然擅长音乐。"

邹忌可不想放弃机会，他主动挑明："岂止是谈论音乐，就是治国和安抚百姓的道理，也都在这里面呢！"

看到邹忌那一脸的得意扬扬，齐威王又不高兴了，你一个文艺工作者怎么还不经夸呢？表扬你两句就蹬鼻子上脸还妄议政治了。齐威王不屑道："如果说谈论音乐，寡人承认，确实没人比得上你邹忌。但是你说什么治国也在音乐当中，这不扯淡吗？"

邹忌早就做好了齐威王质疑他的准备，只见他自信地回答："弹琴时，只有大弦与小弦配合得和谐，才能产生美妙的音乐。同样，治理国家，只有国君与相国之间合作默契，顺应民心，才能使国家繁荣昌盛。琴的节奏紧凑利落，就像是办理政事迅速一样，是为了图存救亡。如果治理国家能像弹琴那样协调，何愁国家不强大？君上，您看这治国安民是不是和调节五音差不多道理？"

齐威王想了想，觉得邹忌说的也挺有道理。如果把邹忌与齐威王的对话也当成一场面试，那么邹忌在开局不利的情况下，通过对执政的深刻领悟，利用自己的伶牙俐齿侃侃而谈，终于获得了面试官齐威王的认可。齐威王当场称赞邹忌，发自肺腑地称赞邹忌："先生的这番话深得寡人之心，说得真好！"

邹忌大谈弹琴与治国的关系，说得唾沫纷飞，当然不只是想得到齐威王的一句夸奖。前面也提到，他想利用这个机会在朝廷谋个要职，而这个职位究竟多大呢？通过他与齐威王的谈话不难知道，他一直在强调国君与相国的关系，他想做齐国相国。

邹忌的野心很大，但齐威王的胆量更大，三个月后，他真成全了邹忌，提拔邹忌为齐国相国。

作为明君，齐威王善于识人，敢于不拘一格任用人才，所以当他发现邹忌有王佐之才时，经过短短三个月的考察就把他提拔为相国。然而这种火箭式提拔人才，会让很多人怀疑，被提拔者真是靠才华上位的，还是走后门？

齐威王火箭式提拔邹忌，自然惊动了多才善辩的淳于髡，他对邹忌的政治才能不了解，于是想通过隐语试探邹忌。

淳于髡在试探邹忌前的一番话，就隐隐透露出了他对邹忌的不信任："相国真是能言善辩呀，下官我有些不成熟的观点，想跟您说说（善说哉！髡有愚志，愿陈诸前）。"好一句"善说"，说明在淳于髡眼中，邹忌或许只是因为口才好，忽悠了齐威王才获得提拔，肚子里未必有什么真才实学。

面对淳于髡的试探，作为相国的邹忌没有摆谱，他表现得很谦卑："先生您请说，鄙人一定谨记在心。"

淳于髡说："别说下官没提醒，相国在君上身边工作，一定要低调谨慎，这样才能名利双收，如果犯了什么差错，小心名利双失。"

邹忌依然表现得很谦卑："行，先生的话我一定谨记在心。"

淳于髡又说："用猪油涂抹棘木车轴，是为了使它润滑，但如果轴孔是方形的，涂了也白搭（意思是说，邹忌做人做事不能固执）。"

邹忌又表现得很谦卑："谢谢先生的劝告，在君上身边工作时，我一定小心翼翼。"

淳于髡接着说："拿胶粘用久了的弓干，是为了黏合在一起，但胶不可能把缝隙完全合起来（淳于髡的意思说，邹忌要团结百姓）。"

邹忌接着表现得很谦卑："放心，我一定走群众路线，依附百姓。"

淳于髡还说："狐皮袄即使破了，也不能用黄狗皮去补（意思是说，不能狗尾续貂，让庸才或坏分子占据官位）。"

邹忌还表现得很谦卑："放心，我提拔下属时，一定认真考察，争取提拔的都是君子，让小人丢掉饭碗。"

淳于髡终于说到最后一句了："大车如果不较正，就不能正常载重；琴瑟不把弦调好，就不能使五音和谐（意思是说，要制定好法令）。"

邹忌终于松口气了："放心，我一定详细认真地制定法令，代表人民代表政府打倒那些欺压百姓的贪官污吏。"

听完邹忌最后的回答，淳于髡对邹忌一扫之前的怀疑，不仅如此，他还被邹忌的才华所折服。拜别邹忌后，他刚到家门口，就禁不住称赞邹忌，对他家仆人说："邹相国这个人果然有才，我刚才对他说了五句隐语，没想到他的回答就像回声一样准确。这可了不得啊，依我看，相国大人不久就会得到君上的封赏。"

淳于髡断言邹忌"必封不久"，可不是因为邹忌在他面前很低调，给足了他面子，他一时兴起才大肆吹捧，原因如下：

第一，邹忌能够完全听懂淳于髡的隐语，说明人聪明。

第二，邹忌不仅能听懂隐语，而且能得体地回答，说明他具备较高的政治才能。

第三，邹忌贵为相国，却能够谦卑地听从淳于髡这个其貌不扬，而且还是个倒插门的矮个子的建议，说明他能够礼贤下士，这是做相国必备的素质。

有了这三点，淳于髡基本可以确定，邹忌是个能干大事、具有相国

『装傻』的齐威王

才干的人。

第四点，也是最重要的一点，从齐威王提拔邹忌为相国，他就已经敏锐地察觉到，这个城府很深一直在装傻的君主，确实想脱下伪装出山干大事了。一个能干大事的相国，遇上想干大事的明君，受到封赏不是理所当然的事情吗？

果然，才过了一年的时间，齐威王就将下邳城封给邹忌，并尊封他为成侯。

这件事发生在齐威王即位后的第三年。邹忌能被齐威王封为成侯，确实是他能干大事，而齐威王也想干大事。但更直接地说，是因为邹忌有功。在担任齐国相国后，他在齐国开始政治改革，尽管这个改革难以与秦国的商鞅变法相提并论，但也小有成效。

邹忌在齐国实行政治改革，没有齐威王的支持决不可能，齐威王至少是默认者。从齐威王对邹忌政治改革的支持，我们也不难明白田因齐渴望像神鸟一样一飞冲天的决心。

事实上，齐威王的这种志向，不只是在回答淳于髡的隐语中看到，也不只是在支持邹忌改革中看到，在他即位的第二年，在与魏惠王的一次会晤中，他非凡的志向就不经意间流露，让自以为贤明的魏惠王惭愧不已。

# 一鸣惊人

　　齐国与魏国是老邻居，齐威王即位后的第二年，魏惠王为了加强邻里关系，主动向齐国示好，邀请小老弟田因齐会晤，并一同到郊外打猎。

　　齐威王欣然前往。

　　哥儿俩看来玩得很开心，魏惠王乘兴问了齐威王一个问题："齐君，你们齐国有什么宝贝没有？嘻嘻！"

　　齐威王一愣，这个老魏好好的问这个问题干什么？难道他想贪图齐国的宝贝不成？老魏看上去厚道人一个，不像是那种贪得无厌的混蛋呀？不管了，既然老魏问起，寡人还是先回答他再说："什么宝贝？齐国没有宝贝。"

　　魏惠王也一愣，这个小田什么意思，是不是担心我老魏贪图他齐国的宝贝才不说实话，堂堂齐国怎么可能连宝贝都没有？于是魏惠王质疑道："像魏国这样的小国，都还有能照亮前后各十二辆车、直径一寸的夜明珠十颗，齐国这样的万乘之国怎么可能没有宝贝呢？"

　　齐威王说："魏王，寡人真没骗你，齐国没有宝贝。如果您老硬要说齐国有宝贝，那齐国也确实有，只不过寡人的宝贝与魏王的不一样罢了。"

魏惠王正纳闷，宝贝就是宝贝，哪还有什么不一样？齐威王乘机说道："魏王的宝贝是真正的宝物，而寡人的宝贝是四个人。"

这下把魏惠王惊呆了，宝贝是人？

齐威王得意道："寡人的宝贝是四位名臣。我手下有个叫檀子的同志，寡人把他调到城南工作，楚国人就不敢挖墙脚，泗水十二诸侯都来拜访寡人；寡人还有个叫盼子的同志，寡人把他安排到高唐工作，赵国人不敢到黄河打鱼；还有黔夫那位同志，寡人把他安排到徐州工作，吓得燕赵人民祭门求平安；说到这里，就不得不说寡人手下做公安的种首同志，他的治区道不拾遗。魏王，您老说说，这些名臣是不是都将光照千里，岂止是十二辆名车能比的？"

魏惠王也是个有志气的君主，听到齐威王这番话，顿时惭愧不已。作为一个国君，在比宝事件上，魏惠王的境界确实有待提高，当他还凭几辆破车沾沾自喜得意扬扬时，齐威王早就开始把名臣当成齐国最大的宝物了。

魏惠王看重的是宝物，而齐威王看重的是人才，当一个看重宝物的君主嘲笑把人才当宝贝的君主没有宝贝时，只可能是自讨没趣。不管齐威王的这番话是发自肺腑，还是装出来的，都让魏惠王无言以对，最终只能落得个不欢而散，回魏国反省去了。

齐威王的这番话，也无疑暴露了他的野心，一个不看重物质宝贝，却把人才当成最大的宝贝的君主，无疑是非常英明的。齐威王能够如数家珍列举齐国的名臣及其政绩，说明他事实上无时无刻不在关心齐国命运，早已做好了一飞冲天一鸣惊人的准备。这一点，在他批评邹忌出行讲排场时也可以看到。

不可否认，邹忌确实很有才，却不是什么道德先生，他也有不少缺点，在这里我们先说第一点：奢侈。

邹忌自被齐威王封为成侯，因为多了份封地的收入，家里还算比较殷实。作为齐国相国，而且是一个长得帅又有钱的相国，邹忌喜欢搞排场，每次出行场面都很盛大。

有一次，邹忌出行，不幸被齐威王看到。齐威王开始并不清楚是邹忌出行，只见出行队伍中车骑成群，仪仗队又华丽又显赫，场面相当盛大，就差没配电影插曲，放慢镜头了。明君都比较"抠门"，齐威王对这种奢侈的作风很不满意，就问身边的人："出行的是谁啊？这排场也搞得太大了吧？"

身边的人说："那人应该是成侯邹忌吧。"

齐威王一脸不悦："国家还很贫穷，西部人民还在吃草，我这个国君都在与人民共患难，巴不得坐公交车上班就好，成侯也太无耻了吧，出个行而已，搞那么大排场有必要吗（国至贫也，何出之盛也）？"

没想到齐威王这番吐槽并没有得到身边人的附和："君上，话不能这么说，俗话说得好，给了人家好处就可以要求对方，接受了人家好处，也应该有所交换，成侯为什么这样做，君上还是问清楚比较好。"

说话者不知道是不是邹忌的亲信，但他的言外之意就是为邹忌辩护：成侯帮君上进行政治改革，使齐国更加强大，君上给他点赏赐，让他好好享受不应该吗？当然，此人也未必是邹忌的亲信，他的话应该代表了当时官僚集团的主流价值观，君臣之间是合作伙伴关系，不是主仆关系，臣为国尽忠做贡献，君主必须赏赐，但没权力干涉臣子的私生活。

齐威王听到这话，默然不语，心里仍然不痛快，只是不知如何反驳罢了。等邹忌上前拜谒时，他气鼓鼓的，装聋作哑，全当没听见。

邹忌以为齐威王没听清楚，又重复道："君上，臣邹忌来了！"

齐威王继续装聋作哑。

邹忌继续重复："君上，臣邹忌来了！"

齐威王终于忍无可忍，朝他发泄了一番："相国，国家还很贫穷，你出个行而已，有必要搞那么大排场吗？"

邹忌恍然大悟，齐威王装聋原来是为这事，但他完全没有被齐威王的不满吓尿，连忙跪倒在地叩头请罪，而是一如既往地谦卑道："只要君上保证不计较臣的言语冒犯，那臣就把话跟您说清楚。"

齐威王心想，你大搞排场还有理了是吧，寡人倒要看看你怎么狡辩："说，尽管说，寡人保证不治你的言语不当之罪。"

邹忌从容道："田居子、田解子、黔涿子、田种首子、北郭刁勃子这几位牛人君上想必都认识吧？"

田解子即檀子，黔涿子即黥夫，田种首子即种首，邹忌所说的这些人，大多是被齐威王视为宝贝在魏惠王面前炫耀的牛人，齐威王不会不认识。邹忌乘机说道："这些牛人可都是臣举荐给君上的，他们当中哪个没有为齐国做出巨大贡献？拿田居子来说，他驻扎在西河，魏国、秦国敢放肆吗？还有北郭刁勃子，齐国如今社会和谐、国民富裕不是他促成的吗？君上，你说话要讲良心啊，臣就是出行排场大了点，哪里对不起您了？臣给您举荐的这几个牛人，让他们辅佐您治国，您完全可以高枕无忧，何必担心国家贫穷？"

这下齐威王又不知道说什么好了。

勤俭节约固然是美德，但量入为出更理性，如果大家都一个馒头啃一天，怎么拉动需求？经济怎么发展？社会怎么进步？

穷奢极欲固然值得批判，但邹忌的话也不是没有道理，国君固然要提倡国民杜绝铺张浪费，但更应该做的是提升自己的业务能力，善于发现并任用人才，为国家带来和平的环境，创造更多的财富。如果国家在安全问题与创造财富上多下功夫，哪怕统治阶层做不到十分简朴，只要不穷奢极欲，倒也无关紧要，老百姓富裕了就成。

但如果一个国家既不能保证国民安全，又不能创造财富，统治者再简朴又有什么意义？让全国老百姓和你一块儿过穷日子吗？

在邹忌的点拨下，齐威王无疑更加重视人才的引用。上有所好，下必甚焉，不仅是做坏事如此，做好事也是如此。齐威王和秦孝公一样，渴望得到更多人才，齐国也自然产生了如景监一样的人事专员，替齐威王举荐人才。

这回向齐威王举荐人才的人，是大名鼎鼎的名将田忌。而他所举荐的人才，更是如雷贯耳，却是个残疾人。

田忌应该是齐国宗室，和齐威王有点亲戚关系，现在正任齐国将军。田忌是个有眼光的人，也是个心胸宽广的人，在与齐威王的赛马比赛中，他通过孙膑的计谋在马不如人的情况下赢得了比赛，深深体会到孙膑的高明，于是把他推荐给齐威王。

孙膑此名，如雷贯耳，他是兵圣孙武的后代，著有《孙膑兵法》。孙膑的先祖孙武人如其名，不仅是个杰出的军事理论家，而且还是个出色的将领，武力值也很高。但孙膑比较悲剧，能文，但不能武，因为他的腿残废了。

而这一切，全拜他的老同学庞涓所赐。

孙膑与庞涓同在鬼谷子门下学习，但孙膑比庞涓成绩好，这点庞涓也有自知之明。庞涓出师后做了魏国将军，他担心孙膑会在事业上超过他，于是暗中将孙膑召入魏国，想对他使点坏。孙膑是否已窥测到老同学之意，不得而知，反正结果是他踏入了魏国。

孙膑被庞涓忽悠，不能说孙膑就是个弱智，毕竟他与庞涓是老同学，估计求学时还一起受过罚、尿过炕，关系挺亲密的。只是孙膑始料未及，这个昔日的老同学，却是伤他最深的人。

孙膑到魏国之后，庞涓越看孙膑越觉得他比自己牛，终有一天孙膑的事业会比他更成功。忌恨之下，庞涓把心一横，以莫须有的罪名砍断了孙膑的双脚，并在他脸上刻字，还把孙膑藏起来，唯恐有识货的发现这个残疾人有才，把他引荐给诸侯与之为敌。

庞涓总算还有一丝良心，没有把孙膑弄死。但就是这一丝未泯的良心，却给了孙膑一次逃生的机会，成全了一个伟大的军事家，同时也葬送了庞涓自己的军事生涯。

在孙膑刚成为残疾人的那会儿，齐、魏两国正在蜜月期，齐威王派使者出使魏国交流感情。孙膑知道有庞涓在，他在魏国就没有出头之日了，听说齐威王人还不错，恰好齐国使者访问魏国，于是他想方设法联系上了齐国使者。

孙膑告诉齐国使者，他老有才了，想到齐国找份工作。

俗话说否极泰来，人倒霉到极致了，到了无霉可倒的地步，好运就随之而来了。孙膑这次很幸运，他遇到的这位齐使很有眼光，没有因为孙膑是刑徒而轻视他。

恰恰相反，使者认为孙膑非常有意思，不仅脸上被画了花儿，脑子里更洋溢着花儿般的自信，一点儿也没有残疾人的自卑。关键是，这哥们儿确实老有才了。于是，使者兄一兴奋，就把孙膑偷偷带回了齐国。

在齐国，孙膑得到了名将田忌的礼遇，后来通过"赛马"事件，使田忌更加佩服孙膑的谋略，于是将他举荐给齐威王。田忌的心胸比庞涓的要宽阔许多，也是个能征善战的猛将，他不担心孙膑的威名超过自己，只是一心为齐国人民服务。如果说庞涓的心胸像小沟，扔块石头进去就能断流，那么田忌的心胸就是汪洋，你就是把泰山砸进去，它也照样能滔滔不绝。

田忌贤明，齐威王也不遑多让。尽管齐国有邹忌那样的大帅哥相国，但齐威王也不歧视孙膑这样的残疾人。通过与孙膑的交往，齐威王发现这位坐轮椅的先生比站着的绝大多数人都强。此等人才不可错失，于是齐威王索性叫他孙老师，拜孙膑为师，向他讨教兵法（威王问兵法，遂以为师）。

留下了孙膑这位军事奇才，齐威王很高兴，放眼齐国，真是人才济济，文有邹忌、淳于髡等人，武有田忌、田居子等人，现在又聘请到了杰出的军事家孙膑，有了这些人才辅佐齐威王，齐国真是无惧任何诸侯国，即便是一向很嚣张的魏老虎。

兴奋之余，齐威王也有些隐忧，齐国虽然在邹忌的主持下进行了政治改革，但齐国的政坛还不够清明。地方上总有贪官污吏欺上瞒下、徇私舞弊，在上司的眼中是孙子，让他干啥他干啥，在百姓眼中是禽兽，吃人不吐骨头。还有的官员，道德品质与个人能力都很突出，只是因为不执行官场潜规则，向上司行贿，上司不给他说好话、诋毁他，导致他在地方上长年不得晋升，在中央的名声也不好。

对于这两种情况，即墨大夫和阿大夫是典型代表，即墨大夫是好官，阿大夫是坏分子。

齐威王二年的一天，农历不知道几月几日，天气状况不明，齐威王亲切接见即墨大夫，就他工作上的事情发表了一些看法。齐威王表示，即墨大夫自治理即墨以来，各级地方政府颇有微词，抗议他违背中央政策行事。此事引起了寡人和中央高层的高度重视，当即派出特别行动小组前往即墨调查情况，发现一切纯属无中生有、恶意中伤。即墨大夫深入群众，即墨经济得到良性发展，各处荒地得到开发，基本解决了百姓的温饱问题，各级部门坚持为人民服务的宗旨，及时解决群众苦难，我国东部地区百姓安居乐业太平无事。

就这一抹黑政府官员的现象，齐威王做出深刻反省，他表示，自己身边有些同志明显不够忠诚，以各地官员贿赂金额的多少而给予相应的评价。即墨大夫廉洁不阿，坚守新一代官员的道德底线，不行贿、不弄虚作假，这才得到了不公平的评价。为了号召广大干部同志向即墨大夫学习，齐威王对此做出批示，奖励即墨大夫万户食邑，希望他做出更大的贡献。

其后，齐威王又通知阿大夫开会，就阿地政府工作事项展开激烈讨论。齐威王表示，自中央派阿大夫到阿地工作以来，阿地各级部门对阿大夫的工作给予了充分的肯定，中央对此也是高度重视。为了进一步了解阿大夫的政绩，齐威王又派出一支特别行动小组，去阿地调查相应情况。结果很糟糕，阿地的耕地大面积荒废，人民群众普遍处于贫困线以下，大部分人民还在吃草，时局动荡不安。

齐威王深刻认识到，阿大夫的所谓政绩是靠贿赂中央同志所得来的，对此必须给予严肃处置。经过反复思考，齐威王决定判阿大夫死刑立即执行（烹杀），对接受阿大夫贿赂的中央同志也一律判处死刑立即执行，以儆效尤，坚决打击这股贪污受贿、弄虚作假的不正之风。对此，齐国人民无不额手称庆。

齐威王以迅雷不及掩耳之势为清正廉洁政绩突出的即墨大夫平反，并处决了徇私舞弊从政无能的阿大夫及其众多同党，这对齐国政坛是一次重大的整顿与肃清，体现了齐威王加强齐国廉政工作建设的决心。

此事之后，齐国官场呈现清明的态势，再没有人像阿大夫那样欺上瞒下，也没人敢打压即墨大夫那样的好官了，齐国因此逐步走向繁荣。齐威王果然如那只三年不飞不叫的神鸟一样，不鸣则已，一鸣惊人，开创了属于田氏齐国的霸业。

没错，在秦孝公实现自己复兴秦国的理想前，齐威王就带领他的齐国称霸了。这自然是几年以后的事情，现在天下名义上的霸主国还是魏国，齐威王能够将魏老虎踢下神坛，确实很不容易。

这不完全是说打败魏国不容易，而是战国时代是个能人辈出的时代，是个明君辈出的时代，能在这样一群强人当中脱颖而出，齐威王得付出多大的努力。当时天下，变法的可不只有齐国，魏国早在魏文侯时期就开始变法，秦孝公的新法也推行了几年，就连夹在秦、魏、楚三国包围圈中，多年来夹着尾巴做人的韩国都开始不安分了。

与秦孝公、魏惠王、楚宣王等人一样，齐威王在治理国家的同时，也把注意力集中到了韩国，这些大佬们都很想知道，韩国这个小国究竟想干些什么？

# 申不害变法

韩昭侯也想变法。

变法，可以，究竟该怎么变，韩昭侯很烦恼。

但不变法不行，韩国太弱了，谁都敢欺负，仅韩昭侯当老大的这几年，韩国就挨了几次打。虽然打得不是很惨，但再轻微的挨打也是挨打，也是屈辱。

韩昭侯即位的第四年（前358年，司马迁记载为元年，杨宽先生的《战国史料编年》考证为四年，这里采用杨先生的成果），秦国在西山大败韩军。

第二年，魏惠王趁火打劫，攻占了韩国朱城。

被秦、魏这等虎狼之国欺负也就算了，连宋国那种在七强中排不上号的二流货色也欺负到韩国头上了，宋国攻占了韩国黄池（安徽当涂境内）。

韩昭侯很生气、很郁闷，但也无可奈何，落后就要挨打，谁叫我韩武生在弱肉强食的战国呢？

在接二连三的重拳痛击下，韩昭侯更深刻地领悟到，韩国要想避免挨打，就必须让自己变得强大起来。而要想强国，就必须顺应时代潮流进行变法。随着诸侯国的相继变法，对韩昭侯和他的韩国而言，变法不仅关系到韩国能否强大，在将来还极可能关系到韩国能否继续生存，变法已然是势在必行。

正如前面所说，韩昭侯急切期待变法，但对于如何变法，他没有太多头绪。如果将来韩国变法，他也只能像秦孝公那样充当领导者与支持者，而新法的制定者与推行者还须另觅贤人。为了当好这个领导者与支持者，韩昭侯已经谋划多年，现在可以说万事俱备，只欠东风了。而东风正是像商鞅那样的改革家。

机会总是留给有准备的人，正当韩昭侯苦苦寻求韩国的商鞅时，一个郑国人的到来，让他看到了成功的曙光。

这个郑国人名叫申不害。

申不害是郑国京邑人，也就是今河南郑州人。郑国在公元前 375 年被韩国所灭，所以申不害现在也是韩国人。申不害和商鞅学的是相同的专业，都是法家，但申不害与商鞅又有不同。法家学说的核心是法（刑法）、术（权术）、势（权势），商鞅学专业时偏重"法"，而申不害偏重的是"术"。

法家学术，法应是核心中的核心，术、势算是旁门左道，见不得光的东西。偏重术的申不害如果在韩国变法，效果可想而知，肯定不如偏重法的商鞅在秦国的变法。

但相比于法，术、势无疑更有利于君主，君主如果深谙此道，就能够神鬼莫测地驾驭臣下。韩昭侯八年，申不害向韩昭侯兜售他的学术，腹黑的韩昭侯对这一套很感兴趣。同年，便破格提拔申不害为相国。一场改变韩国面貌的变法运动也随之拉开序幕。

申不害的变法主要是从吏治、权术、军事、农业四个方面入手。

在韩昭侯的支持下，申不害首先整顿吏治，向韩国权贵势力开刀。如韩国侠氏、公釐和段氏三大强族，一向仗着家族封地多房地产事业做得好，在国内横行霸道，以前没人敢惹他们，国君也要礼让三分。现在申不害变法，这些骄纵惯了的贵族哥们儿不知收敛，撞枪口上了。申不害趁机处死了一批危险分子，收回三大家族特权，摧毁其城堡，并将其财产没收充入国库，杀鸡儆猴，澄清韩国吏治，巩固君权。

在君权得到巩固的前提下，申不害教韩昭侯大行权术，利用国君的威势驾驭臣下。

有一天，韩昭侯去察看祭祀宗庙用的牲畜，其中有一头猪特别瘦小。祭祀宗庙是国之头等大事，怎么能够用头瘦猪呢？至少韩昭侯是如此认为的。于是，他就叫相关官员去换一头肥点的猪来。

让韩昭侯感到愤慨的是，主管祭祀的官员并没有换猪，牵着原来的那头瘦猪溜达一圈就回来了。这位主管祭祀的哥们儿可能比较"抠门"，认为祭祀宗庙这种事情年年都要搞的，没必要搞得太铺张，还看不起人家瘦猪。

但韩昭侯可就很不高兴了，寡人堂堂一国之君，还差遣不了你这个搞祭祀工作的，寡人颜面何存？于是他勃然大怒："你当寡人是瞎子吗？这头猪不就是刚才那头吗？你根本没换啊！"

国君很生气，后果很严重，怒发冲冠的韩昭侯一声令下，命有关部门将该官员逮捕论罪。

韩昭侯身边的人看到国君动怒，要杀主管祭祀的官员泄愤，于是连忙打圆场："君上您是怎么知道那猪没换的？您没弄错吧？"

韩昭侯说："怎么可能弄错？寡人看那猪的耳朵就知道了。"

后来，申不害听说了这事，他觉得这是个机会，一个用来教韩昭侯重视权术的机会。于是，申不害给韩昭侯说了一通让人费解的话：

> 何以知其聋，以其耳之聪也；何以知其音盲，以其目之明
>
> 也；何以知其狂，以其言之当也。（《吕氏春秋》）

申不害这话有点像淳于髡说的隐语，让人捉摸不透。你是怎么知道他是聋子的？是通过观察他耳朵的聪敏；你是怎么知道他是瞎子的？是通过观察他眼睛的明亮；你是怎么知道他有发狂的症状？是通过观察他言语的得当。韩昭侯遇到的明明是"二师兄"的问题，申不害却扯到听力视力的问题上，这个先生有点怪。

其实，申不害一点儿也不怪，他很聪明，懂得举一反三。他通过韩昭侯与"二师兄"的故事，联想到更深层次的问题。

申不害认为，韩昭侯通过观察猪的耳朵认识猪，这只不过是凭借眼睛的视力，如果不让他看到猪耳朵，就不能认识那头猪了。所以，眼、耳、心智所能洞彻的事物都很狭隘，他告诉韩昭侯，处理国家大事之时，要看清事物的本质，避免过分依赖主观臆断，不要受外在的形象所迷惑。因此，君主要学会藏拙，学会将政事转移给臣下处理，而君主本身只需要牢牢把握权柄，操控臣下，垂拱而治。

平心而论，申不害的话也有道理，再圣明的君主也不可能洞察天下所有事，谁都有狭隘糊涂的一面。作为统治者应该尽量放权，让臣下各尽其能，独断专行既有害于国家，也有损自己的英明。

但申不害的放权，并不是让国君削弱自己的权力，他的放权实际上是"放事"，把事情尽量都交给臣下管，国君管权，专门监控管事的臣下。申不害通过解读延伸韩昭侯与"二师兄"的故事，很显然是向韩昭侯推荐他所擅长的"术"，因为只有深谙权术，才能不被外在因素所欺骗，才能够如臂使指地驾驭臣下。

于是，在韩国变法的第二条加强权术上，申不害向韩昭侯建议：对官吏加强考核和监督，见功而与赏，因能而授官，由国君掌控官员的晋升通道，使官员的前途利益都掌控在国君手中，官员的把柄也掌控在国君手中，那么官员们自然屈服于国君的淫威，乖乖听指挥。

申不害的术有利有弊，明君利用术驾驭臣下，能够提高政府的行政效率，但如果昏君以术驭臣，就可能适得其反了。

与当今社会和平与发展的主题不同，战争与兼并才是战国时代的主题，申不害的变法自然少不了对韩国军队的变革。在韩昭侯的支持下，申不害大力整顿韩国军队，主动请命自任韩国上将军，将贵族私家亲兵收编为国家军队，与原有军队混编，进行严酷的军事训练，使韩军的战斗力大大增强。不足的是，与秦国的商鞅变法相比，申不害在韩国并没有确立严格的军功爵位制度，不利于提高军队战士的战斗积极性。

和商鞅一样，申不害也非常重视农业，极力主张百姓开垦荒地，多种粮食。但可惜的是，申不害针对农业方面的法令并不如商鞅那样详尽，也没有建立起严格的奖励机制，变法不够彻底。

变法自然有阻力，秦孝公在秦国推行新法，连太子都带头违法。申不害在韩国的变法虽不如商鞅变法那样彻底，但也遇到了不小的阻力。在这件事上，韩昭侯比申不害更着急，但同时也很疑惑，于是问申不害："相国啊，你制定的那些法令不容易推行呀，明里暗里抗法的到处都有，这到底是怎么回事啊，寡人真是想死的心都有了。"

申不害说："臣所制定的新法，有功必赏，有过必罚，无功不受禄。现在君上虽然颁布了新法，但又常常给您的亲戚们走后门，既然您带头破坏了规则，下面的人当然有恃无恐，所以违反新法的人越来越多。"

韩昭侯恍然大悟："哦，原来是这样，谢相国提醒哈，寡人知道以后该怎么做了！"

和秦孝公相比，韩昭侯的思想觉悟确实令人遗憾，不说像秦孝公那样执法必严，连违法的宝贝儿子也不放过，韩武同志竟然还自己带头违法，给亲戚朋友们走后门。在申不害的提醒下，韩昭侯信誓旦旦，发誓以后不再开后门，但江山易改本性难移，几十年的老毛病，不可能让申不害一句话彻底解决，只是有所收敛。

其实，申不害自己也是半斤八两，和敢于给太子老师"整容"的商鞅相比，不论是业务能力还是职业操守，他都明显不如。

申不害有个堂哥，看到堂弟在韩国混得开，当上了相国不说，还很受韩昭侯信任，就想让申不害开个后门，给他捞个一官半职。申不害虽然是相国，但很多事情他不能做主，得请示韩昭侯的意思。这也是他自讨苦吃，因为他变法的核心之一就是为了加强君主权势，君主的权势加强，相国的权势自然就削弱了。

韩昭侯听说申不害想让自己给他的堂兄开后门，心里很不爽，当初是谁理直气壮地教训寡人，新法推行不顺利就是因为寡人给亲戚朋友开后门？敢情我堂堂国君开后门不行，你一个相国反倒可以是吧？

心情郁闷的韩昭侯于是朝申不害发了顿牢骚："寡人还记得，当初相国不让寡人给亲戚开后门，说那样不利于新法推行。现在相国又要寡人给你堂哥开后门，相国不觉得这是在打自己的脸吗？你到底要寡人听你哪条建议？是开还是不开？"

韩昭侯还是给申不害留了些面子，话说得比较委婉，没有指着他鼻子一顿痛骂。但申不害毕竟不是厚颜无耻的人，听到这话羞愧得无地自容，避开正房向韩昭侯请罪："这件事臣错了，但也使臣相信，因功授职这点，君上真的可以做到！"

在韩昭侯的批评下，申不害最终放弃给堂兄走后门。其实，韩昭侯何尝不是在申不害的批评下，才尽可能地改正给人开后门的陋习。这一对君臣，都有较明显的缺点，但值得欣慰的是，君臣双方能够互相批评改过，才确保本就不彻底的韩国变法没有中途夭折。

据《史记》记载，韩昭侯任用申不害变法，"内修政孝，外应诸侯，终申子之身，国治兵强，无侵韩者"。这似乎有些夸张，但韩国自变法后的数年里，没有大规模的战事倒是事实。

其实，在弱肉强食的战国，不打仗有它的好处，也有它的坏处。不打仗虽然可以避免人员伤亡，但也意味着保守，意味着落后于兼并与统一的时代潮流，坐等他国通过兼并战争越来越强，而自身受地域的限制相对越来越弱，最终像刘表的荆州那样，被曹操那种雄才大略的诸侯吞并。

在这点上，秦孝公比韩昭侯看得透彻，天下终归一统，要么做兼并者，要么为人所兼并，不敢逐鹿天下，想永远保住自己那一亩三分地是痴人说梦。于是，在韩国变法的同时，刚尝到变法甜头的秦孝公，便忍不住厉兵秣马挥师东向，与中原诸侯强国一决高下，去争夺那宝贵的土地资源。

# 趁火打劫

时间一晃又到了秦孝公八年（前354年），商鞅在秦国变法已经两年了，两年来秦国综合国力稳步提升，复兴祖业指日可待。但美中不足的是，秦孝公将精力都集中在变法上，给了无耻的魏惠王以可乘之机，先父秦献公浴血奋战夺来的少梁，又被魏惠王夺回去了。

秦孝公很郁闷，他无时无刻不想再夺回少梁，一雪前耻。但魏国太强大，秦国又尚在变法，与魏惠王硬碰硬占不到多少便宜，秦孝公想等个机会，一个挽回损失的机会。

令秦国朝野上下兴奋不已的是，这个机会终于要来了。

秦孝公五年，赵、魏、韩三国结盟。这哥仨的结盟，完全是因为彼此都感受到了秦国东出的危险，但事实上到第二年，秦国专心变法根本无暇东出，这种危险自然随着时间的流逝逐渐减弱。没有了巨大的危险，赵、魏、韩也就没有再抱团的必要，于是，和以往一样，这哥仨又开始闹矛盾，甚至要同室操戈了。

不过和以往不同的是，这次挑起矛盾的不是魏大哥，而是赵二弟，韩三弟则依然充当乖宝宝的角色，不想掺和两位大哥的矛盾。

秦孝公六年，赵成侯在平路与齐威王、宋桓侯会晤，彼此交流感情，希望建立互帮互助的国际关系。与此同年，赵成侯又与燕文公在阿地会晤。在魏惠王看来，赵成侯如此频繁地与诸侯会晤，明显是在挑事，是想伙同诸侯国围殴魏国。

没错，赵成侯就是在挑事，他被魏国的强大压得喘不过气来，担心魏惠王终究有天会对赵国下手，既然如此，不如先下手为强，联合诸侯国对抗魏国。齐威王、燕文侯等人也深感魏国强大，很乐意看到赵成侯与魏惠王死磕。

得到国际友人的支持，赵成侯有了与魏惠王抗衡的底气。秦孝公八年，赵成侯出兵卫国，赵军势如破竹，很快便攻占了卫国的漆、富丘两地。

卫国与魏国接壤，多年以来，一直就是魏国罩着的小老弟。赵成侯出兵攻打卫国，这不摆明了醉翁之意不在酒，向他大哥魏国示威吗？是可忍孰不可忍？魏惠王怒不可遏，赵二弟这是想造反了！行，寡人奉陪到底，你敢打寡人的小兄弟卫国，寡人就敢直接打到你赵国的国都去！

魏惠王随即点兵十万，以庞涓为统帅，率魏军攻打邯郸。

赵、魏大战一触即发，魏强赵弱，赵成侯感受到了前所未有的压力。魏兵带甲十万，将军庞涓又是当世名将，赵国拿什么抵抗魏军？

对于此战，魏国虽然胜算很大，但魏惠王也不敢疏忽，还曾强迫宋国攻打赵国。宋国两边都不敢得罪，耍了个滑头，与赵成侯合计好，缓缓出兵，装模作样攻打赵国边城，忽悠魏惠王蒙混过关。

正当魏惠王与赵成侯都将精力集中在邯郸之战时，西边的秦孝公露出了阴鸷的笑容。他要等的正是这个机会，趁魏国与赵国开战无暇西顾之际，出兵攻打魏国的河西地带，夺回失去的少梁城。

时不我待，当魏军主力东出杀向邯郸时，秦孝公果断出兵，发动少梁争夺战。秦军与魏军在秦、魏交界地带元里（今陕西澄城县南）开战，魏军果然疏于防备，此战秦军势如破竹，大败魏军，斩首七千，如愿以偿夺回少梁。

少梁很早以前就是秦国的土地，秦穆公时期，秦灭梁国，将梁地命名为少梁。少梁是河西重镇，是秦国东向魏国的桥头堡，这使魏国如芒在背，后来趁秦国国力不振，屡次抢夺。现在秦孝公夺回少梁，意味着秦国可以随时渡过黄河，杀入魏国本土。

少梁的丢失令魏惠王气急败坏，但无奈魏军主力在与赵国开战，对魏国来说，当务之急是取得邯郸之战的胜利，少梁的事情只能先搁置一边。秦孝公正是看准了这点，得了便宜的他并没有就此罢手，他要将秦国势力渗透到魏韩交界地带。

于是，秦孝公再次点兵，以公孙壮为将，发动对韩国的进攻。韩国实力弱小，在秦军面前根本不堪一击，秦军一路攻城略地，夺取上枳、安陵、山氏等地，这些城池都在魏韩交界地带，秦军在此修筑城防，做好了长期驻守的准备。

秦军的深入，犹如在魏国头上悬起一把利刃，让魏国人坐立不安。一想到秦孝公趁火打劫成功后那副小人得志的无耻面孔，魏惠王就恨得牙痒痒。但魏国此时已陷入邯郸之战的泥沼，魏惠王实在抽不出身来对付秦国。

魏惠王别无他法，只能把怒火吞到肚子里，专注邯郸战事。邯郸之战不容有失，损兵折将是其一，二是魏国的兵败必然助长赵国的嚣张气焰，其他诸侯国也会轻视魏国。

令魏惠王欣慰的是，庞涓不愧是鬼谷子的高徒、当世名将，魏军在邯郸的战事捷报频频，邯郸眼看着就要撑不下去了。

# 围魏救赵：秦人得利

面对魏军强大的攻势，赵成侯终于扛不住了，再凭赵国一国之力与魏军死磕，他当国君的日子非到头不可。情急之下，他想到了外援，当初他之所以敢挑衅魏惠王，不正是仗着国际友人的支持吗？现在赵国落难，当时信誓旦旦一起对抗魏国的承诺，不至于就抛到九霄云外去了吧？齐威王他们应该不是那样的人。

谈到外援，赵成侯首先想到的当然是齐威王，只有齐国才有实力与魏国抗衡。于是，在秦孝公九年（前353年），魏军围攻邯郸一年左右后，束手无策的赵成侯只能寄希望于齐国，派使者向齐威王求援。

齐威王接到赵成侯的求救信后，并没有当机立断出兵救赵，看到朝中有人想坐山观虎斗，他决定慎重考虑。

齐威王心想，赵、魏两国手心手背都不是寡人的肉，从情分上说帮谁都可以，关键得看哪边更有利于齐国。不然呢？你们哥俩斗得死去活来，我齐国就是一个路人甲，要没好处，干吗掺和？

于是，为了确定救赵是否对齐国有利，齐威王召集群臣，展开了一场激烈的辩论赛。

主持人兼评委：齐威王

正方代表：段干朋

反方代表：邹忌

首先，主持人齐威王开问："各位说说看，救赵与不救赵哪个对齐国有利？"

反方辩友邹忌抢先阐述观点："赵、魏两国打仗与我们无关，不如不救，打仗劳民伤财，咱们还是袖手旁观更好。"

虽然史书上没有提及对邹忌观点的认可度，但我想应该还是很有群众基础的。赵、魏两国爱咋地咋地，齐国犯不着放着和平日子不过，跑过去救赵国。打仗就是打钱，打仗也是打人，劳民伤财，为赵国作嫁衣，何必呢？魏国也不是吃素的，万一齐国出师不利，打败了怎么办？这年头年年开战，魏国现在势力正盛，齐国有必要与魏国作对吗？当今天下七强并立，魏国在搞定赵国之后，也未必会来惹齐国，没准儿趁机收拾韩国呢！

邹忌的观点确实有一定道理，但这并不代表他的观点正确，对此段干朋提出抗议："君上，我反对相国。我认为咱们应该救赵国，不救就是不讲江湖道义，而且还对咱们不利。"

听到这话，主持人齐威王不淡定了，索性破坏游戏规则，问道："你这话怎么说？怎么还会对我们不利呢？"

段干朋说："君上是愿意和弱国做邻居还是和强国做邻居？魏国如果吞并邯郸，魏国的实力将进一步增大，这对齐国难道不是威胁？"

与邹忌相比，段干朋显然更深谋远虑，他没有为魏国打败赵国后，是否立刻挥师攻打齐国而纠结。他告诉齐威王，魏国吞并赵国邯郸，对齐国没有任何好处。相反，魏国会因此而壮大，到时候不管他是否攻打齐国，对齐国都终究是一个巨大的威胁。魏国今年不打齐国，明年或许也不打齐国，但谁能保证他年年都不打齐国？就是魏惠王也不能保证吧。既然齐、魏两国之间早晚有一战，早晚都得劳民伤财，为什么不在魏国未吞并邯郸之前，在有赵国作为同盟国的时候进行呢？段干朋赞同救援赵国，是从长远考虑，是为了维持齐、魏两国实力的相对平衡，无疑是相当正确的。而事实上齐国战胜之后，衡量齐、魏两国实力的天平极有可能倾向齐国这边。这一点段干朋应该也是清楚的。

为了得到评委齐威王的认可，段干朋又就救赵一事，提出了具体的作战计划。他说："咱们出兵救赵时，如果把军队开到邯郸郊外，魏军肯定会引起警惕，这样虽然能解除赵国的邯郸之围，但却没有打击到魏军。所以我建议，我军南攻襄陵而使魏军疲敝，魏军即使能够攻占邯郸，我们也可以趁其疲敝而揍扁他们。"

段干朋所谓救赵，果然是彻彻底底地为齐国考虑，这哥们儿还真不做亏本买卖。齐国将军队开到邯郸郊外，不战而屈人之兵，解除赵国邯郸之围，他不干，因为这样不能打击魏军，齐国捞到的油水比较少。他希望齐军南下襄陵，扰乱魏军，至于魏军是否还有能力攻打邯郸，他丝毫不关心。他只知道，即便魏军能攻下邯郸，也早已兵疲师老，到时候齐军便可攻其疲惫，成为此战中最大的赢家。

面对此等损人利己，置所谓友邦安危于不顾，一心谋求私利的谋略，齐威王当然乐意接受（段干朋完胜邹忌）。别说齐威王，任何一个正常的君主都会接受吧。

不过也有例外，这计谋要搁在宋襄公手中，没准儿他老人家就真不接受。宋襄公这位同志爱讲仁义道德，这挺好的，就是人有些迂腐。当初他和楚军交战，楚军渡河时手下劝他攻击，他不采纳，他说乘人渡河时搞偷袭太不道义、太无耻了。楚军渡河之后，军容不整，手下又劝他攻击，他不干，他说乘人军容不整时攻击太不道义、太无耻了。等楚军休整队伍之后，立刻向宋军发动进攻，大败宋军，连宋襄公本人也中箭负伤。

话说当年痛扁宋襄公的是楚成王熊恽，他的后代楚宣王熊良夫也是个精明人。

魏国围攻赵国邯郸的战况传到楚国，楚宣王当即召集群臣商议对策。如果说齐、赵两国没有兄弟情谊，楚、赵两国的关系就更加疏远，当年楚国还一直被中原诸侯当作蛮夷之国。

楚国令尹昭奚恤向宣王表态："大王不如不救赵国，而使魏国更加强大。魏国一旦变强，就势必会多割赵地，赵国肯定不会答应，就一定会坚守反抗。这样一来，就可以使魏、赵两国两败俱伤。"

昭奚恤的话似乎有些道理。魏国虽然牛气哄哄不可一世，但赵国也绝非不入流之国，你魏惠王得到邯郸之后若得寸进尺，赵成侯心里肯定不痛快，这样一来，虎狼相斗，魏国即便能够搞垮赵国，也一定大伤元气。所以楚国不如作壁上观，等到魏国人困马乏时，再倾巢而出，坐收渔翁之利。

然而楚宣王的另一个下属提出反对意见。此人名叫景舍，做过楚国的军委主席（大司马），他认为魏国攻打赵国，最担心楚国偷袭其后方。如果楚国放弃增援赵国，魏国就将失去后顾之忧，而赵国则可能有亡国的危险。这等于是什么呢？就好比楚、魏两国同时伐赵，魏国在军事上攻击，楚国使他丧失负隅顽抗的斗志，如此赵国必有倒悬之急。

关键是，赵国一旦出现灭亡的征兆，又得知楚国见死不救，为了自保，他们必然反过来与魏国结盟，一同出兵打楚国。所以，大王不如意思一下，稍微给赵国派点援兵。这样做的好处是，赵国自恃有楚国的增援而士气大振，死撑着抵抗魏国，而魏国见楚国派出的援兵不多，也会与赵国死磕，最终两败俱伤，楚国渔翁得利。

景舍的计谋就要比昭奚恤的高明。昭奚恤只考虑到了赵、魏两国实力旗鼓相当，认为虎狼相斗则必然导致狼死虎伤，但他忽视了一个前提条件，狼肯不肯与虎殊死相斗。事实上，这个前提条件应该是不成立的。赵成侯一旦得知没有外界支援，他完全犯不着去和魏国死拼，那样虽然能拖垮魏国而使诸侯国得利，但对他有什么好处，他自己的赵国没了。以灭亡赵国来换取诸侯国幸福的傻事儿，不仅赵成侯不会干，就是宋襄公也不会干。

楚宣王也算是有为之君，听到景舍的奇谋妙计之后，当即拜景舍为将军，起兵救赵。

不论是昭奚恤还是景舍，不知道他们为何都没有考虑别国，万一秦孝公也来凑这个热闹，岂不可能将楚国的计划全盘打乱？

事实上，不论别国是否出兵救援赵国，对楚国的影响都不是很大。不同的是，楚宣王如果采取昭奚恤的计谋，别国一旦出兵救援赵国，楚国就可能捞不到半点儿油水；如果楚宣王采取景舍的计谋，即便别国出兵增援赵国，楚国也仍然可以捞点儿油水，只是分量比较少而已。

楚国出兵已成定局，齐国也决定出兵，但在选将的问题上，齐威王还在斟酌。

本来，邹忌不赞同齐威王出兵，救赵的事儿与他无关了。但因为田忌，他不惜自打自脸，反而支持出兵救赵，并向齐威王推荐将领人选。邹忌因为田忌的原因支持救赵，可不是看在田忌的面子上，恰恰相反，邹忌与田忌是死对头，邹忌嫉妒田忌受宠。

自古文人相轻，其实不只是文人，高人与高人之间也相轻。史书上没有说邹忌与田忌的能耐孰高孰低，但可以确定的是，哥俩都是当世高人。一个是政坛明星，一个是军界牛人，都深受齐威王重用。但邹忌想受独宠，所以他排斥田忌。

田忌对邹忌的态度如何，不得而知，但以田忌的人品来判断，他应该是能忍则忍。但邹忌这边毫无收敛，反倒愈发欺人太甚，在赵成侯向齐威王求救时，邹忌的门客公孙阅（一说闬）向他献计打压田忌：

> 公何不为王谋伐魏？胜，则是君之谋也，君可以有功；战
> 不胜，田忌不进，战而不死，曲挠而诛。（《战国策·齐策》）

攻打魏国的事相国为什么不参与？那样田忌一定为将，战胜了就是相国的计谋高超，可以到君上那里去领赏；战败了正好可以让田忌死在战场，如果那小子逃回来了，也得被军法处置！公孙阅这招确实高明，不管田忌是胜是败，最终得利的都是邹忌。

邹忌一听，乐了，这不是借刀杀人吗？杀不成也不吃亏，还可以和田忌分享胜利的果实，这样的奇谋妙计干吗不听？于是，邹忌连忙改变当初的态度，转而支持出兵救赵，并向齐威王推荐田忌为将。

齐威王本就打算出兵救赵，如今又有相国邹忌的支持，出兵的念头就更为强烈。战机不等人，齐威王连忙拜田忌为将，出兵增援赵国。

有意思的是，一开始齐威王没打算让田忌做主将，他心中的最佳人选是孙膑。说实话，这次齐威王的眼神确实有些走火，怎么能让孙膑当将军呢？人家就一知识分子，只能运筹帷幄，当将军似有不妥。

所幸，孙膑很有自知之明，所以他当即婉拒齐威王的好意，"君上，你看我这，也就能出几个好点子，带兵万万不行，你还是让田将军干吧，我看他比较适合。"

齐威王这才拜田忌为将，同时又拜孙膑为军师，坐在斗篷车中，为田忌出谋划策。

然而齐军还是晚走了一步，秦孝公九年（前353年）十月，邯郸在魏军的强势攻打下力屈而降了。

楚宣王等了又等，一直在寻求战机，结果等来了邯郸陷落的消息，于是乘魏军在邯郸收拾残局，果断出兵偷袭魏国，夺取其睢、濊之地。

当时齐军已经出发，开始田忌打算直接将大军开赴赵国，解救邯郸。但孙膑不赞同，他说："凡解开杂乱的东西不能握紧拳头使劲，劝解斗殴的人不能参与搏斗。也就是说，如果能避实就虚，使形势发展受阻，就可以达到自我松懈。"

联系到援赵伐魏的战役上，孙膑表示："现在赵、魏两国正处于斗殴阶段，而齐国是来劝解斗殴的，所以不能和他们打一块儿去。关键是魏国正在痛击赵国，兵强马壮，咱们也没必要跑过去硬拼。不如偷袭魏国的国都大梁，因为魏国出兵赵国时已将精锐带走，大梁的防守必然空虚。而且魏军攻打赵国已经疲惫，看到咱们偷袭他们的首都，又会忙于回师驰援，让军队更为疲敝，咱们便可攻击疲敝之魏军，顺便解除赵国的危机。”

　　孙膑围魏救赵之举相当高明。因为赵国邯郸当时已经被魏军占领，齐军若直接将大军开赴赵国，谁也不能保证庞涓探知齐军军情后在路边设伏。即便不设伏，齐军驰援赵国，等与魏军交战的时候，自己也已成疲敝之师，这样与魏军交战的胜算就没有多大。既然如此，不如趁魏国国都大梁守备空虚，领兵袭击，引魏军回师驰援国都，这样就能使魏军更为疲敝。而齐军因为没有受到重创，而且也不必像魏军救火般急速行军，自然能够以逸待劳，痛击魏军。此外，孙膑为什么偏偏选择偷袭大梁呢？这主要是因为偷袭别的城市庞涓未必会救援，只有冲他老板魏惠王开火，才能够引起他的重视。

　　收拾完邯郸的残局后，杀红了眼的魏惠王想连小老弟卫国也一块儿收拾，于是让庞涓率八万大军挺进卫国茌丘。在田忌领兵后，庞涓挥师攻打卫国，卫国形势一片危机。田忌于是又想出兵救卫，但考虑到困难重重，只得与军师孙膑商议。

　　孙膑强调，卫国也不能救，一切得按原计划行事。田忌心急如焚，问孙膑：“这赵国不能救，卫国也不能救，军师你直接明说，我到底该怎么办？”

　　孙膑给出的指示是，向南攻打魏国平陵。平陵地广人众，兵力强大，属战略要地，城池虽小，但非常难攻。孙膑之所以选择攻打平陵，绝对不是找刺激来的，他故意找块硬骨头啃，显示自己不懂军事，以此麻痹魏军，以为齐军不可能深入魏国心腹地带。而事实上，只要魏军放松警惕，他就会放弃攻打平陵，长驱直入魏国大梁。

　　平陵南面是宋国地带，北面属于卫国国境，在进军平陵途中必须经过市丘。市丘在魏国境内，因此孙膑认为，齐军的粮道很容易被魏军切断。因为只要齐军经过市丘之后，魏国派兵把守市丘，就可以阻挡齐军的粮草大队。但孙膑给田忌的指示是，我军必须佯装不知道这一危险。

　　孙膑明知齐军经过市丘之后，容易被魏军切断粮道，为何还要继续挺进，并且佯装不知道？原因在于，孙膑希望通过佯攻平陵而麻痹魏军，而市丘是通往平陵的必经之路，所以他无论如何也要挺进此地。至于佯装不知危险，则是想让魏军以为齐军不知危险而未做出相应的防范措施，故而更加轻视齐军。魏军方面大概会这样以为，即便齐军深入我国腹地，咱们也可以通过截断其粮道而弄死他们，现在咱们正在谋取赵军、卫军，先不用急着分兵与齐军争锋。事实上，孙膑既然知道齐军的粮道可能会被截断，当然做好了相应的准备。

田忌采纳孙膑的谋略，领兵抵达平陵之后，又问孙膑："军师这平陵该怎么打啊？"

孙膑表示特无语："田将军这一路你也跟我这么久了，我该说的都说了，你怎么还云山雾绕的？"

田忌说："齐城、高唐。"

齐城、高唐究竟是指什么，有学者说齐城、高唐是魏国的两个地名，田忌的意思是说分兵攻打这两地。但也有学者说，齐城、高唐是人名，田忌想派这两人攻打平陵。根据后文"吾攻平陵不得，而亡齐城、高唐"，我们将其理解为人名或许比较好（或者说是代指两地大夫）。即田忌派齐城、高唐攻打平陵。

孙膑对这一决策予以肯定："派齐城、高唐攻打环涂地区的魏军。环涂乃魏军屯驻之地，我军只派前锋发起猛烈进攻，主力部队则按兵不动。环涂的魏军必然奋起反击，前去挑战的齐城、高唐两位将领，可能会战败而亡。"

田忌也许不很清楚孙膑此举的用意，但他非常钦佩孙膑的谋略，于是依计行事。田忌将前锋部队分为两路，分别令齐城、高唐两位大夫率领，直扑平陵而去。结果如孙膑所料，环涂部魏军与挟叶部魏军前后呼应，大败齐军先锋部队，齐城、高唐两大夫阵亡。

这个时候，田忌有点儿怀疑孙膑了："军师啊，我依你的计策行事，结果没有攻下平陵不说，反倒损失了两位大夫。现在该怎么办啊?"

事实上,从前文孙膑的言论中可以看出,他并没有做打赢此战的打算,他也并不认为此战能胜。既然如此,他为何还要让田忌派两位大夫领前锋部队进攻呢?原因就在一个"败"字。孙膑故意让齐军打败仗,显得齐军羸弱不堪,迷惑魏军,使之骄狂轻敌,最终放松对齐军的警惕。这样齐军就可以乘隙偷袭大梁了。

于是,孙膑对田忌说:"时机已到,将军你立刻派出轻装战车,火速西行,直捣大梁城郊,激怒庞涓。庞涓闻讯,必然会回师救魏,将军切记不可出动全军,只需要分出少部分兵力与庞涓交战,显示出我军兵力单薄便可。"

孙膑在此战中表现得非常稳重,在之前的一系列军事谋略中,孙膑除了掩饰齐军的进攻目标外(如佯攻平陵),就是通过故意战败等手段让魏军骄狂轻敌。可以说在田忌出兵魏国城郊之前,魏军早已沦落为骄兵,加上将要长途驰援国都,必然也将成为一支疲敝之师,因此齐军搞定魏军基本上不成问题。但孙膑时刻保持清醒的头脑,并不因暂时的谋划成功而小觑魏军,仍然想通过显示兵力单薄而麻痹魏军。故技重施,看似平凡,但当局者能做到如此,确实很不简单。

田忌的优点除了从谏如流,还有谨慎稳重,他也没有因为吸引魏军驰援大梁的目的将要达到而忘乎所以,而是严格执行孙膑的计划。

庞涓打探到田忌所派出的菜鸟部队,便以为齐军不过尔尔,竟然丢弃辎重,昼夜兼程回救大梁。魏军长期在外征战,在正常状态下驰援大梁,也足以把自己弄得疲惫不堪,更何况是昼夜兼程加速行军。

孙膑见庞涓已经中计,当即派齐军主力部队埋伏在桂陵(今河南长垣),以逸待劳,袭击疲敝的魏军。庞涓部魏军一到,齐军猛然杀出,魏军不堪一击,以惨败告终,主将庞涓为齐军生擒。

桂陵之败对魏惠王而言无异于晴天霹雳,邯郸虽被攻下,但魏军主力也受到齐军重挫。当时魏惠王为了打赢整场战役,看着秦孝公趁火打劫，为了顾全大局打碎牙往肚里吞，不出兵报复，没想到最终却是这个结果，他真是心都碎了。

祸不单行，更让魏惠王承受不起的是墙倒众人推，本来想保持中立的宋国，以及挨了打的小老弟卫国，在田忌的号召下也出兵攻打魏国，围攻距离魏都大梁仅七十公里的襄陵，大有攻破襄陵直捣大梁之势。

魏惠王急了，只好厚着脸皮向韩国求救。好在韩昭侯还算够义气，尽管魏惠王曾在韩国败于秦国之手时趁火打劫，但韩昭侯以德报怨，出兵襄陵同魏军反击齐、宋、卫三国联军的进攻。不得不说，申不害在韩国的变法确实有成效，魏军在韩军的支援下，总算击退了三国联军的进攻。

这场胜利来之不易，他是魏惠王以牺牲旧都为代价换来的。当齐、宋、卫与韩、魏五国军队在襄陵鏖战时，秦孝公又开始趁火打劫了。

秦孝公十年（前352年），嬴渠梁以商鞅为大良造，领兵攻打安邑。安邑原本是魏国国都，但随着魏国不断向东扩张，到魏惠王六年，魏国为了巩固霸权，控制东方诸侯，将国都从安邑迁移到大梁，魏军在安邑的兵力配置自然也随之减少。

秦孝公令商鞅率秦军骁勇突袭安邑，安邑城守军根本无法抵挡。此时魏军正在襄陵与诸侯军鏖战，襄陵一旦攻破，国都大梁便暴露在诸侯军的兵锋之下，魏惠王正为这事焦灼不安，既不可能也无力征调一支精锐部队解安邑之围，只能精神上给予支持了。

在实力悬殊的对手面前，精神鼓励的作用可以忽略不计，结果也就可想而知，在商鞅大军的强势攻打下，安邑城举起了投降的白旗。安邑城陷落，意味着秦国的军事势力已经渗透到原魏国境内，这无疑引起了魏惠王的恐慌，魏国被迫加紧扩建河西地区的防线，南起郑县（陕西华县），越过渭水，沿洛水东岸修筑长城。

桂陵之战，魏国无疑是最大的输家，在整个作战期间，无论东线西线，魏国都损失惨重。取得桂陵之战胜利的齐国也没占多大便宜，襄陵城下齐军受挫，最终在楚国的劝说下与魏国达成和平协议，赢了个战胜霸主国的威名。楚国在此战中倒是占了些便宜，但也就几座战略意义不大的城池而已。

真正占大便宜的是秦国。魏军围攻邯郸时，秦国乘机攻占少梁，随后又将势力渗透到韩、魏边界地带；魏军在襄陵与诸侯军鏖战时，秦军夺取魏国旧都安邑。这些都是具有较大战略意义的军事重镇。

秦国利用商鞅变法带来了综合国力的提升，通过不断的突袭战，进一步扩大自身实力。尝到了变法甜头的秦孝公兴奋不已，秦人也深刻体会到变法的好处，借着这股东风，秦孝公决定在秦国掀起第二轮轰轰烈烈的变法运动。

# 二次变法

事实已经证明了变法的好处，变法六年以来，秦国国力蒸蒸日上。尤其在军功爵制的刺激下，秦人在战场上更加奋勇杀敌，一批批能征善战的勇士得到奖励与晋升，这无疑壮大了秦军的军事力量，与魏军数次交锋取胜就是最好的证明。

通过变法，秦国政府富了，军事强了，百姓也富了，当初那些歇斯底里抗议新法的人，如今反倒成了新法的坚定支持者。

在这种背景下，秦孝公决定采取商鞅的建议，继续深入变法。与第一次变法相比，第二次变法的阻力就要小许多，百姓们拥护变法，老贵族们经过第一次变法的打压，势力大大削弱，也因此老实了许多。

秦孝公十二年（前350年），秦国第二次变法在大良造商鞅的主导下正式拉开序幕。

这一次变法，商鞅更是得心应手，除了百姓的支持与老贵族势力的削弱外，他手中的权力也更大。商鞅这次是以大良造的身份主导变法的，大良造是当时秦国权力最大的官职，相当于今天的国务院总理兼军委主席。

权力大了，就好办事。变法刚开始，商鞅就提出了一个惊人的建议——迁都，这是商鞅第二次变法的第一步。迁都可不是小事，它意味着政治中心的转移，意味着国家战略方向的更改，在迁都的整个过程中都有非常烦琐的工作要处理，劳民伤财必不可免，但商鞅有他迁都的充分理由，为了秦国的千秋大业，迁都势在必行。

秦国国都原本在雍地，后来秦献公将其迁徙到靠近河西地区的栎阳，原因是当时秦国的战略就是收复河西失地。事实上，栎阳既缺乏山河之固，也不是富饶之地，作为国都实在很勉强，当初秦献公只是出于收复河西的权宜之计罢了。

现在河西之地多在秦国掌握之中，还定都栎阳实无必要。此外，栎阳的老贵族势力虽然遭到削弱，但如百足之虫死而不僵，迁都可以摆脱旧都的老贵族，有利于将来国家各项大政方针的推行。

这样看来，迁都没问题，但迁到哪里是个问题。商鞅查看了秦国地图，了解了各大城市的山川形貌、风土人情，想了很久，终于决定将国都迁到咸阳。咸阳地理位置良好，位于八百里秦川腹地，土地肥沃，四周有山河之险，进可攻，退可守，且处于东西、南北要道，在此建都有利于掌控全国。

商鞅把他的想法告诉秦孝公，秦孝公再三斟酌，觉得迁都咸阳是个好主意。于是，秦国当年便开始在咸阳营造都城，第二年正式迁都咸阳。咸阳从此成为秦国的都城，成为秦国政治军事中心，直到秦朝灭亡也没有改变。

确定了迁都事项，商鞅接下来便开始改变秦国风俗习惯。这项政策主要是革除戎狄陋习，禁止父子兄弟同室而居，这便是第二步。

秦国地处西陲，与戎狄接壤，难免沾染戎人习性。在中原诸侯看来，戎人不知礼义廉耻，父亲死了，儿子便可以娶继母，这简直就是道德沦丧。秦国与戎狄打交道久了，虽然也是华夏族的一部分，但中原诸侯常把秦人比作戎狄。

随着秦国势力的强大，东出必不可免，秦国要想与东方各国打好交道，就必须在文化上融入其中。秦人原本熏染戎狄习性，父子兄弟同居一室，室内指不定还有各自的女人，这在中原诸侯看来，实在有伤风化，商鞅革除这等陋习，无疑是在向中原文化看齐，希望秦国获取中原各国认同，减轻秦国在国际上遭受的歧视。

商鞅把秦国分散的小乡邑合并为县，设置县令、县丞，一共新建了三十一个县，此为第三步，主要完善行政区域。这主要是精简机构，便于管理，小乡小邑太过分散，管理起来麻烦，合并后既能精简公务人员数量，减少政府财政开支，也便于有效地管理民众。

接着是第四步，废井田、开阡陌，人尽其力、地尽其利。

井田制是西周时开始发展成熟的土地国有制度，即把耕地划分为多块一定面积的方田，周围有经界，中间有水沟，阡陌纵横，像一个"井"字。一人耕种大约一百亩，中间一百亩为公田，其余八百亩为私田，平均分给八户耕种，公田由八户共同耕种，公田收入归拥有该土地的贵族所有。

井田很美好，似乎人人有田种，几百年后的"新朝皇帝"王莽非常推崇，一心一意想恢复井田。事实上，井田制在确立之初有它的积极意义，但随着生产力的发展，贵族们不满足原来的收入，开始瞒着国君捞外快，开辟的私田也越来越多，又通过改变剥削方式诱惑农民耕种私田，井田制也因此逐渐被破坏了。

既然井田制名存实亡，商鞅于是直接废除井田制，承认土地私有，鼓励百姓开垦荒地，谁开垦的地就归谁耕种。原来大家搞平均主义，每人一百亩，勤劳的哥们儿觉得不够，懒哥们儿占着茅坑不拉屎，对公田的耕种也不卖力，反正收成再好也是贵族们的。现在废除井田，鼓励开荒，多劳多得，农民的积极性自然大大提高，秦国的农业迅速发展。

第五步，也就是最后一步，是平斗桶权衡丈尺。斗与桶都是容量单位，权衡是指称量物体轻重的器具，丈尺都是长度单位，实际上就是统一度量衡，这事秦始皇统一中国后也干过。统一度量衡的意义重大，一是全国上下有了标准的度量准则，为人们从事经济文化交流活动提供了便利。不然同样都是一斤黄金，一个轻一个重，换算起来很麻烦，买斤肉还得算半天；二是便利于政府收税，道理类似；三是有利于消除割据势力的影响。

二次变法颁布后，推行基本畅通无阻，但也有个小小的意外。这个意外无损于变法大局，毕竟现在变法在秦国是民心所向，但关系到商鞅后来的生死。

秦孝公十六年（前 346 年），公子虔触犯新法了。

当初太子嬴驷犯法，公子虔作为嬴驷的老师，受到牵连被惩治过。既然吃过一次哑巴亏，公子虔就应该明白新法是无情的，新法面前人人平等，任何人不可触犯新法。但这哥们儿不知是明知故犯，还是无意中触犯新法，总之，他既然触犯了，就必须接受制裁。

处理嬴驷违法那次，商鞅其实给了公子虔面子，没有把他往死里弄，要知道同为太子老师的公孙贾可是被整了容（黥面）。现在公子虔竟然还以身犯法，在商鞅看来，这不是敬酒不吃吃罚酒吗？

既然你喜欢吃罚酒，我卫鞅就成全你。于是，商鞅依法严办公子虔，对其处以劓刑。劓刑可比黥面要残酷得多，黥面只是在脸上刻字涂墨，五官还在，劓刑是把犯人的鼻子割掉，这不叫整容，而是赤裸裸地毁容。

没了鼻子，原来再风流倜傥的帅哥也让人想吐。没了鼻子的公子虔深感耻辱，躲在家里不愿出门，整整八年。他恨商鞅，自从商鞅到秦国工作，他没过一天舒坦日子不说，还两次被商鞅整治，这回连鼻子也被割了。仇恨的种子在公子虔心中慢慢生根发芽，他发誓，只要时机成熟，就一定让商鞅血债血偿！

公子虔的仇恨商鞅不可能没有察觉，自受刑后他就杜门不出，奇耻大辱该转化成多深的仇恨！但商鞅现在根本没空想那么多，因为从桂陵战败中恢复元气的魏国又开始对秦国虎视眈眈了。

# 逢泽之会

商鞅在秦国变法以来，确实取得了一些成效，秦国国力也越来越强，但如果不趁火打劫，一对一单挑，终究还不是魏国的对手。此外，秦国二次变法刚推行不久，也不能在这时候与魏国进行大规模的战役，维持整体上的和平才符合秦国的利益。

于是，化解秦、魏两国可能发生的大规模冲突，在这时又成了商鞅的当务之急。

桂陵之战中，秦国趁火打劫占了魏国不少便宜，魏惠王恨得咬牙切齿，手撕了秦孝公的心都有，安抚这头愤怒的猛虎可不容易。所幸魏惠王这人有弱点，当然是人都有弱点，但他的弱点很突出，又给了商鞅可乘之机。

魏惠王好名，享受了诸侯霸主的威名还不够爽，总想着有点突破。所谓突破，当然就是称王。事实上，魏惠王到现在还只是侯，称他为魏侯更准确。魏侯自认为做了霸主就该与众不同，不称王难以显示出自己的高高在上。

"天无二日，民无二主"，王就是百姓的主，周朝只能有一个王。但自周王室衰弱以来，周朝除了周天子这个王，又多了一个王——楚王。

楚国的第一个王是楚武王熊通。熊通原本没打算称王，当时他仗着兼并业绩不错，想让周恒王提高他的爵位，因为当时楚国只是区区子爵。没想到周恒王看不起和蛮夷打交道的熊通，拒绝了他的请求。熊通怒不可遏，愤愤道："瞧不起我是吧？我的祖先鬻熊还是周文王的老师呢！现在周边蛮夷都服从楚国，周王竟然还不给我提高爵位。好吧，我也不求你了，你不封老子自己封！"于是熊通自称为王。

王冠是多么美好的东西，谁也不愿意把戴在头上的王冠摘掉，于是楚国自楚武王称王后，接下来的历代国君都是王。

历史的车轮行进到魏惠王时期，周朝二王并立的局面已经存在了三百多年。这三百年来，没有任何一个中原诸侯国敢冒天下之大不韪称王，而楚王再威风在中原人眼里也是半个蛮夷，因此王冠在中原诸侯眼中仍具有较大的含金量。

魏惠王早就对那顶王冠垂涎三尺。如果说周天子的王冠是正品，楚王的王冠就只能算次品，春秋时期尊王攘夷旗号中的王是周天子，没听说过"尊楚王攘夷"，楚王本身就是半个蛮夷，难不成对楚王边捧边打？不带那样玩的！魏惠王心想，作为中原霸主国魏国的国君，如果他称王，少说也是个高仿品吧，虽比不得周天子，但肯定比楚王更权威、更神气。遗憾的是，目前还没群众基础，如果贸然称王，那不和楚蛮子一个德行了吗？称王这事得有人劝进才完美。

商鞅在魏国有过多年的工作经验，虽然与魏惠王没有过多接触，但从老领导公叔痤的口中，也基本了解了魏惠王的德行。你不就想称王又不好意思吗？不就想让人把你捧上王位吗？可以，只要您老不再找秦国麻烦，我卫鞅可以捧你称王。

于是，商鞅向秦孝公请缨出使魏国："君上，魏军虽然在桂陵被齐军击败，但并未伤及元气，魏王依然可以号令众多喽啰国，我秦国现在恐怕还不是对手。当前秦、魏关系紧张，臣知道君上也不想与魏国开战，君上不如让臣出使魏国，臣有办法化解战争危机。"

秦孝公一向很信任商鞅，这次自然也不例外，于是派商鞅出使魏国。

商鞅来到魏国拜见魏惠王，开口就是一番吹捧："魏君真是劳苦功高啊，当今天下，还有谁敢不听从您的号令？"

这话把魏惠王说得心花怒放，商鞅乘机下套："美中不足的是，您手下的那十二家诸侯，不是宋、卫，就是邹、鲁、陈、蔡，这些二三流角色，您当然可以呼来唤去的，但就凭这几个货色，还不足以让您称王天下。"

魏惠王想了想，商鞅说的确实有几分道理，寡人如果称王，不能就手下十二个喽啰国点赞，其他六雄如果都不吱声，这王当得也没太多意思。商鞅见魏惠王已入套，连忙怂恿道："天下诸侯，对您称王威胁最大的是谁？无非就是齐国和楚国，您只要把他们打趴下了，称王就是小菜一碟。齐、楚都是大国，卫鞅愚见，如果您要与齐、楚开战，首先得与他们的邻国燕国与秦国结盟。至于赵国和韩国，您只要打齐、楚，他们自然乖乖服从。"

北结燕、西结秦，东伐齐、南伐楚，震慑赵、韩，不得不说，这确实是局大棋，如果此局大棋获胜，魏国将建立前所未有的功业，称王自然不在话下。魏惠王这哥们儿好大喜功，听商鞅给他描绘了一幅如此美好的蓝图，顿时就有些飘飘欲仙了。

魏惠王敌视秦国，想夺回失地是其一，最主要的恐怕还是想复仇，雪洗耻辱。现在秦国都心甘情愿成为魏国的跟班，这等于就是雪耻了。对魏惠王而言，魏国当前的主要敌人还是齐、楚两大强国，尤其是齐国，桂陵惨败之仇还未报，秦国只要不在西边折腾，魏国还是得集中精力对付齐国。

然而魏惠王终究受不了王冠的诱惑，在实现讨伐齐、楚战略前，就自建天子礼仪，热热闹闹地称起王来。称王自然要有人认可，秦孝公十八年（前344年），魏惠王召集宋卫等十二个喽啰国，在逢泽（今河南商丘）会盟，自称夏王。这次会盟，秦国也参加了，秦孝公派秦公子少官赴盟，这意味着秦国认同魏惠王称王。

有了强大的秦国的承认，魏惠王觉得他这个王还有些含金量，至少比当年熊通称王有面子，于是他得意扬扬，又率领盟友们浩浩荡荡向周王城挺进，朝见天子周显王。

魏惠王都已经称王，在名义上与周显王同等地位，还朝见周显王干什么？一来是炫耀；二来嘛，称王的魏惠王也有些心虚，毕竟他这个王除秦国外，其他五大强国都没承认，朝见周天子意味着他还愿意当周王名义上的小弟。

但其他诸侯国可不理解魏惠王的那点心虚，他们觉得魏惠王太嚣张了，何谓夏王？夏者，华夏也，夏王不就是华夏之王吗？敢情你魏罃老混蛋不仅想做魏国的王，还想做全天下的王，做我们这些诸侯的王！

是可忍孰不可忍，除了秦孝公躲在背后露出阴鸷的笑容，其他诸侯国都愤怒了，其中最愤怒的当属齐威王。齐威王也是个想做王的男人，但没想到魏惠王这个手下败将先行一步，还跑到周天子那里肆意显摆，实在可恶。

齐威王觉得，魏惠王这种人真是不见棺材不掉泪，桂陵之战的伤疤才好就忘了疼，不再给他点颜色瞧瞧他是不知道收敛的。此外，齐威王也想称王，而称王就必须立威，立威最好的方法莫过于把称王的魏惠王打趴下。

于是，齐威王拿出猎枪，偷偷瞄准魏惠王这只出头鸟，万事俱备，就等一个扣动扳机的借口了。

# 马陵之战

当初齐威王令田忌在桂陵击败魏军，之后火速向襄陵挺进，遇到了在襄陵坚守的魏韩联军，攻城受挫。齐军经过桂陵一战，又马不停蹄地奔赴襄陵战场，其实也成了疲惫之师。齐威王认为再攻下去也徒劳无益，只会损兵折将，于是让楚国大将景舍做中间人调停襄陵之战，最终齐、魏两国达成和解，齐军归还被俘的魏将庞涓。

在和平的大环境下，魏惠王也不得不与赵成侯会盟，并令魏军撤出邯郸。

在邯郸光复后的第二年，也就是公元前350年，赵成侯去世。

赵成侯死后，公子赵绁和太子赵语争夺君位，赵语成功击败赵绁势力，登上国君之位，是为赵肃侯。赵肃侯这哥们儿可不简单，他先后两次粉碎赵国反动势力，一次是粉碎争夺君位的赵绁集团，一次是在即位后的第三年，粉碎公子范的反叛势力。

这个不简单的赵肃侯也不甘心守成，他希望通过战争兼并让赵国更强大，于是在稳定国内政局后，便启动了对诸侯国的征战。

赵肃侯六年（前344年），赵国出兵齐国，此役赵军大胜，夺取了齐国高唐。

尝到了战争甜头的赵肃侯不肯就此罢手，在第二年，他竟然出兵攻打老大哥魏国。赵军在统帅公子刻的出色指挥下，攻下了魏国首垣。

魏惠王闻讯大怒，赵二弟果然要造反，竟敢在夏王头上动土，于是在赵肃侯九年（前341年）果断出兵赵国。魏军虎啸而来，赵肃侯慌了，连忙与韩昭侯结盟，共同反击魏军。

韩国向来充当乖宝宝的角色，这次之所以敢与赵国结盟对抗魏国，也是因为感受到了魏国的威胁。魏惠王在桂陵之战后，不仅不感恩韩国在襄陵的援助，反倒对韩国指手画脚，先是要求韩国存亡继绝让郑国复国，又对韩昭侯说魏韩本一家应该合并，这使韩昭侯察觉到了魏国想吞并韩国的野心。

所以在这次抗魏之战中，尽管赵、韩联军打得并不顺利，赵国后来承受不了竟然投降魏国，但韩依然誓死顽抗。韩国死战不降有它的底气，一是韩国这些年通过变法军事实力大为增强，二是韩昭侯知道齐威王不会见死不救。

韩国这些年确实通过变法强大了许多，但面对魏国这头猛虎，依然兵败如山倒，南梁一战，韩军损失惨重，连赵二哥这个盟友也打丢了。情急之下，韩昭侯只得派使者向齐国求援。

值得欣慰的是，韩昭侯这次不是自作多情，齐威王确实有出兵的打算。

与救援赵国不同，齐威王得知韩国被魏军围攻，同样召集群臣商讨，但他提出的问题不是救或者不救，而是什么时候救。很显然，齐国出兵势在必行。

为了救韩破魏，齐威王还特意让田忌复职，打算再次让他带兵出征。

说到这里，细心的朋友会发现这里有个问题，复职？难道田忌之前被免职了？他不是桂陵之战的大功臣吗，齐威王干吗炒他鱿鱼？这个你得去问大帅哥邹忌了。

邹忌一直就和田忌不对付，田忌业绩不突出时，他对人家无功受宠看不顺眼。等田忌在桂陵之战中崭露头角时，他又嫌人家功劳太大，影响他的前途。总之，他就想让田忌在齐国彻底消失，眼不见心不烦。

可得胜归来的田忌无疑是齐国的英雄，在朝廷中混得风生水起，干吗离开他的故乡、他的祖国？于是邹忌动了歪心思，心想"你田忌不想走，我想个法子逼你走"。邹忌将田忌的先进事迹告诉门客公孙阅（前面劝邹忌怂恿齐威王令田忌带兵的那哥们儿），吐了番苦水，做了个暗示，要公孙阅坑田忌一把。

公孙阅确实有才，不愧为权谋界的精英，他派人拿了十金跑到集市上占卜，边占还边吹牛："大爷我在田忌将军府中上班，我家将军三战三捷，名震天下。现在他想搞个大新闻，比如造反什么的，你看这事能成不？"

等占卜的人收摊，公孙阅又派人将他逮捕，押送到齐威王面前做人证，指责田忌谋反。这一招够无耻，也够高明，占卜的哥们儿稀里糊涂就被他拉下水了，为了保命还只能老实交代他自以为的真相，他哪知道吹牛的那位是公孙阅的人。

齐威王虽是明君，但对于谋反这事，可不敢掉以轻心，因为他爷爷田和就是干这事上位的。虽说田忌如果真造反，一脚踹掉齐威王后齐国还是姓田的当政，但君位除了自己坐谁坐都不舒服，这是统治者的通病。别说田忌与齐威王只是同属田氏一族，就是他亲生儿子也不能造老子的反，在至高无上的君权面前，亲情只能靠边站。如果说统治者的生活是一部戏，统治者本人相当于导演兼主演，而其他人只能算配角，配角多得是，而主角只能是这一个。如果配角影响主角，就必将遭到导演的打压与清算，被踢出局。

田忌是知道其中道理的，因此面对邹忌的陷害，他不能再忍气吞声了。然而他的应对之法似乎有些冲动，他认为自己不能坐以待毙，竟然派兵偷袭临淄，企图活捉邹忌。结果不用多说，田忌的人马不敌临淄守军，田忌本人不得不逃离齐国。

其实，田忌完全没必要走极端，凭齐威王的英明，如果能审问占卜者，找到公孙阅派去陷害他的那人，或许可以为自己洗刷冤屈。当然，这样做也有两个问题：其一，能不能找到那人，说不定他已被公孙阅灭口；其二，即便没有被灭口，而且能够找到，那人会不会如实招供。

但不论结果如何，田忌偷袭临淄的行动是不明智的，那样反而证明邹忌的污蔑属实，等于把自己往火坑里推。先不说偷袭之举是否能成功，主要是田忌并没有篡位之意，杀了邹忌，等于承认自己有谋反的企图，齐威王他会放过你吗？或许田忌以为，我杀了邹忌之后，仍然尊崇齐威王，这样就能证明自己确实无谋反之意，只不过是锄奸，但齐威王会这样想吗？他会认为你田忌这是欺世盗名，等时机成熟了，就会篡夺君位。

然而田忌毕竟没走到那一步，齐威王最终也原谅了他的鲁莽。齐威王能不计前嫌，重新启用田忌，我认为主要有这两点原因。

其一，齐威王平素对田忌充满信任，并不认为他会干叛主自立之事，关键是他平常在工作中也没什么异常举动，怎么可能说反就反呢？而且人证明显不足，只有占卜者一人而已，鬼知道他有没有瞎说，又没有什么物证，确实难以证明田忌有谋反的企图。事实上，史书上并没有记载齐宣王猜疑田忌，但我估计刚开始时多少会有点，毕竟臣下造反这事人主不可能掉以轻心。齐威王应该是看到邹忌作难，只下令抓捕田忌，不冒犯国君，而且事情未成功，再联系他的人品，才恍然大悟，田忌确无谋反之心。

其二，田忌是难得的名将，齐威王实在太需要他了。宝贝不要都没关系，毕竟玩物丧志，但田忌这种股肱之臣、强国之臣，自己不要别人要，留在外面没准儿是个祸害，还不如自己要。此外，魏国实力之盛，不可小觑，他已先后与赵国、韩国开战，齐国必须做好备战的打算。而赵、韩两国尚且自料不敌魏国，齐国虽强，但也未必有十足的把握胜魏。因此齐威王需要一个能征善战的将军为他领兵。而田忌这哥们儿骁勇善战，曾有过击败魏军的光辉战绩，实战经验足，齐国援韩主帅非他莫属。

魏韩南梁之战时期，田忌回到了故乡齐国，官复原职，并参与援韩行动的讨论。在这次会议中，邹忌依然持保守态度，反对出兵掺和魏韩之间的战事。

田忌针锋相对："君上，不救肯定不行，如果齐国都不救韩国，韩国只能向魏国投降了，这等于把韩国推向魏国的怀抱，对我齐国不利。而且臣认为，既然迟早都要和魏军打一战，晚出兵不如早出兵。"

田忌的建议似乎没有不妥之处。首先，他肯定必须救援韩国，因为韩国如果不敌魏国，为了避免亡国，就只能和魏国联合。魏国实力一旦得到加强，就必然会立刻找齐国报仇，谁叫齐国曾经在桂陵打过它呢？其次，他认为要提早救援韩国，这样可以早日与韩军会师，减少韩国与魏国交战的损伤。

然而孙膑认为不妥。孙膑并不反对增援韩国，但他认为不宜过早出兵，因为在魏国攻打韩国之初，魏军气势正盛，而韩国军队也未到疲敝之时，如果齐国贸然出兵至韩，就等于是在替韩国军队挨打。齐军经过魏军的狂攻猛打，实力肯定将大大受损，到时候反倒得听从韩国的指挥。

关键在于，魏军有攻破韩国的企图，韩国看到灭亡的危机之后，必然再次求救于齐国。这样一来，齐国便可乘机与韩国形成紧密的盟友关系，而且又可以晚承受魏军打击而避免疲劳。等到魏军被齐国援军攻破之后，齐国必将因此名声大振，而韩国也会许以重金报恩，齐国名利双收。

通过分析孙膑的言论，可以看出他是彻彻底底地为齐国考虑，甚至为了齐国的利益伤害韩国也在所不惜。依我看，孙膑不仅算个军事家，至少算半个政治家，所谓从来就没有单纯的军事战争，大抵就是说明军事家必须具备基本的政治素养。

对于田忌，我认为他在对外交往时喜欢将人际交往的情感付诸其中，总觉得韩昭侯既然来向齐国求援，说明他还是很需要齐国的，齐国就应该尽量多帮助韩国一点。当然，田忌肯定也是希望捞到战争油水的，但他的政治素养明显不如孙膑。

齐威王作为一名政治家，当然得秉承"一切向战争油水看齐"的原则，哪管韩国伤有多深，为齐国的强盛玩尽权谋之术。于是，他与孙膑一拍即合，将韩国使者遣送回国，一切依孙膑的计谋行事。

韩国当时并不知道齐国在耍心机，要知道估计就投奔魏国的怀抱，和魏国一起揍齐国去了。韩昭侯自恃齐国会来救援，于是奋力反击，勒紧裤腰带和魏国血拼到底。结果当然很精彩，只不过这个精彩是相对魏国而言，韩军五战五败。之后的事情正如孙膑所料，韩国又派使者向齐国求援。齐威王见时机成熟，当即出兵，令田忌为主帅，田盼打下手，孙膑依然为军师，挥师援韩伐魏。

魏惠王听说齐国出马，不敢掉以轻心，连忙增加战场兵员投入，并以庞涓为主将，太子申为上将军，企图以优势兵力击败齐军，一雪前耻。

太子申即魏惠王的太子。魏惠王这次可谓是下大本儿了，不仅在国内大量征兵，就连自己的继承人也送上了战场。当时，太子申年纪轻轻，关于作战方面的业务也不怎么精通，魏惠王却仍以他为上将军，可以说是相当不明智的。

对于太子申不堪担任上将军一职，魏国是否有人知道呢？当然有，可惜那人和太子申不对付，所以没有劝谏魏惠王阻止太子申出征。但不得不提的是，这哥们儿怂恿公子理的师傅，让公子理到王太后面前哭诉，阻止太子申出征。这就有点令人百思不得其解，既然那哥们儿和太子申合不来，为什么要叫公子理阻止太子申出征呢？

这也是一个计谋。在那哥们儿看来，太子申作战技能太差，不战则已，一战必败。所以，他希望公子理到王太后处哭谏太子申出征，因为不论最终结果如何，都将有利于公子理。如果哭谏成功，那么公子理就树立了德行；如果哭谏不成功，即太子申出征战败，魏惠王看到公子理的表现后，就会把他立为继承人。

通过这件事，我们更加能够确定，太子申不善于行军作战，魏惠王用人不当。事实上，魏惠王用太子申之错倒在其次，关键是不该用庞涓来对付孙膑。我不否认庞涓是名将，但人都有弱点，而庞涓的弱点恰好被孙膑掌握得一清二楚，而且理解得非常深刻。说白了，孙膑就是庞涓的克星，魏惠王不该让庞涓去和他的克星斗。太子申虽然不善用兵，但为人谨慎，他还曾劝诫庞涓小心行事。可惜的是，庞涓不听劝告，而太子申军事技能不过硬，在庞涓部受挫后，不能另率一支人马扭转乾坤。

此外，太子申办事不果断，就退兵与否左右彷徨，严重影响了军队士气。

太子申领兵途经外黄时，外黄人徐子想让他退兵。徐子是个聪明人，他想让太子申听从他的建议，就用了一句很具诱惑力的话吸引他："太子啊，我可是有百战百胜的谋术的！"

太子申说："徐先生可以说给我听听吗？"

徐子说："当然可以啊，人家本来就是要说给你听的，明知故问，讨厌死了！"

说罢，徐子向太子申详细讲述了他的百战百胜之术："太子你意气洋洋，亲率大军伐齐，是捞不到什么油水的。为什么呢？即便你大胜齐军也不过吞并莒地，那么还不如拥有魏国富有，尊贵也不可能超过魏王。但如果打不赢齐国，甭说你子孙后代，就你自个儿都得光荣下岗，从此与王位无缘。"

徐子这话什么意思？这可不像是在讲述所谓百战百胜之术！实际上，徐子哪有什么百战百胜之术，那只不过是他兜售观点的噱头而已，他只有"不战而存"之术。当然，这是实话，他不可能对太子申说，说了就是欺骗领导，他得"咬定青山不放松，打死都称百胜术"。他所谓的百战百胜之术，归纳起来就一句话：就是要太子申撤军回国。他之前的言论，就是分析太子申领兵伐齐的结果，即战胜齐国对他没有核心利益；反之，则可能战死沙场，或者说被老爹魏惠王下岗。众所周知，太子这职位利益大，风险高，一旦下岗，就很难再就业。所以，他建议太子申做个好好先生，不求有功，但求无过，回国"装孝卖萌"讨父王欢心去，那种玩法风险小，利润也高。

太子申深以为然，装孝顺、卖萌那是咱文艺青年的强项，舞刀弄枪、行军作战什么的还是交给庞将军比较靠谱，就对徐子说："徐先生这话中听，我就依先生之言，撤军回国。"

然而徐子在这个时候又提出抗议，他说："撤军这事儿嘛，好是好，但现在撤为时已晚，基本上不可能了。因为那些鼓动您去打仗，好让自己从中获利的人太多了，他们是不愿意听你的话乖乖回去的。"

徐子这哥们儿挺有意思的，他一方面告诉太子申自己有百战百胜之术，即撤军回国。然后他又告诉太子申，这战你估计得死撑下去，因为你想走，人不和你玩儿，他们有自己的利益追求。这家伙要不是来耍太子申的，就是想显摆自己的政治远见，希望能在太子申手下找份工作。或者说告诫太子申下次要记得做好好先生，别尽想着出风头给自己找麻烦。我估计后两者的可能性更大。

太子申既已被徐子的"百战百胜之术"说服，哪里肯轻易放弃撤军的念头，坚持不战而归。替太子申驾马的车夫，这哥们儿估计也想捞点儿战争油水儿，于是对太子申说："太子啊，你这出来才多久啊，连齐军的影子都没见到，就急着班师回朝，这和打败仗有什么区别？搞不好大王照样得让你下岗。"

太子申听到这话，又当即放弃撤军的念头，率领人马继续出征。他所率领的魏军的士气，也因为他的左右摇摆大打折扣。本来都做好了回家抱老婆孩子的准备，你这倒好，马上又给咱们泼了一盆凉水，鬼知道你到时候会不会又宣布撤军。既然摸不透老大的心思，怎么办？凑合着去呗，随时做好回家的准备，反正太子也不想打仗。魏军士兵一旦怀有这种心思，其士气可见一斑。

庞涓这边的魏军表现得倒还不错，连战连克，使韩国陷于累卵之危。齐国方面，援韩主帅田忌认为，韩国军情紧急，救兵如救火，应该直接将军队开赴韩国都城解围。孙膑反对，他提议故技重施，攻打魏国都城大梁，使庞涓疲于自救，然后再一举攻克魏军。

田忌深感疑惑，问："军师啊，你记性不太好吧，上次已经用过这个计策了，现在重复使用，庞涓不可能再上当了吧？"

孙膑胸有成竹，说道："将军放心，这个我另有计谋，保证庞涓上当。"

庞涓听说齐军又欲攻打大梁，情急之下，只得放弃攻打摇摇欲坠的韩国，连忙撤兵回保大梁。庞涓此举，实属无奈，攻打韩国固然重要，但也不能不顾及自己的大本营。但这种窘境是可以避免的，魏惠王在出兵攻打韩国之前，就应该把大梁的防御工作做好，防止敌国乘机偷袭大梁，可惜魏国方面没有吸取桂陵之战的教训。

孙膑见庞涓回师救援大梁，又利用他骄傲轻敌的弱点，对田忌说："魏军素来骁勇，轻视咱们齐国的士兵，所以咱们应该利用魏军的骄狂自大，给他们当头一棒。兵法有云，行军百里而争利，主帅一蹶不振；行军五十里而争利，其军队只能到达一半（百里而趣利者蹶上将，五十里而趣利者军半至）。咱们若诱敌深入，必将取得大捷。"

于是，孙膑在进入魏国境内之后，就命人建造了供十万人取食的炉灶；第二日，他却只让人建造供五万人取食的炉灶；到了第三日，生火做饭的炉灶竟然只能供用三万人。

孙膑这样做，无非是想制造齐军懦弱的假象，使庞涓轻视齐军，放松警惕，深入齐军包围圈，然后一举将其击败。齐军做饭的炉灶减少，意味着军队的人数减少，而齐军尚未交战，士兵人数怎么会减少呢？在庞涓看来，那必然是齐国人胆怯畏战，纷纷弃甲而逃了。

果然，当庞涓侦察到所谓齐军军情之后，喜形于色，乐不可支。太子申很不理解，庞将军喝多了吧，笑得没心没肺的，于是问道："老庞你干啥玩意儿啊？这都还没开战，就笑得这么灿烂。"

庞涓说："我就知道齐国人都是孬种，进入我国境内才三天，就有超过半数的士兵逃跑了。"

太子申说："孙膑那厮诡计多端，老庞你上次就吃了他的亏，这次别又被他耍了啊！"

庞涓充耳不闻，估计还埋怨太子申，你小子也太谨慎了吧，孙膑怎么可能故技重施耍我两遍，再说你也太看不起了你庞哥了吧！于是，庞涓索性放弃步兵，领轻装精锐部队昼夜兼行，追击齐军。庞涓这样做，除了骄傲轻敌之外，也是他想早日击败齐军，然后挥师再攻韩国。

孙膑估算庞涓的行程，认为他在夜晚时将抵达马陵。马陵位于今山东省郯城县，其境内有座马陵山，孙膑与庞涓的决战就发生在此。马陵山附近道路狭窄，道路两旁地势险要，是埋伏军队伏击敌人的绝佳之地。

于是，孙膑派出齐军弓箭手一万，在马陵道两旁埋伏，并约定："夜晚见到火光时，朝魏军往死里射！与此同时，他又令人把道路旁一棵大树的皮剥掉，然后写上字。写的是什么字呢？孙膑令人写的字是："庞涓死于此树之下。"你小庞就别逃了，这都是命，在这棵树下给我血债血偿吧。

也许有朋友会问：孙膑为何要把树皮剥掉，在上面写上"庞涓死于此树之下"？我们不妨先看庞涓见到树上的字后有何举动。

当夜幕降临之时，庞涓果然已赶至马陵，行军至被剥皮的大树下，见到白色之处有字迹，就叫人点火照明察看。现在诸位应该明白，孙膑为何要把树皮剥掉，在上面写上"庞涓死于此树之下"了吧。事实上，导致庞涓兵败的原因不在于树上写了什么字，只要树皮被剥处有字迹，庞涓就必然兵败如山倒。

为什么说只要树皮被剥处有字，就必然能使庞涓败北呢？原因在于，只要被剥的树皮上有字，就能够吸引庞涓去察看，从而暴露他的行踪。因为孙膑计划在夜晚伏击庞涓，这样庞涓就不容易发现齐军的行踪，但必须确认庞涓是否已进入埋伏圈。由于正值夜晚，黑灯瞎火的，而埋伏点距伏击点又有一定距离，孙膑根本无法观察到魏军的行踪。于是，他只得令人把树皮剥掉，在上面写上几个大字，引起庞涓的注意。庞涓要看清树上的字，就必须点火照明，这个时候孙膑就知道庞涓的所在了。这也就是孙膑为什么对齐军弓箭手说，只要看到火光就立刻万箭齐发，他这还是利用庞涓来给齐军发号施令呢！庞涓点燃火把，就等于是告诉齐军，我庞涓都来了，你们还不快射！

　　话说庞涓点火照明，去察看树皮被削白处的字，估计那字儿写得挺大，需要从顶端看到下端，因此庞涓还未读完树皮上的字，齐军弓箭手就已经万箭齐发，矢如雨下。魏军顿时一片混乱，彼此之间失去了联系，马踏人踩，班声嘶号，哀声遍野，死伤不计其数。

　　看着阵脚大乱的魏军与遍地的死尸，庞涓面如死灰，他知道大势已去，根本不可能反败为胜了。他已经先后两次败给齐军，败于孙膑之手，魏惠王原谅了他第一次失败，恐怕不会再原谅他第二次，即便侥幸突围回到魏国，等待他的又是什么呢？大丈夫不能再辱。

　　绝望的庞涓想到了死，他认为死亡是他现在最好的选择，虽然输掉了战争，但保住了气节。临死前，他几乎万念俱灰，但仍然忘不了老同学孙膑，他给孙膑带了身体上的耻辱，孙膑回报给他事业上的耻辱，但庞涓不服气，自刎前留下遗言："遂成竖子之名！"

　　庞涓说得没错，此战确实使孙膑名扬天下，但孙膑不是竖子，是大师。庞涓死后，齐军乘胜追击，前后歼灭魏军十余万，俘虏上将军太子申。魏国经此一役，实力大损，霸业岌岌可危，而齐国俨然成为新一任霸主。

　　马陵之战后，魏国西边的秦国又开始伺机而动了。与桂陵之战不

马陵之战

同，秦国没有在战争期间偷袭魏国，主要是因为秦、魏才建立友好关系不久，而马陵之战的前期，魏军势如破竹占据优势，秦国实在没必要得罪魏国，不然等战争结束，如果魏国胜利，秦孝公哭都来不及，魏惠王不会再原谅他第二次。

整个战争期间，秦国一直在坐观成败，结果等来了魏国惨败的"喜讯"。眼看着魏国的霸业岌岌可危，秦国君臣弹冠相庆，魏老虎被打成病猫了，意味着秦国东出的压力减小，意味着即使秦国再趁火打劫，魏惠王也无力报复。于是，秦孝公决定再次出兵魏国，添一把火，让它的霸业彻底烟消云散。

# 河西之战：天真的代价

魏国虽经历了马陵之战的惨败，但作为霸主国，瘦死的骆驼比马大，如果在以前，秦国要想乘人之危与魏军正面交战，也不是件容易事。好在秦国变法十余年来，成果显著，政治上，"吏治清明，乡邑大治"；经济上，"政府富裕，家给人足"；民风上，"道不拾遗，民勇于公战，怯于私斗"。

除此之外，秦国的军事实力大大增强也是有目共睹的。更值得秦孝公高兴的是，一向被中原诸侯骂成戎狄的秦国，国际地位也有所提高，秦孝公十九年（前343年），周显王送了顶霸主的帽子给秦国（天子致伯），尽管这是个虚名，秦国目前还不具备称霸的实力，但足以让它在东方诸侯面前扬眉吐气。

到第二年（秦孝公二年，即公元前342年），据《六国表》记载，诸侯毕贺，中原诸侯也庆祝秦国获得周天子的致伯，这无疑是秦国国际地位提升最好的证明。从"诸侯卑秦"到"天子致伯，诸侯毕贺"，秦孝公花了整整二十年，这样的成果实在来之不易。

越是不容易得来的东西，就越珍惜，在战国这个弱肉强食的时代，保存自己最好的方式就是打败他人。秦国已今非昔比，魏国也今非昔比，一个比以前更强，一个比以前削弱，秦孝公于是决定再次启动秦国的军事引擎，给刚遭受惨败元气尚未恢复的魏国最致命的一击，彻底葬送它数十年来开创的霸业。

事实上，首先提出伐魏的，倒不是秦孝公本人，但秦孝公无疑是坚定的支持者。秦孝公之所以支持攻打魏国，是因为提出伐魏的人是他最信任的商鞅同志，而商鞅伐魏的理由太充分、好处太诱人，让他实在忍不住诱惑举手支持。

第一条理由：不攻打魏国，秦国没有出头之日。

商鞅向秦孝公表示，秦、魏两国相邻，以黄河为界，秦国在魏国西部，魏国独占崤山以东的地利。如果秦国不在这时候攻打魏国，等魏国恢复元气，魏军西向可以欺压秦国，阻止秦国东出。魏军东向可以攻打其他诸侯国，扩充实力，等到局势不利魏国时，它又可以欺压秦国，秦国更难应付。长此以往，秦国还有出头之日吗？

第二条理由：攻打魏国，秦国可控制中原，成就帝王之业。

商鞅告诉秦孝公，秦、魏两国迟早有一场恶战，不是秦国兼并魏国，就是魏国兼并秦国，秦、魏两国将来不共戴天。既然早晚要打，不如趁魏国刚刚元气大伤出兵攻打，因为魏国霸业衰退，诸侯反叛，是攻打魏国的最佳时机。只要秦国打败魏国，魏国必然东迁，秦国便可占据黄河、崤山的险要地带，向东控制诸侯各国，成就一番帝王之业。

帝王之业对秦孝公诱惑很大，他当初力排众议启动商鞅变法为的是什么，不就是成就一番大业吗？于是，秦孝公下定决心，以商鞅为统帅出兵伐魏。

魏惠王听说秦孝公又来趁火打劫，气急败坏，连忙令公子昂领兵反击。

魏惠王这次似乎没有用错人，这公子昂不简单，史书上说他性格豪爽，善于属文，七岁能诵诗书，有古君子之风。这种人想必有威望，能得到群众拥护吧。

不过，这个有君子之风的哥们儿，也有过一段屈辱的岁月，当初桂陵之战他从军出征，打了败仗，做了俘虏，魏惠王以千金将他赎回。

有恩不报枉为人，魏惠王重视公子昂，公子昂也很争气，能做到知耻而后勇。后来他被魏惠王调到河西地区工作，为政威严，劝农修武，兴学养士，矜恤老幼妇孺，颇有一番业绩。自桂陵之战后，秦国很少骚扰河西地区，极可能是公子昂的功绩。

但这个公子昂纵有千万般好，也挽救不了河西之战的结局，原因是他有一个致命的弱点——天真。他的天真源于多情，他天真地以为朋友之情在战场上也能够适用，他将为他的天真付出惨痛的代价。

如果说公子昂的朋友是别人，也许就不会付出那么惨痛的代价，可他偏偏交到了商鞅这个朋友。当初商鞅在公叔痤府中当秘书时，认识了公子昂，两个人关系不错，商鞅也清楚公子昂的为人，包括他的天真和多情。

兵不厌诈，战场上只有战友与敌人，没有朋友，但商鞅在开战前，还是决定给公子昂写一封信，一封叙旧的信，一封欺骗的信，这封信决定了战争的输赢。

> 凡所为游而欲贵者，以公子之故也。今秦令鞅将，魏令公子当之，岂且忍相与战哉？公子言之公子之主，鞅亦请言之主而皆罢军。（《吕氏春秋·无义》）

商鞅在信中写道：我卫鞅当初为什么游学，为什么希望出人头地，不都是昂哥的鼓励吗？没有你公子昂的支持，哪有我卫鞅的今天？可是现在，秦君以我为统帅要攻打魏国，不幸的是魏王也让昂哥当统帅予以反击，我卫鞅实在不忍心与昂哥交战。当初的哥们儿，今天怎么就兵戎相见了？昂哥，你看这样行不，你回去和魏王说，我也回去和秦君说，大家都退兵，散了吧，那么咱哥俩之间就不会互相残杀了。

公子昂这个多情的男子看到这封信很感动，对啊，我与商鞅是哥们儿，何必杀得死去活来呢？于是，他真向魏惠王请示退兵，说他和商鞅是哥们儿，哥们儿之间只喝酒，不打仗。

没想到魏惠王在关键时候也犯糊涂了，竟然同意公子昂的请求。这就很不应该了，公子昂与商鞅以前是哥们儿，他被商鞅欺骗感情还情有可原，但你这个老大曾经对商鞅的才华不买账，你与商鞅之间啥情义都没有，怎么就不能做个脑子清醒的围观者呢？

说白了，都是马陵之战输得太惨，得了战争恐惧症，连智商也被拉低了，听说商鞅因哥们儿情义想退兵，都不过脑子就答应了。

既然得到魏惠王的赞同，公子昂于是向商鞅宣布退兵。商鞅见公子昂上当，又打出第二张感情牌，说是咱哥俩这一别，此生都难复相见，卫鞅希望昂哥能和我聚聚，喝几杯小酒再相互道别。

公子昂完全没有怀疑商鞅的诚意。在他看来，连两国交战这样的大事，商鞅都能因哥们儿情义退兵，还怕他在宴会上对付我不成？如果我公子昂今天不赴会，岂不是伤了卫鞅一片好心，万一他气愤不过，反悔退兵怎么办？

去，这个聚会必须去，为了与商鞅间的情义，为了魏、秦两国间的和平，必须去！

作为哥们儿情义的旁观者，与魏惠王的糊涂不同，公子昂的手下倒很清醒，他们不赞同公子昂冒险赴会："秦国乃夷狄之国，向来不讲江湖道义，将军最好不要信卫鞅的话，小心他放你鸽子。"

公子昂不以为然："当初我与卫鞅同在公叔痤相国府中工作，他这个人我是了解的，志向远大，只是可惜当时大王不用他。后来他投奔秦国，也是我给他打通门路的，他怎么可能放我鸽子？"

手下人觉得公子昂有些天真，继续劝他不要去，但公子昂充耳不闻。这哥们儿确实天真得可爱，在国家大事面前，谁跟你谈交情？谈阴谋还差不多。一开始公子昂就不该相信商鞅，攻打魏国代表的是秦国的利益，这是国家大事，怎么可能因为你与商鞅的哥们儿情义作罢？秦孝公可和你不熟，秦国也不是商鞅的秦国，甚至有些事情秦孝公说了都不算，得获得秦国宗室豪强的支持。这哥们儿却自恃和商鞅有旧交，轻信所谓的不忍朋友相残而退兵之说，还想跑去和商鞅会盟把酒言欢，这不是自寻死路吗？

果然，当公子昂与商鞅会盟结束后，宴饮之际，商鞅乘机出动伏兵，将公子昂活捉。随后，商鞅乘魏军主帅被擒，挥师大举入侵，将其一举击败，使魏国不得不归附秦国。在这以后，魏国又多次被秦、齐两国大军击败，霸业彻底烟消云散，国力也日益衰弱，不得不割让河西地区，与秦国媾和。

魏惠王这人一向自负，挨了打，才知道痛是什么滋味；错失了人才，才知道当初是多么糊涂。在接二连三的败战下，魏惠王终于想起了公叔痤临终前的遗言，但事已至此，还有什么用？只留下痛苦与悔恨："寡人恨不用公叔痤之言也！"

可悲的魏惠王！当初商鞅身在魏国，魏惠王要杀他简直易如反掌，可惜他没有。商鞅真得感谢魏惠王的仁慈，没有他的不杀之恩，就没有商鞅的今天；秦孝公也得感谢魏惠王的仁慈，没有他的不杀之恩，就没有商鞅变法，秦国将何去何从？

魏惠王的仁慈，是改变历史的仁慈。如果他老人家泉下有知，应该挺欣慰的吧。但不知看到商鞅的结局，他又当作何想？

河西之战，是商鞅军事生涯中最光辉的一页，他也因此得到秦孝公的大加赏赐，受封商、於等十五座城邑，号为商君。然而盛极必衰，二十多年殚精竭虑才达到如此功业的他，怎么也没料到，失败来得那样突然。

# 成也变法，败也变法

　　商鞅的功劳都是建立在变法上，而变法又是建立在践踏旧贵族利益上，这也就意味着，变法越成功，旧贵族的既得利益就越受损害。商鞅在秦国推行新法十八年来，既得利益受损的旧贵族无时无刻不生活在对商鞅的仇恨之中，一旦有发泄的一天，他们便会如决堤的洪水泛滥滔天将商鞅吞噬。

　　除了旧贵族，普通官僚也不会对商鞅有好感，比如那些能力平庸不能因功获爵的人。在变法前，官员们平庸无能点无关紧要，只要不犯原则性错误，凭资历也可以逐级升迁，多年媳妇总有熬成婆的那天。但商鞅推行新法，无功不受禄，这等于断了那些庸官的前途，他们能不怨恨商鞅吗？

　　商鞅执法必严，法律面前人人平等，只有几岁的太子触犯新法，也要惩治他的老师，这在那些保守的同事看来，就是绝仁弃义、冷酷无情，这样的人根本不可亲近。因此，商鞅尽管功绩越来越大，地位也越来越尊贵，但他与同事们的私交，想必不可能太好。他太有原则性了，而这在常人看来，就是他太不近人情了。

　　商鞅是孤独的。卓尔不群、敢作敢为的人，都是孤独的。

　　但不是每个牛人都能享受孤独，商鞅也有他想结交的人，比如秦国的赵良。赵良的身份历史记载不明，但估计他应该是嬴姓赵氏，也就是秦国宗室，看来商鞅也想和贵族搞好关系。

赵良与一般老贵族不同，他是个比较厚道的人，对商鞅并无刻骨的仇恨。一天，赵良亲自登门造访商鞅，商鞅很高兴，乘机向他提出了一个请求："多亏孟兰皋的介绍，我才能够见到您，如果您不介意，我们交个朋友，您看成不？"

令商鞅感到尴尬的是，赵良当面拒绝："算了吧，我可不敢高攀你商君。"

为了不让商鞅太难堪，赵良解释道："孔子说过，只有以推举贤人为目的，受群众拥戴的人才能上位；如果聚集庸才，就算能成就王业，将来也会引退。我赵良自认为没水平，没资格和商君交朋友。"

事实上，赵良不与商鞅交朋友，水平问题只是搪塞，他主要是不认同商鞅的为人处世。先礼后兵，接下来的一番话，他似乎还有些讽刺商鞅。

> 仆闻之曰：非其位而居之曰贪位，非其名而有之曰贪名。仆听君之义，则恐仆贪位贪名也。故不敢闻命。（《史记·商君列传》）

我赵良可听说，不该你占有的职位你占有，就是贪位；不该你享有的名声你享有，就是贪名。如果我听商君的话，和您交朋友，恐怕就是既贪位又贪名，所以我万万不敢从命。

在我看来，赵良表面上是说自己一旦和商鞅结交，就是贪名贪位的人，实际上却是在暗讽商鞅。在赵良看来，商鞅不过是卫国姬妾之子，如今在秦国参加工作当高管，而那些高级职位本属于秦国宗室豪强，所以夺取高位的商鞅是贪位；秦国称霸诸侯，威慑天下，这其中也有秦国贵族的功绩，天下人本应该赞扬他们，而商鞅却独享美名，这便是贪名。

商鞅听到这话当然很不服气，他反驳道："我将秦国治理得国富民强，你作为秦国的一分子，难道不高兴吗？"

赵良回答："能向外听取别人的意见叫作聪，内能省视自身叫作明，克制自己的欲望叫作强。舜帝说过，自我谦让最可贵。商君如果不履行舜之道，就不必问我了。"

赵良依然讽刺商鞅，他的意思是说，你商鞅曾经不许百姓议论新法，所以不能称之为聪；你商鞅为人霸道，我行我素，不自我反省，所以不能称之为明；你商鞅贪名慕位，未能克制欲望，所以不能称之为强。如今你却还在我面前夸耀你的治国功绩，你不知道虞舜说过"功绩诚可贵，谦让价更高"吗？所以你应该低调点，别老是这么得意扬扬、不可一世的，你要不听我的劝，以后就别问我了，咱俩没共同语言。

商鞅听到这话，没有任何表态，因为他和秦孝公一样，对远古时代的那一套不感兴趣。他继续沉浸在自己的伟大业绩中："以前秦国人野蛮啊，那叫一个没文化、没素质，习俗和戎狄那群野蛮人一样，父子之间没有分别，还成天待一间房里睡觉。现在我改变了这种习俗，使得男女有别，又建造宫殿，把秦国治理得和礼仪之邦鲁国一样了。你看我治理秦国，和五羖大夫百里奚相比，哪个更牛？"

赵良一听到商鞅又在自吹自擂就反感，他也没有正面回答商鞅的问题。他知道商鞅不推崇尧舜文武，又似乎有些固执己见，听不进他人的建议，所以他说："一千头羊的皮毛，也比不上一只狐狸的腋毛；一千个人的随声附和之语，也比不上一个人的正色直言。周武王由于臣下敢于正色直言而昌盛，纣王由于群臣的三缄其口而灭亡。商君如果还认为周武王是个明君，就请允许我也正色直言几句，您看行不？"

我总觉得，像商鞅那样的聪明人，应该也懂得"防民之口，甚于防川"的道理，尽管《商君书》上也存在一些较为极端的思想与决策，但我认为有的只是在那个时代行非常之事所必须采取的强制手段而已

（而且也未必全是他的意思，该书并不是商鞅所写）。当然，这并不是说他的每条决策都是正确的，比如他的愚民政策，虽然能维护君主权威，但阻碍社会进步，我这里只是就禁止议论新法这一项的总体而言。

商鞅所执行的变法一事，别说在保守的封建时代，即便在今天也算是非常之事，所以不得不采取一些非常手段。变法关系到旧有制度的变更，关系到秦国旧贵族的利益，也必将改变秦国百姓的生产生活方式，因此必然存在着诸多反对的声音。如果任由这种声音发展下去，就会使人们对变法的误解越来越深，从而爆发严重的抗法运动，最终导致变法的失败。也正因为如此，商鞅只能使用强制手段，禁止百姓随意非议新法。有人说，商鞅可以广开言路，与百姓详细解释新法，做好思想工作等等，没必然采取强制禁止议论新法的手段。呵呵，说得轻巧，纸上谈兵谁都会，要不你去试试？说服现代人都很困难，何况是文化学识、眼界觉悟低下的古人？

在商鞅看来，那些非议新法的言论，大多是胡说八道或吹毛求疵或心怀鬼胎，他需要的是正直无私的理性言论。因此，当赵良提出要正色直言时，商鞅说："苦口良言是药石，甜言蜜语是病根。您如果肯正色直言，就是我的治病药石啊！现在我想和您交个朋友，您又何必拒人于千里之外呢？"

赵良对商鞅印象已经根深蒂固，绝非商鞅三言两语所能改变，哪怕是驳得他哑口无言。这不，赵良没想到商鞅如此大度，让他正色直言，他反倒无言以对，竟然耍起了太极，不接商鞅的话，而是将话锋转到百里奚的事上去了。赵良拿商鞅与百里奚对比：

> 夫五羖大夫，荆之鄙人也。闻秦缪公之贤而愿望见，行而无资，自粥于秦客，被褐食牛。期年，缪公知之，举之牛口之下，而加之百姓之上，秦国莫敢望焉。（《史记·商君列传》）

这一段话是赵良讲解百里奚的成名之路，意思是说：百里奚本来只是楚国的一个乡巴佬，听说秦穆公贤德，就想拜访他，但家境贫寒，没有路费，就把自己卖给秦国人，穿着粗布衣服给人放牛。一年之后，秦孝公听说这事，就直接让他从放牛工人的岗位上下岗，做了秦最牛的官职，秦国没人敢有所埋怨。

之所以将赵良的原话列出来，是因为我实在搞不清他的历史是哪个体育老师教的，理直气壮地发明历史。事实是，百里奚家境寒微，后来当上虞国大夫，晋灭虞后，百里奚成了俘虏。后来秦穆公娶晋献公的女儿为妻，百里奚作为晋国陪嫁奴隶入秦，在途中逃回楚国。楚成王让百里奚替自己养牛，秦穆公听说他贤能，就用五张黑公羊的皮把他赎回，与他畅谈三日，发现百里奚确实有水平，于是拜他为上大夫。因为百里奚是秦穆公用五张黑公羊皮赎回的，所以世人称他为五羖（羖即黑色的公羊）大夫。

接下来，赵良就用他"发明的历史"训导商鞅，"今君之见秦王也，因嬖人景监以为主，非所以为名也"。你商鞅不过是通过君上宠幸的小臣景监介绍才获得领导的赏识，这就谈不上什么好名声了。

赵良继续拿百里奚贬低商鞅。

五羖大夫身居高位，秦人无不对他崇敬有加。他老人家在秦国工作六七年，教化百姓，东征郑国，三立晋君，挽救楚国于危难，功不可没。而你商鞅呢，不以百姓之事为要务，就知道镇压百姓，大筑宫殿，这就说不上什么为国家立功了。

五羖大夫在国内教化百姓，连巴国都受到感化，派使者前来纳贡；在诸侯中施行恩德，把戎狄都感动了，主动前来归附。而你商鞅呢，给太子的老师"整容"，公子虔被你割了鼻子，整整八年不敢出门。这就算了，你还通过严刑峻法虐待百姓，靠旁门左道树立权威，胡乱更改法制，这就谈不上什么教化百姓了。

五羖大夫在秦国工作，劳累的时候不坐车，炎热的时候不打伞，独自一人在国都优哉游哉，不让保安人员跟随。而你商鞅呢，出门必然要准备盛大的车队，而且还要部队调人来保护你，一个个手持重武器。五羖大夫去世时，秦人无不为之悲痛；至于你商鞅，如果君上先你而去，你看会不会有人处置你？

赵良把商鞅贬得一无是处，但我认为他心里应该清楚商鞅的成就，只是为了引出这句话："商君为什么不低调做人呢？将封邑归还给君上，功成身退，潇洒地回归田园？你如果再劝君上起用隐居山林的能人，赡老抚幼，尊重长者，改变人们对你的看法，让人觉得你不再是那个冷酷无情的变法者了，或许还可以明哲保身。"

赵良先前评价商鞅，虽说刻意贬低一派胡言，但此时他劝说商鞅低调做人，倒也值得采纳。商鞅在秦国变法十八年，得罪过的秦国宗室豪强不可胜数，由于他立法残酷、执法严苛，也未必真如小说《大秦帝国》中描写的那样，深受秦国百姓爱戴。那些仇恨商鞅的政敌之所以不敢对他下手，是因为他的保护神秦孝公还在，他们投鼠忌器。一旦秦孝公去世，即位的太子嬴驷能继续做他的保护神？别忘了，他当年给嬴驷的两个师傅都整过容，因此秦孝公一死，商鞅的好日子恐怕到头了。

所以，赵良希望商鞅能够放弃功名利禄，更不要再做"冷酷无情的执法者"了，以减轻政敌对他的仇恨。同时，商鞅应该为秦孝公选贤举能，做些善待百姓的仁义之事，争取更多人的拥护。如果哪天东窗事发，只要朝堂上下有股势力拥护他，替他求情说好话，就算嬴驷要报复他，也得顾及舆论从宽处理。

商鞅是否能明白其中道理？我认为他应该是明白的，《商君书》中就有他关于君主权谋的论述，说他不知道盛极必衰的道理，似乎站不住脚。然而商鞅最终没有采纳赵良的建议。究其原因，可能是"当局者迷"。又或者商鞅以为，秦孝公才四十多岁，还可能当他很多年的保护神，实在没必要在这时候就隐退。

结合商鞅后来的行为看，这种可能是存在的。

但商鞅没想到的是，一切来得是那么突然，向来身体硬朗精力充沛的秦孝公，在五个月后竟然病入膏肓了。弥留之际，秦孝公自感时日无多，把商鞅叫到他的病榻前，做了一个惊人的举动，让商鞅继承秦国国君之位。

秦孝公真想把秦国拱手让给异姓吗？当然是做样子的啦！这和刘备临终前对诸葛亮说"如果我的傻儿子不成器，你就自己当皇上得了"一个目的，试探最信任的助手是否忠心，同时也有托孤的意思在内。

商鞅是个聪明人，他当然清楚秦孝公的用意，这君位万万不能接受，不要担心拒绝秦孝公他会难堪，恰恰相反，不接还能做朋友，接了马上就会成敌人。于是商鞅力辞不受。

秦孝公很欣慰，商鞅果然真是忠臣。此时的他也没有什么遗憾了，秦国在他的治理下越来越强，复兴只是时间问题，或者说基本复兴，他可以安详地闭眼了。秦孝公二十四年（前 338 年），一代明君嬴渠梁病逝于咸阳，享年四十四岁。

从公元前 361 年到公元前 338 年，从二十一岁到四十四岁，秦孝公把他一生中最美好的时光都献给了秦国，献给了他复兴祖业的理想。有志者事竟成，秦孝公通过二十四年的不懈努力，终于实现了他强秦的理想。即便在明君辈出的战国时代，秦孝公也是其中的佼佼者，他是秦国改革的先驱，秦国霸业的奠基者，也是将来秦始皇统一六国，实现中华民族大一统的先驱，从这点上说，秦孝公永垂不朽。

秦孝公去世后，太子嬴驷即位，时年十九岁，是为大名鼎鼎的秦惠文王。考虑到秦惠文王即位之后没有称王，我们先称他为秦惠文君，或直呼其名嬴驷。嬴驷正是当初触犯新法的太子，那一年他还是个不谙世事的孩子，可当时商鞅为了显示新法的威严，非得杀鸡儆猴，给他的老师整容，长大后的嬴驷记在心里，恨也只能在心里。

现在秦孝公死了，嬴驷认为，秋后算账的时候该到了。

但这个账究竟该怎么算，是杀了他，还是随便处罚立威，嬴驷心里还没底。商鞅毕竟是个大才，留着他对秦国有用，教训他一顿，让他知道新君不是吃素的，今后老老实实工作，也成。但老贵族们的怨气没处发，他刚即位，权力还不十分稳固，怕老贵族们闹事，如果牺牲商鞅安定人心，似乎也不错。

当时各股保守势力乘机而动，他们恨商鞅，都知道新国君当初被商鞅欺负，不会像秦孝公那样护着商鞅，无不开始谋划把商鞅打倒。面对秦国朝廷的暗流涌动杀气弥漫，商鞅敏锐地察觉到都是冲他而来，这时他想起了赵良的忠告，于是向嬴驷提出告老还乡，希望能在封地安度晚年。

然而，一切都晚了。

就在商鞅准备离开咸阳宫这个是非之地时，旧贵族的谗言也传到了嬴驷的耳中："君上，宠臣与权臣都不可依靠，权臣祸害国家，宠臣挟持国君。近来，全国上下都在议论商君的新法，但对君上颁布的法令置若罔闻，这不等于是把商君当成秦国国君了吗？这样做置君上于何地？"

在这里有个疑问，据史书记载，商鞅禁止百姓议论新法，不论说好说坏都严惩不贷，到这里怎么又提到百姓议论新法？有两个可能：其一，进谗的人故意捏造虚假事件；其二，商鞅禁止百姓议论新法，执行得并不严苛，或者说只是规定他们议论新法的限度。我认为后者更可能是事实，因为如果商鞅已经完全禁止百姓议论新法，那么进谗那哥们儿的话摆明了是瞎说，他也不可能拿着显而易见的胡话污蔑商鞅。

这也恰好说明，商鞅并不是儒生们评价的那样刚愎自用堵塞言路。

但不管如何，现在的商鞅都没空考虑儒生们怎么评价他了，祸不单行，被割掉鼻子整整八年不出门的公子虔出动了。

公子虔要将这八年来所有的委屈与仇恨都化作与商鞅决战的动力，他要以商鞅的人头祭奠他失去的鼻子。于是，公子虔发动党羽，以莫须有的罪名控告商鞅谋反，出动人马四处追捕商鞅。

商鞅怎么可能谋反？秦孝公临终前要让位于他，虽说只是试探，但

成也变法，败也变法

商鞅如果存有反心，何必力辞不受？这件事情嬴驷难道不清楚？但他依然装聋作哑，任由公子虔及其党羽抓捕商鞅。说白了，他也不想让商鞅活下去。

商鞅做事向来雷厉风行，连逃命也是如此，当他听说公子虔诬告他谋反，并出动警务人员抓捕他，撒腿就跑，一口气就跑到了秦国关口。当时天晚了，关门关闭，商鞅出不了关，于是决定先开间房，等明儿关门开了再逃。

这时候，尴尬的事情又发生了，商鞅不缺钱，但店主不给他开房，好说歹说都不开。店主的理由很充分："商君的新法规定，住店必须验明身份，否则依法重治。这位客人，你无法验明身份，我不能给你开房，对不起了。"

商鞅听到这话都要疯了，我就是商君呀，大哥！但可惜，这位店主大哥不认识商鞅，他也不会听信商鞅的一面之词。商鞅当时正被全国通缉，怎么可能返回封地拿验明身份的凭证？更何况，万一店主看到了通缉令，他又会如何对待商鞅？

嗟乎，为法之弊一至此哉！（《史记·商君列传》）

哎呀妈呀，变法的弊端竟然到了这个地步啦！这是商鞅住店遭拒后的叹息。

这句话是商鞅说的，还是后世儒生为了证明商鞅变法悖逆圣人之道，所以凭空捏造的？即便真是商鞅所说，也是他逃难时带有主观偏见的感慨，不必当真。商鞅此法并不算弊端，我们今天住酒店时不也要登记身份吗？这样可以使罪犯难找到藏身之所，住店便暴露行踪。商鞅现在是秦国的通缉犯，尽管罪名莫须有，但他住不了店，这不恰好说明新法有利，而且得到了良好的推行吗？哪来的弊端？

正因为新法的阻挠，商鞅不得不放弃休息，又马不停蹄逃亡魏国。然而，魏国人痛恨他诈败公子昂，不肯收留他。正当商鞅打算投奔别国时，魏国人却打算利用他讨好秦国："卫鞅现在是秦国的通缉犯，秦国如今比魏国强了，如果咱们不把卫鞅送回秦国，恐怕秦国将来会出兵报复。"

结果商鞅白逃一场，被魏国驱逐出境，又回到了秦国（所幸魏国人没把他绑起来交给秦国政府，不知是商鞅玩套路逃了，还是魏国人根本没这样做）。这下商鞅真是无路可去，只好回到他的封地，召集部下，准备开展武装斗争。

商鞅不想造反，他也清楚凭他那点私人武装与秦军对战是鸡蛋碰石头，死路一条。但此时他不得不武装反抗，他不能坐以待毙，要杀出一条血路，逃离秦国，于是率领部下攻打郑县（今陕西华县）。

公子虔求之不得，本来他只是诬告商鞅谋反，并没有真凭实据，现在商鞅出动私人部队攻打郑县，在他看来这就是反叛已成事实。于是，他将情况向嬴驷汇报，出动秦军攻打商鞅。商鞅的私人部队与秦军在彤地展开决战，毫无悬念，商鞅纵然有通天的本事，也不可能凭少得可怜的私人部队打败强大的秦军，最终不幸战死。

商鞅已死，嬴驷似乎还不解恨，依法让商鞅的家人连坐，又将商鞅车裂，也就是俗话说的五马分尸，并借此警告国人：千万别学商鞅造反！

商鞅是乱臣贼子吗？嬴驷清楚真相吗？我在这里再回答一次，商鞅不是乱臣贼子，嬴驷也清楚他没有造反。

那么，嬴驷为什么要杀商鞅？为什么要车裂商鞅？他恨商鞅吗？

说完全不恨是假的，但恨到什么程度，就值得讨论了。我认为，嬴驷是个雄才大略的人，决不至于因为十多年前那件事就要置商鞅于死地，但正因为那件事，使嬴驷不可能维护商鞅。于是，商鞅变成了他安抚老贵族的牺牲品。

他报复商鞅，报复得越狠，老贵族们心里就越痛快，就越拥护嬴驷的君位。嬴驷刚登上君位，需要这些宗室豪强的支持。于是，车裂商鞅，杀商鞅全家，就成了嬴驷巩固君位的血腥手段。

商鞅死后，嬴驷并没有废除新法，可见他完全认可商鞅对秦国所做的一切。老贵族们也没有再掀起抗法的强大风暴，因为在新法的推行过程中，秦国又形成了一批新权贵，这些权贵比那些拼爹的老贵族更强大，何况有些能力突出的老贵族本身也是新法的受益者，而新法已经深深扎入秦国，废除反而有些不得人心。

老贵族要杀商鞅，是泄愤，是报仇；嬴驷杀商鞅，是安抚，是巩固地位。他们都得到了自己想要的，皆大欢喜。

可是商鞅死了，永远地离开了，从此以后，两千多年的封建历史，中国再也没有出现一个像商鞅这样伟大的改革家。商鞅亲手缔造了一个强大的秦国，间接缔造了一个统一的强大的中央集权制王朝——秦朝，他是中华民族的大功臣。

"百代皆行秦政治"，有人说商鞅该为两千年封建专制负责，商鞅该为重农抑商的思想负责，商鞅该为君主不重法热衷权术负责……欲加之罪，何患无辞？

商鞅尽管不完美，《商君书》中的某些内容也可以成为控诉他的所谓罪证，但通过商鞅的新法不难看出，商鞅最看重的是法，大肆鼓吹术与势的是谁？前有申不害，后有韩非子。君主玩弄权术，恰恰是对法的践踏。

商鞅变法的精髓在于一个"变"字，因时而变，时代需要什么，我们就做什么，不墨守成规，不是古非今，注重当今，开创未来，而不是陶醉在过去不能自拔。商鞅死后两千年，面对列强欺凌，那些誓死捍卫祖宗之法，不知变通的腐儒，难道学的是商鞅？

信而好古的是谁？不是商鞅吧！

"苟可以强国，不法其故；苟可以利民，不循其礼"，这是商鞅的思想精髓，只要时代需要，他甚至可以推翻自己以前制定的制度。秦国的强大，归根结底强在一个"变"字，以灵活的思想应对世界，以开放的心胸包容世界。

商君虽死秦犹在，嬴驷将继承孝公的事业，延续商鞅的新法，让秦国从强大走向更强。

# 魏惠王复仇记

秦国没了商鞅，但留下了新法，留下了霸业的基础。魏国就没这么幸运了，败了战争，输了威风，没了霸业，还留下了一个强敌——齐国。马陵之战后，魏、齐两国不断有军事摩擦，但大多是齐国占了便宜，魏国输了土地，当然还有人气。魏惠王很郁闷、很气愤，恨不得生吞活剥了齐威王。

魏惠王三十五年（前335年），魏惠王以大学者惠施为相。惠施，江湖人称惠子，宋国商丘人，名家思想创始人，著名哲学家、政治家，和庄子是哥们儿。惠施学识渊博，魏惠王常听他讲学，加上惠施又是合纵抗秦的支持者，这很对既鄙视秦国又害怕秦国的魏惠王的口味，魏惠王很欣赏他，所以提拔他为相国。

惠施对魏惠王很忠心，魏惠王也对惠施很信任，无话不谈。有天，魏惠王实在控制不住对齐国的仇恨了，就对惠施说了这样一番话：

> 夫齐，寡人之仇也，怨之至死不忘，国虽小，吾常欲悉起兵而攻之，何如？（《战国策·魏策》）

齐国，是寡人的仇敌，此仇不共戴天，寡人至死不忘！魏国虽小，但寡人常常想倾全国之兵攻打齐国，相国觉得怎么样？

惠施是忠臣不是佞臣，他当面否决了魏惠王的冲动之举："大王这么英明，这么知荣辱羞耻，大王的这个想法当然是不可以的。臣听过一句话，王者做事讲究法度，霸主做事善于用计谋，您这算啥？当然不行。"

在惠施看来，魏国本来就和赵国有仇，后来又与齐国结下了梁子，这一结就是好多年，两国都成宿敌了。现在，魏国刚被齐国打趴下，一没恢复元气，二没做好防守的准备，你魏惠王就想倾全国之兵攻打齐国，就不怕赵二弟在家门口闹事？

所以惠施给魏惠王的建议是，齐国势力正盛，魏国惹不起，所以先不要惹齐国。当今天下，最强大的国家是齐国与楚国，所谓一山不容二虎，不妨乘机挑拨齐、楚两国之间的关系，借楚国的刀砍齐国，以报马陵之战之仇。

想法很不错，但具体该怎么做呢？

惠施表示，只要魏惠王换上平民的服装，打扮得非主流一点，降低身份去朝拜齐威王田因齐，楚王熊商（是为楚威王，楚宣王之子，楚宣王死于前340年，秦孝公二十二年）那哥们儿脾气大，肯定生气。这时候魏国再派人在齐、楚两国间游说，挑起双方的争端，楚王肯定觉得齐威王太嚣张，出兵攻打齐国。凭楚军的兵强马壮，攻打常年和魏国开战兵疲师老的齐国，取胜问题不大。这样一来，魏国不费一兵一卒就可复战败之仇。

魏惠王听到这话，内心肯定是十分矛盾的，毕竟他曾是霸主国的领导人，如今年纪一大把了，却要打扮得像仆人一样，跑到齐国去朝拜比他小二十多岁的齐威王，难免觉得丢人现眼有失风度。关键是，当时他已经称王，而齐威王还只是侯爵，让一个王朝拜侯，情何以堪？但如果不去，不仅马陵战败的耻辱雪洗不了，还得眼睁睁看着齐国强大，强大的齐国将来还可能继续欺负魏国。

魏惠王终究还算英明，思量再三，他决定忍辱负重，依惠施之计，朝拜齐威王。

齐国这边，齐威王的小儿子田婴听说魏惠王愿意像小弟一样朝拜自己的老爹，当然表示热烈欢迎。这可是天大的面子，堂堂大国诸侯王，愿意向齐国俯首服软，虽然说他可能口服心不服，但至少能够为老爹赚大把的面子。咱们打了这么多年战，除了扩充疆土之外，不就是图个"诸侯归服"的威名吗？

然而齐国有个叫张丑的大臣不赞成接受魏惠王的朝拜。张丑，生辰籍贯不详，有时候也被称作张丏，他当时对田婴说："这可是陷阱，万万不能让君上接受。如果咱们当初没有打败魏国，魏王前来朝拜，还可能是真心实意。如今魏国人对齐国恨之入骨，魏王反倒来朝拜君上，这不是黄鼠狼给鸡拜年，不安好心吗？如果君上接受了魏王的朝拜，这等于是说君上比当年的霸主还牛，您猜秦国和楚国会怎么想？他们会不会觉得齐国良心大大的坏，齐国是个暴力的国家？"

事实上在张丑看来，秦、楚两国认为齐国暴戾都不是最重要的，最重要的是楚国的老大楚威王特蛮横。张丑向田婴表示，楚王熊商那哥们儿穷兵黩武，而且又贪慕虚荣，他看到齐国不可一世的样子，必然会出兵攻打齐国。为何？因为齐国如果接受魏王那老小子的朝拜，熊商那哥们儿的面子肯定挂不住，魏王没有去巴结他，凭他虚荣又好战的性格，当然会向齐国发动挑战，以证明楚国才是天下最强。

张丑是个聪明人，一眼就看穿了惠施的把戏，但无奈田婴听不进去，不就是让魏王那老东西在我爸爸面前服了软吗，哪来那么多事儿？

齐威王一向英明，但无论多英明的人也有犯糊涂的时候，打了几次大胜仗的田因齐同志也有点飘飘欲仙了，魏王那老家伙早就该来了嘛。于是乎，他也没有拒绝魏惠王的朝拜。

魏惠王岂止是朝拜。

齐威王二十三年（前334年），魏惠王竟然率领喽啰国在徐州（山东滕县东南）尊田因齐同志为王。王的诱惑实在太大，田因齐同志哪里能抵抗得了？他觉得连魏国这样的强国都被他先后痛击两次，如此霸业称王也不为过。何况他也不是第一个吃螃蟹的人，连手下败将魏惠王都已经称王。

于是，他从魏惠王手中接下那顶金灿灿的王冠。为了回报魏惠王，表示他田因齐同志为人低调，不敢独自称王，他也当面承认了魏惠王的王位。

这一事件，史称徐州相王。

不听智者言，吃亏在眼前。

当齐威王接受魏惠王的尊王后，楚威王得知，果然大发脾气，连忙出兵攻打齐国，大有与齐国争天下第一的架势。楚威王自己出兵不算，还准备拉上赵肃侯一同出兵攻打齐国。赵肃侯是个"白眼儿狼"，更是个唯利是图的家伙，在楚威王的忽悠下，忘了当初是谁在桂陵痛击魏军报了邯郸沦陷之仇，与楚国联合攻打齐国。

楚、赵联军兵威所及，诸侯国都作壁上观，谁也不肯帮齐国的忙。不帮就算了，还有人想投奔楚国，和楚国一块儿攻打齐国，比如齐国的老邻居、小老弟鲁国。

齐国多年来一直欺压鲁国，鲁国就等这个机会报复。以前齐国嫌鲁国军事力量弱，也没把鲁国当盘菜，但这次不同，齐国对付楚赵联军就已经够费劲了，如果这时候鲁国还来插一杠，无疑成了压垮大骆驼齐国的最后一根稻草。

楚赵联军压境下，齐威王再也神气不起来，忧虑重重，让楚、赵两国退兵不容易，但一定要阻止鲁国掺和这事。紧要关头，犯了混的小儿子田婴人影都没见着，还是智者张丑挺身而出："大王，让鲁国退兵这事，交给我吧！"

好同志，你虽然叫张丑，但此刻你在寡人心中是最美的。齐威王很高兴，当即以张丑为使者出使鲁国。

鲁国当时的国君是鲁景公姬匽。这哥们儿也挺搞笑的，多年来齐国一直小瞧鲁国，齐国不是很牛吗，怎么今天来鲁国求寡人啦？于是鲁景公见到张丑，开口就以居高临下的姿态问候齐威王："哈哈，寡人现在要打齐国了，你们齐王害怕吗？"

张丑从容回答："这我就不知道了，反正我是来吊问鲁君您的。"

鲁景公大惑不解，问："瞎说啥呢！寡人活得好好的，吃嘛嘛香，吊问我干什么？"

张丑说："鲁君你的算盘打错了，所以我才来吊问你啊。你不站在胜利的一边，反而和楚王鬼混在一块儿，这究竟是什么原因？原谅我愚钝看不懂。"

鲁景公似乎很想知道张丑口中的胜利方是谁，于是没有回答他的提问，而是问道："那你说说看，齐国与楚国开战，究竟哪一方会是赢家？"

没想到张丑竟然脱口而出："鬼都不知道的玩意儿，我哪知道！"

于是乎，鲁景公不服气了："既然这样，那你还来吊问寡人干什么，你什么意思啊？"

张丑说："齐、楚两国势均力敌，鲁国不入流，参不参加都一样，所以还不如先保持中立，等到战斗结束后再作打算。到时候不论齐、楚双方谁胜谁败，都必然会遭受重创，鲁君再出兵帮助战胜的一方，得到的好处肯定不少，而且受增援的那方也会感激你的。"

张丑果然是个人才，站在鲁国的立场上思考问题，根本不提让鲁国退兵的事，但达到了退兵的效果。鲁景公觉得张丑说的这个方法稳赚不赔，于是撤兵了。

事实上，天真的鲁景公完全被张丑忽悠了。战争结果不论谁胜谁负，鲁国都不是赢家，因为等人家打胜仗了，鲁国才出兵援助，人家会感激你吗？不怪你趁机揩油就不错了。况且，鲁国既已与楚国亲善，却又背信弃义撤军，楚威王会怎么想？

不过话又说回来，鲁景公如果不依从张丑的建议，在齐国了结与楚国的战事之后，恐怕鲁国将面临齐国的疯狂报复。所以，作为齐国邻国的鲁国，最好依附强大的齐国，楚国与鲁国相隔数千里之遥，鞭长莫及，楚威王不可能耗费精力罩着鲁国。但齐国不同，齐国与鲁国是唇齿关系，除非齐国自己吞并，任何国家灭了鲁国对齐国都有害无益，只要齐威王稍微动脑子思考下，就知道齐国必须保全鲁国。

在张丑忽悠鲁景公的同时，复仇者魏惠王又准备搞小动作了。魏惠王采取行动，是听从了一个叫公孙衍的人的计策。

公孙衍，魏国阴晋人，江湖上人称犀首。据《史记集解》记载，犀首应该是个官名，相当于虎牙将军。公孙衍是战国时期著名的政治家、军事家、外交家，也是合纵抗秦的代表人（后面还有更多有关他的精彩故事）。

公孙衍当时对魏惠王说："大王为什么不忽悠齐国，说魏国和齐国站在统一战线，齐国肯定相信您，因为您还朝拜了齐君呢！完了您私下又忽悠楚国，楚王肯定也愿意和您合作。这样一来，楚国和齐国都仗着有外援，不把对方当回事，打得死去活来，您躲一旁看着就是。如果齐国取胜，您就趁火打楚国的劫，攻占楚国城池；如果楚国取胜，那更好，您就把齐国往死里打，当初太子申被俘虏的仇也可以报了。"

犀首这招"鹬蚌相争，渔翁得利"果然高明，这才是不论谁胜谁负，魏国都是最终的赢家。魏惠王当即采纳了公孙衍的计策，私下与齐威王结盟。为了表示魏国的诚意，魏惠王还把一个叫董庆的人送到齐国当人质。

董庆这哥们儿简历不详，但看名字就知道他不是宗室子弟，也就是一个给魏惠王当替罪羊的小角色。魏惠王明里与齐国结盟，暗中却与楚国勾结，这样做正如公孙衍所说，让齐、楚双方都自恃有魏国的支援，放心大胆地开战交火。但这样一来，魏国忽悠齐国的阴谋迟早曝光，那么魏国遣送到齐国的人质也极可能被齐威王撕票。正因为考虑到这点，所以魏惠王才没有挑选魏国宗室子弟遣送到齐国做人质。

楚国这边，楚军本来就锐不可当，又自恃有赵国的支援，而魏国也不可能与齐国"真结盟"，所以毫无顾忌地挥师长驱直入。齐威王派兵迎击，结果出师不利，被楚军杀得丢盔弃甲，狼狈溃败。此时楚军尚未深入齐国境内，而魏国果然没有派一兵一卒支援齐国。

田婴不满魏惠王背信弃义，齐军兵败后，决定拿替罪羊董庆开刀。这时齐国有个叫干夷的人出面阻止。干夷为什么要阻止田婴杀董庆呢？魏国诱使齐国与楚国交战，致使齐军败北，田婴怒而杀魏国人质，似乎合情合理。我们来看干夷是怎么说的：

> 楚攻齐，大败之，而不敢深入者，以魏为将内之于齐而击其后。今杀董庆，是示楚无魏也。魏怒，合于楚，齐必危矣。
>
> （《战国策·魏策》）

楚军既已攻破齐军，为何不敢长驱深入齐国境内？因为他们担心进入齐国境内的时候，魏军会乘机偷袭其后方。也就是说，楚军并不知道魏王耍阴招，以为他还会按约派兵增援齐国。如果我们现在杀掉董庆，等于是在告诉楚国，齐魏联盟已经瓦解。而魏国呢，也会因为我们杀了董庆，与楚国联合伐齐。这样，齐国不就倒霉了吗？

针对这一形势，干夷又提出应对之策："不如贵董庆以善魏，而疑之于楚也。"不如厚待董庆那哥们儿，以示齐国与魏国相交友善，齐、魏联盟牢不可摧，让楚国就是否深入我国境内作战产生疑惑。

干夷的计谋确实还行，但可惜当时魏国早已暗中与楚国勾结，楚国一时间未深入齐国境内，决不是担心魏国会在后头搞偷袭。至于原因，应该是个很常见的现象，一般军队在孤军深入不可测的强国境内前，都会拖延几日观察战场形势，静观其变，毕竟齐国不是寻常小国，谁能保证楚军深入其腹心之地后，齐国不会派出重兵围击。田婴当时是否采纳了干夷的计谋，不得而知，但我估计他应该会采纳。因为田婴并不残暴，杀董庆既然无益于战事，何不采纳干夷的计策，死马当活马医呢？

可惜死马永远是死马，即使华佗再世也回天无术，因为与魏军私下达成合作关系，有恃无恐的楚威王再次出击，于徐州大败齐军。这一战齐军的伤亡可想而知，楚威王竟放出狠话，要将田婴从齐国驱逐出去。原因在于，田婴曾经接纳魏惠王朝拜齐威王，严重影响了他南霸天楚王的威名（《楚世家》称"田婴欺楚"）。

田婴听说楚威王要把他从齐国驱逐出境，只好厚着脸皮去求张丑帮忙。当初张丑劝他别贪慕虚名接受魏惠王对他爸爸的朝拜，田婴不当回事儿，这下出了事总算明白张丑的高明了，好在为时不晚。

张丑没有拒绝田婴的求助，很快，他就替田婴当说客来到楚军军营拜见楚威王。张丑见到楚威王，却不提给田婴求情的事，他只是向楚威王分析楚军能够取胜的原因："楚王之所以能在徐州大败齐军，是因为齐国没有任用田盼为将。田盼有功于齐国，百姓也都愿意为他效力，如果他出山，楚王你认为能打败他吗？现在田婴与田盼不和，故意让田盼闲置，而用申纪领兵，而申纪的威望不行，所以楚王您能打胜仗。"

田盼也是当世名将，当初马陵之战他就是齐军副帅，楚威王也应该知道。张丑说如果田盼任齐军统帅，楚威王不可能打赢齐军，楚威王虽然嘴上不说什么，但心里想必有几分认同，至少觉得这是个不好对付的人物。

于是，张丑乘机恐吓楚威王："听说楚王想把田婴赶走，我真替您悲哀啊！您想啊，如果田婴走了，不就没人打压田盼了吗？如果齐王让田盼当统帅找楚王您复仇，那不就悲剧了吗？"

楚威王想想也有道理，如果真赶走了田婴，齐国让田盼统兵复仇，免不了一场恶战。他现在已经打败齐军，证明了他天下第一的实力，实在没必要再与田盼交战，一旦不测，好不容易打来的威名顷刻丧失。他决定见好就收，不仅放弃了驱逐田婴的想法，也放弃了深入齐国境内的军事行动。

在张丑的忽悠下，楚威王撤军了。如果楚威王不撤军，驱逐田婴，齐国真起用田盼为齐军统帅，齐军要想打败楚赵联军，恐怕也很难，胜也是惨胜。楚威王撤军，齐国无疑避免了一场灾难，张丑功不可没。

然而这不是魏惠王想要的结果。魏惠王在此战中似乎并没有出兵，或者没有采取大规模军事行动，这说明楚军对齐军的打击并不特别严重，没有给魏惠王带来趁火打劫的底气。但魏惠王借刀杀人这招也不能说完全没有收获，至少在楚赵联军的打击下，齐国的损失也不小，不然田婴也不可能害怕楚威王将他驱逐出境。

能不费一兵一卒做到这样，已经算不错了，魏惠王应该挺欣慰。但他没想到，刚借楚威王的手报复了齐国，占了点便宜，兴奋劲儿还没过完，魏国西部就遭到了秦军的突袭。

# 张仪出山

"螳螂捕蝉，黄雀在后"，当魏惠王忽悠楚威王与齐威王死磕时，怎么也没料到，秦国人又在河西发起进攻，并夺取了魏国在河西最重要的一座城池。

而这场战役的指挥者，正是魏国人公孙衍。

公孙衍是魏人，原本也在魏国上班，但无奈遭到同事们的排挤，只好离职到秦国上班。魏惠王不识货，嬴驷可精明得很，他发现公孙衍这人无论文韬还是武略，在当世都是数一数二的，于是越级提拔他为大良造。

战国时代，虽然诸侯国并立，但这些国家只是地方政权，天下名义上仍是周王的，诸侯国之间的战争是内部争斗，而不是民族之间的争斗，因此一个诸侯国出生的人投奔另一个诸侯国，攻打他出生的诸侯国，并不需要背负叛国的压力。

名士们都是待价而沽，哪个诸侯国给的待遇高，哪个诸侯国听从他们的政见，他们就在哪个诸侯国上班。嬴驷很欣赏公孙衍，给的待遇也高，直接让他做秦国的国务院总理兼军委主席，公孙衍很满意，表示愿意留在秦国上班。

公孙衍留下来这正是嬴驷所希望的，但他也不能在秦国白吃白喝，如果他没有实现嬴驷对他在工作上的期望，嬴驷也可能随时炒他鱿鱼。

其实像公孙衍这样的人，决不会骗吃骗喝，他也渴望有一个展现自我的机会。如果他在秦国不能打拼出一片事业，即便嬴驷不炒他鱿鱼，他也会受之有愧主动提出离职，这就是那个时代名士的风骨。

让公孙衍高兴的是，这个展现自我的机会很快就来了。秦惠文君八年，也就是在嬴驷提拔公孙衍当上大良造后的第三年，秦国决定以公孙衍为主将，出兵攻打魏国雕阴。

雕阴（今陕西省延安市甘泉境内）位于魏国上郡，是魏国在河西地区仅剩的战略要地，秦国只要攻下雕阴城，上郡唾手可得，整个河西都将收入囊中。

魏惠王对这一战非常重视，派魏国名将龙贾迎战，魏军人数多达八万。

面对魏军的众志成城，公孙衍并不畏惧，率领秦军浩浩荡荡奔赴雕阴战场。可惜此战史载不详，没有给我们留下公孙衍出色的用兵技巧，但此战的结果史有明文，秦军大败魏军，斩首八万（一说四万五），俘虏大将龙贾，攻占雕阴。

雕阴之战无疑让本就元气大伤的魏国伤上加伤，趁魏国无力抵挡秦国东进，公孙衍有意率领士气正盛的秦军东征，威慑东方诸侯各国。

公孙衍的战略意图让东方各国心怀不安，秦国已今非昔比，魏国不是秦国的对手，赵、韩、燕三国更不是秦国的对手，能与秦国抗衡的齐国，最近又被楚国杀得士气低沉，关东五国，谁也无法阻止秦国东出。

在这样的背景下，纵横家们终于有了大展拳脚的机会。正在赵国上班的苏秦听说秦军将东出，深恐秦国将对赵国下手，于是他设计激怒张仪，想逼他到秦国上班，用他那三寸不烂之舌劝嬴驷休战。

张仪和公孙衍一样，也是魏国人，但这俩老乡是政敌（后面会说到他们斗智斗勇的精彩故事）。张仪据说和苏秦是同学，同在鬼谷子门下学习，但苏秦认为自己的学习成绩比不上张仪。

和苏秦一样，张仪毕业后也四处游说诸侯，希望实现自己的政治理想，成就一番伟业。不过张仪运气不太好，游说了很多年，还是无业游民一个，混得都不好意思参加同学聚会。

但名士毕竟是名士，虽然落魄，格调还是有的，可以结交上层人士。张仪和楚国令尹昭阳可能有点关系，又或者通过朋友介绍认识，有天在昭阳府中喝酒，喝得应该也蛮开心的。不过张仪当时可能没想到，乐极了，便生悲。

过了一段日子，昭阳发现府中丢了一块玉璧，门人们都言之凿凿，指控张仪是小偷。原因很简单：张仪是个穷鬼，人品似乎还不好，这种人一看就适合干小偷这份职业。

昭阳大怒，好你个张仪，爷让你白吃白喝，你倒好，偷爷的玉璧，于是派人把张仪抓起来，一顿暴打。张仪也是根硬骨头，自恃行得端坐得正，不论昭阳的门人怎么揍他，他始终咬定玉璧不是他偷的。

门人抽了张仪几百鞭，看在他有些名气的份儿上，担心闹出人命不好收场，只好把他放了。

张仪拖着伤痕累累的身体回到家中，没想到他老婆不但不安慰他，反而说了些有嘲讽意味的话："老公，你说你要是不去读什么破书，不去每天做梦想游说诸侯得到重用，今天怎么可能挨这一顿暴打？"

张仪没有反驳，只是问了句："老婆，你看我舌头还在吗？"

张仪老婆估计都要无语了，老公你都快被人打成残废了，还有心思跟老娘在这儿开玩笑，舌头不在你还能说话吗？

"还在呢！"真拿这个弱智老公没办法，张仪老婆只好含笑而答。

听到这话，张仪倒挺乐观的："舌头在就行！"

对这个固执的老公，张仪老婆真不知道说什么好了，他是一心想"学成纵横术，货与帝王家"，到了黄河也不死心，何况一顿打。不过让她感到欣慰的是，张仪的老同学苏秦在赵国混得不错，最近派人来给张仪介绍了条门路，看来他很快可以摆脱无业游民的身份了。

苏秦派来的人对张仪说："张兄以前和苏秦先生关系不错，现在苏秦先生都在赵国当相国了，你这还是无业游民一个，就没想过投奔您的老同学苏秦？苏相国念旧，如果您去投奔，应该可以靠他实现您的理想。"

张仪听了很高兴，于是向老婆告别，前往赵国投奔苏秦。张仪满以为苏秦见到他也会很高兴，迫不及待邀请他叙旧，没想到他刚到赵国，苏秦就告诉他的手下，不要带张仪那个穷鬼来见我，先让他等几天再说。

张仪很郁闷，但既来之，则安之，于是等了苏秦几天。几天后苏秦接待他，很失礼，让张仪坐在堂下，还给他吃奴仆的饭食。这还不算，苏秦还乘机嘲讽张仪："小张不是很有才吗，怎么混成这个鬼样了？以我苏秦如今的地位，在赵国给你安排份工作完全不成问题，但你瞧瞧你这个样子，值得我给你安排工作吗？"

张仪听到这话，恨不得钻进地缝儿里。

张仪刚来赵国时，自以为是苏秦的故交，肯定能抱着这条大腿步步高升。现在不仅没有抱到大腿，反而被苏秦狠狠羞辱了一顿，不觉怒火中烧。张仪默默发誓，苏秦，你别狗眼看人低，我将来一定要给你点颜色看，把你的工作单位赵国搞垮，让你下岗，以报今天的"粗食轻慢"之仇，让你知道我张仪的厉害。

在仇恨的刺激下，张仪决定振奋起来！作为一个有骨气的人，他再也不想和苏秦扯上关系，于是他决定离开赵国这个伤心之地，另谋生路。

去哪儿呢？当然是秦国，秦国如今实力正盛，又与赵国接壤，借助秦国的力量可以报复赵国，报复苏秦，以雪前耻。

张仪万万没想到，这正中苏秦的下怀。

张仪走后，苏秦对其舍人说："我同学小张确实是个人才，比我都有才。我当然知道，他今天混得不好，只是运气背了点。我现在是比较幸运的，能够在赵国当相国，但将来能掌握秦国政权的，肯定是我同学小张。但他现在穷，又没机会拜见秦君，我也担心他贪图小利，忘记了自己的宏伟理想，所以故意把他叫来羞辱一顿，就是为了激发他的志向，他到时候去秦国，你得给我暗中关照下啊。"

苏秦于是将他的计划告诉赵肃侯，发给其舍人金钱与车马，并让他跟随张仪，与之同宿舍，逐渐接近他。当舍人与张仪搞好关系之后，又把车马金钱送给张仪，他所需要的生活用品都一一提供，但并没有说出幕后支持者苏秦。张仪由于得到了苏秦舍人的援助，才有机会进见嬴驷。

张仪这次很幸运，嬴驷是个识货的主，见张仪有才，于是将他提拔为客卿。嬴驷对张仪也很信任，让他参与谋划秦国的军政大事。

见张仪逐渐在秦国站稳脚跟，苏秦舍人便向他辞别，张仪极力挽留："我张仪是依靠先生才在秦国混出了点名堂，现在正是我报答您的时候，您为什么要离开啊？"

苏秦舍人说："张兄啊，其实我并不是很了解你，真正了解你的是苏秦相国。苏相国担心秦国攻打赵国，而苏相国认为，除了张兄没人能在秦国掌权阻止这场厮杀，所以才故意激怒你，把你逼到秦国上班。我在路上对张兄的那些接济，其实都是苏相国提供的。现在我的任务已经完成，该回赵国复命了。"

张仪闻言大惊："老苏这招就在我的所学范围之内，但我却没有领悟，看来我还是比不上我这位老同学啊！如今我刚被秦国重用，怎么可能谋取赵国？先生请代我向老苏道歉，只要在他当政时期，我绝对不会劝秦君对赵国动手。况且凭我这位老同学的能耐，他一旦当政，我也恐怕做不成什么危害赵国的事了。"

这就是张仪与苏秦之间的传奇故事，《史记》及《战国策》的作者，包括后世许多史家，都把它当作信史记录下来，千百年来也很少有人怀疑它的真实性。

直到 20 世纪 70 年代马王堆帛书（整理后名为《战国纵横家书》）的出土，才推翻了这一段历史。据该帛书记载，张仪与苏秦并不属于同一时期的人物，苏秦的年龄比张仪小差不多三十岁，苏秦的活动时期主要在秦昭王时期。学者们之所以把这部帛书当信史看待，据说是因为它弥补、解决了《史记》《战国策》的遗缺、矛盾之处，而且还有内证外证，然后所述事件在逻辑上也比较说得通。

好吧，我也不好多说什么，就按这些学者的研究成果讲解接下来的故事。苏秦大师，委屈您老先离开下，学者们说，现在是张仪的舞台。

话说张仪准备到秦国找工作时，途经东周国，有人对东周昭文君说："张仪是个人才，他现在准备投奔秦国，您不妨把他留下来，为己所用。"

昭文君也是个识货的主，连忙邀请张仪聚会，当面挽留："听说张先生要到秦国去，我东周国虽然小，不足以留住先生，但秦国人才济济，先生能保证到了秦国一定受到秦君的礼遇吗？如果不能，先生不妨到我国来，我愿与先生共享富贵。"

东周国是从周王室分裂出来的小国，周王室尚且都成了软柿子，东周国还能算盘菜？待在东周国能有多大出息？张仪是有大志向的人，当然不可能答应昭文君的请求。不过张仪对昭文君的挽留还是很感动，离别时朝他拜了两拜，聊表感激之情。

昭文君为人还算厚道，虽留不住张仪，但仍然对张仪很友好，亲自为张仪送行，并资助他到秦国的路费。据《吕氏春秋》记载，"张仪所德于天下者无若昭文君"，意思是说张仪最感激的人是昭文君，不是苏秦，这与《史记》的记载确实有点不同。

张仪到秦国后，拜见嬴驷，与他畅谈合纵连横之术。所谓合纵，即联合众诸侯弱国攻打一个诸侯强国；连横刚好相反，联合一个诸侯强国攻打众诸侯弱国。张仪主要向嬴驷推销的是连横，也就是让秦国联合某个诸侯强国，攻打其他诸侯国。

　　嬴驷对这套军事和外交政策很感兴趣。秦国现在虽然已经比较强大了，但如果总是单打独斗，难免力不能支，还恐受到诸侯国的围攻。以秦国当今的实力，只要联合某个诸侯强国，便可无敌于天下，甩开膀子搞兼并战争。

　　张仪先生果然是名士，刚到秦国就给寡人确定了如此宏伟的战略，嬴驷很高兴，于是决定重用张仪，一切军政要事，无不与他商讨。

　　张仪既已得到嬴驷的信任，能不能在秦国实现理想，就看他有多大的本事了。

# 初露锋芒

秦惠文君九年（前329年），秦国又发动了对魏国的战事。这是魏国的悲哀，秦国地处魏国西部，而秦国又偏偏是个志在东出实力雄厚的国家，于是魏国就成了秦国攻打的对象。这一战，秦军大获全胜，攻占魏国皮、汾阴、焦三座城池。

突然又少了三块地，魏惠王很心痛，但魏国实力已无法与秦国抗衡，魏惠王只能咬碎牙往肚里吞。但总这样委曲求全也不是个办法，面对秦军的攻击频频退让，天下人会以为魏国是软柿子，谁都可以来捏一捏。

魏惠王需要证明魏国还是个强大的国家，他需要一场胜利来振奋人心，提高魏国逐渐衰弱的国际影响力。楚威王的死，给了他一个大显威风的机会。

在秦军攻占魏国三座城池的当年，也就是楚威王十一年，熊商逝世，他的宝贝儿子、历史上大名鼎鼎的楚怀王熊槐即位。魏惠王觉得这是个机会，可以趁楚国国丧出兵，绝对可以打楚国一个措手不及。如果魏国能够打败南霸天楚国，想必诸侯国会对魏国刮目相看。

但魏惠王也有隐忧，如果魏国出兵楚国时，秦国又趁火打劫怎办？为了解决这个难题，魏惠王想出个歪招，以上洛贿赂秦国，希望秦国不要插手魏、楚之间的战事。只要坐山观虎斗，就可以白白获得土地，这事儿嬴驷当然愿意干，于是承诺在魏国攻打楚国时，秦国不出兵攻打魏国。

魏惠王也不是傻子，在得到嬴驷的承诺后，并没有立刻将上洛送给秦国，万一你嬴驷得了便宜后翻脸不认人呢？魏惠王表示，等打完与楚国的仗，就兑现诺言。嬴驷为了得到上洛，果然没有在魏楚交战时偷袭魏国。

趁国丧攻打楚国虽然无耻，但魏惠王这步棋没有走错，此战魏军出尽了风头，先是在陉山大败楚军，后又在南阳取得大捷。接连两场胜利，大大振奋了魏军士气，提升了魏国的国际影响力，魏惠王又有些飘飘欲仙了。

具体表现在：当魏军凯旋后，嬴驷派人向魏惠王索要上洛，魏惠王竟然耍无赖，当着秦国使者的面拒绝割让上洛。

嬴驷得知被魏惠王忽悠，勃然大怒，但此时魏军士气正盛，嬴驷也不愿贸然与魏国开战。这时候，秦国有个叫管浅的同志向嬴驷献计，表示可以通过非军事手段拿到魏惠王曾许诺割让的上洛。

管浅告诉嬴驷："君上不妨对楚王坦诚相待，就说，魏国攻打楚国时，魏王那老家伙拿上洛贿赂寡人，要寡人不插手你们之间的战事，寡人一时贪心，就答应他了。没想到魏惠王那老家伙耍诈，等他跟你们楚国打完战后，拒绝割让上洛给秦国，寡人真是恨死他了。楚王你看哦，魏国打了你们楚国，又忽悠了我们秦国，现在魏国是我们两国共同的敌人，我们两国为什么不团结起来给魏国点颜色看呢？

"魏王那老家伙如果看到我们俩合作，肯定害怕，就会把上洛割让给秦国。这样一来，魏国虽然战胜了楚国，但割地给秦国，等于是楚国拿魏国的地送给秦国，我们秦国也会感激你们楚国的！万一魏王吃秤砣铁了心，不肯把上洛割让给秦国，咱们就对他采取军事行动，你们楚国攻打魏国南部，我们秦国攻打魏国西部，这样魏国肯定玩儿完。"

从管浅的言论中不难发现，秦国没有给楚国任何可靠的承诺，也没有说愿意出兵帮楚国复仇，就随便说说将来会厚待楚国而已。至于究竟怎么厚待，当然是由秦国说了算，关键是这话能不能算数，也由秦国说了算。

嬴驷觉得这个计策不错，稳赚不赔，就让人把管浅的话对楚怀王说了一遍。楚怀王还真是个缺心眼儿，听到这话连忙表示要与嬴驷会晤。

也许有人会说，楚怀王也就配合秦国恐吓魏国，一句话的事，又无须劳师动众，即便秦国出尔反尔，对楚国来说也没什么损失。不然，楚怀王虽然是帮秦国恐吓魏国，但在魏惠王眼里就是楚国与秦国联合伐魏，这样一来，楚国岂不是因秦国而得罪了魏国？此外，秦国得到了上洛，对楚国有什么好处？秦国的强盛，难道对楚国不是潜在的危机？

话说魏惠王听说秦、楚两国领导人即将会晤，果然如管浅所料，他担心秦、楚两国联合伐魏，连忙将上洛割让给秦国，以求"破地免灾"，息事宁人。

但嬴驷这时却不想就此罢手，他认为既然已经成功忽悠了楚怀王，不如索性联合楚国攻打魏国。

然而张仪表示反对。

张仪在秦国当了这么久客卿，终于有表现的机会了，他向嬴驷献上一计："君上，臣觉得还是与魏国攻打楚国好。您想想，如果秦国与楚国攻打魏国，魏国势必不能强撑，魏王为了大局肯定投降，但他会投降秦国吗？不会啊，您这不是带头打他吗？臣以为，到时魏王肯定投靠楚国，这样对秦国可不利。

"所以臣认为，您如果支持魏国攻打楚国，打赢了，这是帮魏国的忙，您可以找魏王要好处；如果打输了也不要紧，魏国实力会受到削弱，秦国就可以乘机攻打魏国，夺回在楚国受到的损失。"

嬴驷依计行事，借给魏惠王兵万人、车百乘，支持他攻打楚国。魏军在秦国的支持下再次大败楚军，结果果然如张仪所料，战后的魏军兵困马乏，魏惠王再也不敢耍无赖，不得不割让河西之外的土地回报秦国。

这次献计忽悠魏惠王攻打楚国，并成功帮秦国诓到魏国的土地，算是张仪在秦国初露锋芒。从此以后，张仪在秦国越来越受嬴驷的重视，在秦国的地位也越来越高，他的野心也越来越大。

成为一国之相一直就是张仪的理想，秦国最大的官职大良造，无疑是秦国的相国，这时担任秦国大良造的正是公孙衍，张仪若想实现理想，就必须让公孙衍下台。仗着嬴驷的信任，张仪开始排挤公孙衍，拿公孙衍主张秦国攻打西戎这事大做文章，指责他顾私忘公，使嬴驷开始怀疑公孙衍，公孙衍不得不离开秦国，回到魏国当将军。

除了公孙衍，张仪还有一个政敌，便是知名辩士陈轸。陈轸，齐国人，和齐威王一样，也是陈国国君的后裔。陈轸与张仪同在秦国朝廷上班，嬴驷也十分敬重陈轸，张仪担心陈轸夺宠，所以经常在嬴驷面前中伤他。

有一天张仪对嬴驷说："陈轸那哥们儿拿了君上的好处，就该全心全意为秦国人民服务，没想到他常常在秦、楚两国之间游荡，貌似想起事啊。现在楚国对秦国不友好，但臣听说楚王对陈轸还不错，那哥们儿是不是和楚王有一腿？臣还听说陈轸把秦国机密出卖给楚国，又听说他想跳槽到楚国上班，如果真那样，君上可不能放过这混蛋！"

嬴驷什么人？明君呀，虽然张仪很能忽悠，但他也不会轻易上当。于是说道："老张多心了，陈轸那哥们儿什么人寡人还不清楚吗？他哪有那个胆子跳槽到楚国。"

话虽如此，但事后嬴驷还是觉得该多长个心眼儿，不管张仪是不是瞎说，试探下陈轸总是好的。于是他召来陈轸，给他下了个套："先生想离开秦国吗？不管先生想到哪里去，寡人都尊重你的意见，还为你准备车马。"

陈轸也是个才子，嬴驷求贤似渴，他当然希望陈轸回复他，自己就留在秦国，哪里都不去。但他万万没想到，陈轸竟然告诉他："那好，君上您可要说话算数，我想到楚国去！"

嬴驷大吃一惊："没想到张仪说的是真的！"

陈轸从容道："君上，不只是张仪知道这事，秦国人民都知道。"

嬴驷很失落："张仪跟寡人说你要到楚国去，我开始还不信，没想到你真要到楚国去。哎，你如果不留在秦国，除了去楚国，还能去哪里呢？"

陈轸说："君上，其实我是故意说要到楚国去的，顺了你和张仪的意，也好表明我和楚国的关系。"

陈轸这话什么意思？如果你不懂，嬴驷估计也有点儿不懂，为了让嬴驷理解他的苦衷，陈轸给嬴驷讲了一个这样的故事：

初露锋芒

从前，有个楚国人有两个老婆，一大一小，有人勾引他的大老婆，大老婆不但不从，还把他一顿臭骂；这个人又去勾引他的小老婆，小老婆没有抗拒。不久，那个楚国人死了，有人对偷情的那人说："如果要你在他的两个老婆中只能挑选一位做妻子，你娶大的还是小的？"

偷情那人说："当然娶大的。"

提问的人很郁闷，追问道："年纪大的那婆娘骂你，年纪小的那婆娘顺从你，你为什么还要娶年纪大的呢？"

偷情那人说："年纪小的婆娘当时是别人的老婆，我当然希望她勾搭我；现在我想娶老婆，当然不能娶给我戴绿帽子的女人。"

借这个故事，陈轸向嬴驷辩解："现在的楚王也不傻，而昭阳是楚国贤相，我陈轸作为君上的臣子，如果常常把秦国机密出卖给楚王，楚王和昭阳还可能收留我吗？所以我想借去楚国的机会证明我与楚王并无特殊关系。以前伍子胥忠君，所以天下君王都想以他为臣；曾参孝顺父母，所以天下父母都想以他为子。如果我对君上怀有二心，楚王还会看重我吗？如果我对君上忠心不二尚且被抛弃，不去看重我的楚国，又该去哪里呢？"

陈轸不愧为享誉天下的辩士，当嬴驷怀疑他与楚怀王勾结，将来可能会离开秦国投奔楚国的时候，他并没有采取直接否定的方式为自己辩护。那样为自己辩护，虽然可能取得效果，但也可能越辩越让嬴驷生疑，解释不成反倒成为掩饰。

所以，他故意承认自己将去楚国，想以此来证明自己的清白无辜。于是他以"偷情者的故事"做比喻，如果我陈轸对嬴驷不忠，楚王就会像偷情者不娶年纪小的婆娘一样，将我拒之于千里之外；如果我陈轸到楚国受到楚王的尊崇，说明我并没有对秦国不忠。

然后陈轸借古喻今，慷慨陈词，楚怀王待我客气厚道，不是因为我出卖秦国机密给他，而是他像各国诸侯喜爱伍子胥一样，其出发点基于对忠臣的尊敬。再一次证明楚王厚待自己的合理性。

最后他含蓄地表态，如果秦国不抛弃我陈轸，我就不可能投奔楚国。嬴驷听到这一番真情表白，总算明白了陈轸的忠心，对他也越来越尊重。

但可惜的是，陈轸最终在秦国的命运并没有因为这次精彩绝伦的辩解而改变，他防得了一时，防不了张仪持续不断地放冷箭。

一年后，秦惠文君十年（前328年），张仪终于实现了他当国相的政治理想，嬴驷以张仪为秦国相邦。相邦的职责，实际上与大良造相同，嬴驷为了顺应潮流，在秦国设立相邦取代大良造，而大良造成为爵位。

尽管做了秦国相邦（以后统一称相国），但张仪仍然不肯放过陈轸，他担心终有一天，陈轸会把他从人臣顶峰上踢下来。于是，他利用手中的职权，利用嬴驷对他的信任，大肆排挤陈轸，使陈轸被迫从秦国离职投奔楚怀王。

当初张仪造谣陈轸会投靠楚怀王，结果谣言成了现实，嬴驷也无话可说了。

　　踢走了同为名士的陈轸，张仪从此专得嬴驷宠幸。值得庆幸的是，嬴驷与张仪这二人君明臣贤，亦君亦友，合作默契，"第三者"陈轸的离开未必是坏事，他们两人即将在风云激变的战国掀起一股连横诸侯的狂潮。

初露锋芒

# 请叫我秦王

张仪在秦国的工作时间不长，却能在秦国掌权担任相国，可不是光靠嘴皮子来取悦嬴驷，因功任职是秦国的基本制度，如果不是建立了功勋，嬴驷再欣赏他也不可能打破这多年不变的制度破格提拔。

张仪有什么功？

一是借兵给魏国，忽悠魏惠王攻打楚国，让魏国割让土地回报秦国。这只是初露锋芒，功劳谈不上很大。

第二个功劳可不小，他帮嬴驷取得了魏国上郡，那可是有十多个县的大郡，凭借此功，张仪被嬴驷提拔为相国。

关于张仪忽悠魏惠王贡献上郡的事，我们也来回顾一下。

事情发生在秦惠文君十年（前328年），嬴驷让公子华、张仪围攻魏国蒲阳。此战，秦军势如破竹，蒲阳守军在绝望中升起了投降的白旗。

但战后张仪没有将蒲阳划入秦国版图，他建议嬴驷把它还给魏惠王。这就有点让人费解，好不容易打下的城池，怎么又乖乖还回去呢？其实更让人费解的还不仅于此，张仪竟然又劝嬴驷把公子繇送到魏国做人质。

战胜国竟然向战败国送人质，张仪，这我就弄不懂你了，你不是魏国派来的间谍吧？

然而嬴驷没有怀疑张仪有不轨动机，他真把公子繇送到魏国当人质去了。原因在于，他清楚张仪这样做，对魏惠王来说是个更大的忽悠。

魏惠王此时就像《卖拐》里范伟饰演的角色，丝毫没有察觉对方在忽悠他，他春风满面笑纳了这一切。

没等魏惠王开心完，张仪就开始出招了：

> 秦王（应为秦君）之遇魏甚厚，魏不可以无礼。（《史记·张仪列传》）

秦君对魏国这么好，魏国好歹也是堂堂诸侯大国，不可以这样没礼貌吧？说白了，张仪这就是强迫魏惠王礼尚往来，秦国送了土地给魏国，魏国也要回送土地给秦国，不然就是看不起秦国，秦国就可以理直气壮出兵惩治魏国。

魏惠王这时才恍然大悟，中了张仪的诡计。魏国打不过秦国，如果秦国真拿这事儿大做文章，刚还回的蒲阳又将被夺走不说，秦国还可能乘机夺取魏国更多土地。而魏国也不敢对公子繇撕票，那无异于与秦国彻底翻脸。

秦国既然开口要土地，魏国为了息事宁人，也只得割让土地。嬴驷的胃口很大，魏惠王如果把蒲阳又送给秦国，嬴驷和张仪都不会满意，秦军本来就曾攻占了蒲阳，这不等于白忙活一场吗？还搭上了做人质的公子繇。

魏国送给秦国的土地，一定要比蒲阳大，一定要对得起秦国把公子繇送来当人质的诚意。魏惠王想了很久，只有把上郡送给秦国了。雕阴之战，秦军攻占上郡重城雕阴，秦国势力已经渗透进上郡，即便这次不把上郡送给秦国，恐怕将来秦国也会攻占上郡全境，既然如此，还不如把它当礼品送给秦国。

嬴驷见魏惠王乖乖就范，倒也没有得寸进尺，一来是嬴驷听从了张仪的连横之术，有意与魏国结盟对抗其他诸侯国；二来也是嬴驷想更进一步，需要拉拢盟友支持。

为了表示秦国的诚意，嬴驷在第二年（前327年），又把焦、曲沃两地归还给魏国。这一招果然有效，得了便宜的魏惠王受宠若惊，在以后的较长时间里，都没有对秦国动歪心思，使嬴驷毫无忌惮地朝那一步迈进。

那么，嬴驷究竟想干什么？

嬴驷想举行腊祭。秦惠文君十二年（前326年），初腊，嬴驷举行了他即位后的第一次腊祭。所谓腊祭，据《礼记》记载，"祭百种，以报穑也"，就是酬谢有关收获之神的祭祀活动。此外，也具有庆祝丰收与慰劳农民之意。在这一日，全国各地都举行酒会，男女齐聚，展开娱乐活动。

嬴驷特意举行腊祭，当然不止感谢诸神、娱乐百姓这么简单。因为当时秦国刚从魏国取得上郡与河西，这两地的民心并未归向秦国，所以嬴驷想借机与两地民众联欢，使他们尽快融入秦国这个大集体中。

举行腊祭，当然不是嬴驷的最终目的。举行腊祭是为了营造秦国国强民富、社会和乐的盛世气象，而营造盛世气象是为了展现他的伟大功绩，而展现他的伟大功绩是为了说明伯爵与他的成就不配了。

嬴驷想效法魏惠王称王了！

早在嬴驷即位的第二年，秦国就发生"有新生婴儿曰秦且王"的怪事，这条假新闻无疑是为嬴驷称王大造舆论，即便不是嬴驷亲自指使编造，也是地方官员投其所好，说明在嬴驷十一年前就想称王了，毕竟有魏惠王那个榜样在那儿。

然而为了大局，嬴驷最终还是控制住了对虚名的欲望。魏惠王能够称王，是因为魏惠王是中原诸侯国的国君，魏国当时还能够维持霸主地位，而你秦国算什么？一个西部的野蛮国家，凭什么称王？在嬴驷刚即位时，秦国的实力虽已很强大，但也没到霸主的地位，如果他贸然称王，中原诸侯国势必群起而攻之。因此，即便在几年后齐威王正式称王，嬴驷最终也没有将王冠戴在自己头上。

但时过境迁，魏国的霸主地位烟消云散，齐国也在楚国的打击下低调了许多，而秦国通过不断的兼并战争，国际影响力大大提升，俨然新一任霸主，连"南霸天"楚国也被嬴驷耍得团团转，此时不称王，更待何时？

秦惠文君十三年四月初四（前325年），嬴驷终于戴上了他梦寐以求的王冠，成为除周天子外的第三个"王"，是为秦惠文王。

这一刻，嬴驷终于可以得意地向秦国臣民宣告，不要再叫我君上，请叫我大王！

这一刻，嬴驷终于可以得意地向天下诸侯宣告，不要再叫我秦君，请叫我秦王！

随着嬴驷称王，天下四王并立，让王的含金量又大大降低，这无疑促进了其他诸侯国对王的觊觎。在秦惠文王称王以后，一场精彩的称王大戏在战国大舞台上隆重上演。

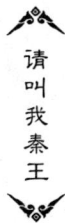

# 五国相王

新王新气象，为了应称王的盛景，嬴驷在称王的第二年，即秦惠文君十四年（前324年），宣布改元，史称秦惠文王元年（既然"驷爷"都当王了，以后我在文中也不再直呼其名，称他为秦惠文王吧）。

更元二年（前323年），张仪再次启动连横诸侯的策略，与各诸侯执政大臣会晤于啮桑。此事在《秦本纪》中也有记载，"与齐楚大臣会盟"，很显然，张仪连横的对象是齐国或楚国，魏国已不在他的考虑之中。

张仪的会盟引起了魏人的警惕，尤其是正在魏国当将军的公孙衍，他深知张仪这是在施行连横，如果秦国与齐国或楚国达成盟约，未与秦国结盟的诸侯国必然遭到攻击，包括魏国在内。

为了破解张仪的连横，公孙衍决定施行合纵之策，联合众多诸侯国对抗秦国。当时受公孙衍邀请参与合纵的诸侯，主要有魏、韩、燕、赵、中山五国。公孙衍为了让其他四国心甘情愿与魏国结盟，于是怂恿四国诸侯也称王，并代表魏国率先支持，四国称王后再结成军事同盟，合兵攻打秦国。

自秦惠文王称王以来，诸侯们对称王大多有跃跃欲试的冲动，连和戎狄打交道的秦国人都可以整出一个王，我们这些中原国家为什么不可以？何况这次称王既有魏国支持，又有好些哥们儿互相承认，干吗不称王？秦国唱独角戏不也唱得不亦乐乎吗？

诸侯们纷纷乐此不疲地往公孙衍的套里钻，都想过一把称王的瘾。

首先响应公孙衍的是韩宣惠王。韩宣惠王是韩昭侯的宝贝儿子，韩昭侯死于秦惠文王五年（前333年），在此之前名相申不害也去世，韩昭侯晚年韩国还经历了一场严重的旱灾，导致暮年的韩武同志还因为在灾年建造了一座高门愧疚不已，韩国传到了韩宣惠王手中时，韩国的实力可想而知。

公孙衍怂恿四国诸侯称王时，韩宣惠王在位已经十年，这十年来韩国国力并无起色，韩宣惠王是个平庸的君主。但这哥们儿能力不高，虚荣心却不小，听到公孙衍的忽悠后，连忙称王，成为四国中首先称王的国君。

继韩宣惠王称王后，第二个称王的是燕易王。燕易王是燕文侯的宝贝儿子，与韩宣惠王同年继承父亲的事业。韩昭侯与燕文侯死在同年，同样有一个虚荣心强的儿子，燕国的实力比韩国还不如，竟然也贪图起王位来。

韩宣惠王、燕易王称王也就算了，毕竟哥俩都是大国诸侯，让人不能接受的是，连二流诸侯国中山国也想造个王。

当时中山国的国君名厝，见燕、韩两国国君称王后，他也自立为王。我说这哥们儿称王让人不能接受，可不是随便说说，当时真有人接受不了，那人便是齐威王。

> 寡人羞与中山并为王，愿与大国伐之，以废其王。（《战国策·中山策》）

这是齐威王当时听到中山君称王后的表态，他说他对与中山君并立为王感到耻辱，希望与赵国、魏国合作，一同出兵废了中山君的王位。

在齐威王看来，魏国也好，韩国也罢，即便是北方的燕国，好歹也是战国七雄之一，你中山国算个什么东西？齐国等国是万乘之国，你中山国只是千乘之国，让你和一流诸侯国国君并立为王，不是拉低平均水平吗？不是拉低王冠的含金量吗？所以他决意出兵中山国，让中山君老老实实地从王位上滚下来。

中山君听说齐威王想废了他，意识到事态严重，连忙召大臣张登商议："寡人看韩王、燕王他们都称了王，所以也称王了，没想到齐王就是看不惯寡人，说要联合赵国、魏国出兵废了寡人。事已至此，能不能保住寡人的王位都不重要了，寡人就是怕齐王乘机灭了我国，中山国就属你张登最能耐了，你得帮帮寡人啊！"

张登表示没压力："忙倒是能帮，不过您得给臣点儿钱，臣好到齐国那边运作。"

中山君哪有拒绝的道理，一听说齐威王要废了他，这哥们儿就抖个没完没了的。不就是破财免灾吗？行，在这关头寡人如果做守财奴，齐王不废了我，老天爷都要劈了我。于是中山君给张登提供了大笔资金。

张登来到齐国，拜访的不是齐威王，而是田婴，因为张登知道攻打中山的主意田婴有份儿，而且他这人也比较好忽悠。关键是，田婴是齐威王的心肝宝贝儿，只要把田婴忽悠了，任务就基本上完成了。

张登通过周旋，终于见到田婴，对他说："我听说中山君称王后，您想废了他，而且还想和赵、魏两国攻打中山，这也太过分了吧。中山国小得可怜，哪经得起三大强国攻打，这不等于灭了它吗？所以我觉得，即使提出比废掉王号还要苛刻的要求，只要不让中山亡国，中山君都会接受的。"

张登这番话，似乎不仅不能救中山国，反而可能加速中山国的灭亡。他说三国攻打中山国，可以让中山接受更苛刻的要求，田婴不就想要这样的效果吗？当年魏惠王表态要朝拜齐威王，就把他乐得飘飘欲仙，无视其中的阴谋，如今来自中山的张登说三国伐中山定可让中山君乖乖效劳，凭田婴好大喜功的个性，中山难保不为三国联军灭亡。

其实这正是张登的高明之处，先丢一个包袱，让田婴对他的话感兴趣，让田婴对他逐渐失去防备心理，那么他之后的话才能取信于田婴。说完前面那番话，张登马上对田婴说："尽管如此，中山君肯定不想被你们敲诈，如果齐国逼急了，他必然投靠赵、魏两国。这样一来，齐国忙活一场，反倒帮赵、魏两国找了个小弟，这多不划算啊！不如给中山君一个机会，让他自动废除王位，这样中山国也会感激齐国的宽宏大量的。"

田婴听说联合赵、魏攻打中山，结果会是齐国打白工，赵、魏得利，大感不悦。他未必真想灭了中山国，出兵更多是想废了中山君的王位，现在张登答应他这点可以办到，于是他放弃了出兵的念头。但他对张登的计划不清楚，又问道："先生的想法倒是不错，但具体该怎么实行呢？"

张登说："您应该召中山君会晤，同意他称王，中山君看到齐国对他这么好，肯定乐得忘乎所以，与赵、魏两国绝交。赵、魏两国看到被中山君这种二流货色耍了，肯定怒不可遏，要攻打中山国。中山国打不过赵、魏，中山君肯定废除王位讨好齐国，这样您既达到了目的，又收到了一个小弟，不比帮赵、魏两国打白工好吗？"

正当田婴准备听从张登的建议时，张丑闪亮登场："公子，别听他的！"

同欲者相憎，同忧者相亲。（《战国策·中山策》）

欲望相同的人相互仇恨，忧患相同的人相互亲近。因为欲望与人相同，害怕同欲者将自己所追求的东西夺去，所以会竭尽全力地打压对方；因为忧患与人相同，为了解决"力所难及"的困难，所以会与同忧者抱成一团，通力合作。因此张丑劝说田婴，不要让齐国成为赵、魏等国的忧患，而让他们变成抱成一团的同忧者。

张丑对田婴说："如今五国相互称王，如果齐国不愿意中山国称王，这就会让五国忧患齐国。如果你这个时候与中山君会晤，又同意他称王，就等于不想让其他四国称王。其他四国一旦以为齐国捣蛋，就必然赞同中山君的称王，而且故意与中山君亲近。这样公子即便能控制中山国，但也会与四国产生嫌怨。而且，张登这家伙喜欢为中山君献诡计忽悠各国国君，他一向都是这么无耻，公子千万不要相信他的话。"

张丑不愧是齐国的智者，当初惠施忽悠田婴怂恿齐威王称王，张丑一眼就拆穿了惠施的阴谋，可惜田婴不听，等出了大事，又求张丑给他擦屁股，张丑靠三寸不烂之舌使楚威王退兵。如果田婴是个聪明人，从那时起就应该认识到张丑的能耐，对他的建议应该慎重考虑，只可惜他好了伤疤忘了疼，这次又把张丑的话当耳边风。

于是，田婴依然决定按照张登的忽悠路线走，让齐威王与中山君会晤，并支持他称王。

果然，张登这招用心歹毒，当齐威王正准备与中山君会晤，他连忙跑到赵、魏两国挑拨他们与齐国的关系："十万火急啊，魏王、赵侯，齐国打算攻打你们在河东的城邑。两位一定想知道我张登是怎么知道的，请两位国君想想，齐王当初认为和中山君并立为王是莫大的耻辱，现在为什么突然召中山君会晤，又同意他称王？他这是想借中山国的军队攻打魏国和赵国啊！我们中山人也不想和齐国合作攻打两位大国，所以我建议两位国君不妨赞同中山君称王，阻止中山王与齐王会晤。"

赵、魏两国本来就不反对中山君称王，尤其是魏国，反倒是五国相王的策划者，于是听从了张登的建议，并与中山国建立友好的外交关系。中山国傍上了赵、魏两位大款，自然不可能再留在齐国阵营，免得脚踏两只船，惹得齐国与赵、魏两国同时发火，从两面夹击，中山国就会被打成烧饼，没准儿比武大郎的还正宗。于是，中山君当即宣布与齐国断绝友好的外交关系，死心塌地做赵、魏两国的跟班。

不久，中山君在参与合纵的诸侯国的支持下，正式称王。中山王称王后，还是担心齐威王会找麻烦，所以派出使者到齐国以示友好。我中山国虽然成了赵、魏两国的跟班，我中山王虽然也做了大王，但没有忘记老大哥齐国，你看这不，国家有喜事，马上派人来通知，与大哥同乐。

齐威王当时肺都气炸了，中山君你个王八蛋，派人忽悠寡人的傻儿子，自己跑去当老赵、老魏的跟班，还不忘称个王来气寡人，寡人要弄你死！

怒发冲冠的齐威王闭关不接纳中山国的使者，而且扬言要不惜一切代价教训中山国。

> 我万乘之国也，中山千乘之国也，何侯名于我？欲割平邑
> 以赂燕、赵，出兵以攻中山。（《战国策·中山策》）

我齐国是万乘的超级大国，而中山国不过是千乘的小国，中山君凭什么和寡人一样称王？寡人想割让平邑贿赂燕、赵两国，与他们一同出兵攻打中山，弄死那个不知天高地厚的中山王！

中山王听说齐威王想出兵教训他，惶恐不安，不知所措。反倒是张登很淡定，他安慰中山王，这事没什么好害怕的，劝齐国退兵小菜一碟。见中山国的当权者蓝诸君也很惶恐，张登又开始安慰他，问道："您为什么担心齐国？"

蓝诸君说："齐国乃万乘之国，看不惯我们大王称王，不惜割地贿赂燕、赵，出兵攻打咱们中山。你是知道的，燕、赵两国轻约重利，肯定会贪图齐国的好处，出兵攻打我们。齐王这么下血本，绝对不会轻易放过中山国，往轻了说大王可能会被他废掉，往重了说中山国都可能会被灭亡，我能不担心吗？"

张登说："那如果我能让赵国和燕国保护中山国，您愿不愿意？"

蓝诸君心想，你这不明知故问吗？于是答道："那当然愿意。"

可能蓝诸君说这话时表现出了不信任的神色，于是张登说："好吧，您不妨把自己当齐王，我来说服你。如果你觉得我说的有道理，能

说服你，那就这样办。"

"那行，咱们就先试试。"蓝诸君表示这个靠谱。

于是，一场"说齐救中山"的话剧隆重上演。

主演：张登、蓝诸君。

张登："齐王不惜割地贿赂燕、赵两国，出兵中山国，是想废掉中山王的王号吧？"

张登抢戏，对蓝诸君说："齐王会说，对啊，我就是这意思。"

张登回到自己的角色，说："我认为齐王的花费不值，而且还会给齐国带来危险。您想啊，割地给燕、赵两国，等于是在加强他们的实力；出兵攻打中山国，是首先发难，在道义上不光彩。关键是齐王这样搞，也未必能搞定中山国，不如用我的招数，既可废除中山王的王号，又不用割地出兵。"

张登又抢戏，对蓝诸君说："齐王一定会这样说，那你的招数是什么？"

蓝诸君（气愤不过，说了让我演齐王的，别抢戏）于是重复张登的话："既然如此，你的招数是什么？"

张登说："齐王不如派遣使者，告诉中山王，我之所以不接待你的使者，并且有废了你的冲动，是因为你擅自与燕、赵称王，而没有把这个消息告诉我。不过，你要是能见我一面，我就支持你称王。

"这样一来，中山王因为担心燕、赵不会帮中山国的忙，而齐国又表示支持他，就必然会与齐王您相见。燕、赵听说中山王倒向齐王这边，肯定很生气，与中山国绝交。这个时候，齐王再一脚把中山王踹开，有多远踹多远，让他在国际上成为真正的孤家寡人。这样一来，中山王还敢不乖乖废除王号吗？"

演得乱七八糟的话剧终于谢幕（这种东西要给观众看，每场用掉的板砖可围着地球绕二百五十圈，呵呵）。

张登对蓝诸君说："您看我刚说的，用来游说齐王，怎么样？"

蓝诸君有些疑惑："听肯定会听，但这只能使我王废除王位，保存王位的方法呢？"

张登表示，这正是保存中山王王位的方法（此王所以存者也），当齐威王说出"只要中山王和他会晤，他就支持中山王称王"的话后，我王不与齐王会晤，那么燕、赵两国自然不会与中山国绝交，也就谈不上巴结齐国被抛弃，被迫自废王位。

同时，我们把齐王的话透露给燕、赵两国，两国肯定猜疑齐国：齐王不是说割让平邑请我们出兵攻打中山国吗？怎么又支持他称王？我看齐王根本不想废除中山王的王位，只是想离间我们与中山国的关系，让中山国成为齐国的小弟。

这样一来，燕国与赵国就会成为中山国的坚定支持者，中山王的王位自然也保住了。

张登的计谋虽然复杂，但确实精彩，通过离间赵国、燕国与齐国之间的关系，让中山国成为双方拉拢的对象。蓝诸君听完后很高兴，当即采纳张登的计谋，让他出使齐国，忽悠齐威王。

齐威王五十多岁的人了，在当时相当于现在七八十岁的老人家。老人家有的老谋深算，但更多的时候容易犯糊涂，除了看到棺材能清醒一阵外，基本上处于思维迟钝状态，经不起忽悠，加上张登的忽悠本领确实高超，所以齐威王也上当了。

搞定齐威王之后，中山国乘机派出使者游说燕国与赵国，将齐威王支持中山王称王的内幕透露给两国。燕、赵两国果然猜疑齐国，于是没有出兵协助齐威王攻打中山，反而坚定了保护中山王称王的决心。

见燕国与赵国坚决支持中山王称王，齐威王也不愿意为了一点儿虚名去和两国拼个你死我活，再说反对燕、赵两国支持中山王称王，等于破坏公孙衍的合纵大计，难保魏国不会掺和进来攻打齐国。

五国相王之事，终于在中山王王位的确定下尘埃落定，最终称王的有魏、韩、燕、中山，其中魏国很早之前就已称王，而帮助中山称王的赵国却没有称王。

当时赵肃侯已死，赵国的掌门人是大名鼎鼎的赵武灵王。赵武灵王认为，赵国并不具备称王的实力，不希望慕虚名而受实祸，所以让国人仍称他为君。赵武灵王此举，体现了他"弃虚务实"的精神，这也正是赵国能够在他的治理下，逐步走向富足强盛的原因。

五国相王的最终目的是合纵对抗秦国，随着各诸侯的相继称王，公孙衍的合纵大计已初步形成，他能借此击败张仪的连横吗？

# 间谍张仪

在公孙衍刚开始策划合纵时，各国诸侯纷纷称王，说实话秦惠文王难免有些恐慌，毕竟合纵的最终目的是打败秦国，谁也保不准诸侯们称王以后，不会在魏国的率领下浩浩荡荡杀向秦国。

但接下来发生的事儿，让秦惠文王长舒了一口气，楚国和魏国打起来了。

楚怀王六年，也就是五国相王的当年，楚国令尹昭阳领兵伐魏。楚怀王攻打魏国是为了复仇，熊槐是个有些天真又快意恩仇的人，当初魏惠王先是趁楚国国丧出兵捣蛋，后来又在秦国的支持下攻打楚国，魏国因此与楚国结下了很深的梁子，楚怀王决意报复，让无耻的魏惠王付出代价。

楚军在昭阳的指挥下势如破竹，在襄陵与魏军决战，大败魏军，先后攻克魏国八座城。这个时候，与魏国谋划合纵的诸侯国没有一人施以援手，集体选择在"南霸天"面前沉默，暴露出了合纵有名无实的尴尬。

在一旁坐山观虎斗的秦惠文王很高兴，这群贪慕虚名的诸侯王连楚国都不敢对付，怎么敢和我堂堂大秦作对？尽管这次合纵的主要目的是抗秦，不是抗楚，但只要秦国用心周旋，威逼利诱，合纵不难分解。

不过接下来发生的事情，又让秦惠文王隐隐生忧。

楚军击败魏军后，士气大盛，乘着军心可用，昭阳又准备挥师攻打齐国。

齐威王躺着也中枪，一时也慌张起来了。齐国随着田忌被排挤出局、孙膑隐退，实力也不如以前。楚威王在世时曾在徐州大败齐军，正因为如此，让齐国患上了"楚国恐惧症"。楚国地广人众，楚人向来悍勇，昭阳又非等闲之辈，确实不好对付啊。

恰好此时陈轸出使齐国，作为齐国人的陈轸当前虽在国外工作，但对家乡齐国还是有些感情的，不愿意看到齐国被楚军蹂躏。齐威王听说陈轸来了，也连忙向他请教应对之策："先生啊，楚军就要杀过来了，你说寡人该如何是好？"

陈轸说："大王您别担心，我帮您让楚国退兵。"

齐威王犹如在绝境中抱到一根救命稻草，兴奋不已，连忙让陈轸出使楚营。

陈轸见到昭阳，开口就给他设了个套，问道："将军如果替楚王打赢了这战，楚王会有什么赏赐？"

昭阳说："楚王会让我当楚国最高军事长官大司马，封上爵执珪。"

陈轸又问："那官职还可以再往上升不？"

昭阳说："那就只能当令尹了。"

见昭阳入套，陈轸连忙说："可将军现在就已经是令尹了啊，还有什么上升空间，如果您现在不忙，请容我给您说个故事。"

> 人有遗其舍人一卮酒者，舍人相谓曰："数人饮此，不足以遍，请遂画地为蛇，蛇先成者独饮之。"一人曰："吾蛇先成。"举酒而起，曰："吾能为之足。"及其为之足，而后成人夺之酒而饮之，曰："蛇固无足，今为之足，是非蛇也。"
>
> （《史记·楚世家》）

有个人送给他的舍人一卮（容器）酒，舍人们说："几个人喝这卮酒，不够喝的，不如咱们玩个游戏，在地上画一条蛇，谁先画成就让谁喝这卮酒。"有一哥们儿画技高，很快便将蛇画好了，说："我先画好了。"但这哥们儿喜欢作，举起酒杯站起身又嘚瑟地说："我能给蛇添上足。"等到他为蛇画好足时，后画好蛇的人夺过酒一饮而尽，说："你傻啊，蛇本无足，今天你替它添上足，这就不是蛇了。"

这就是成语"画蛇添足"的典故。陈轸借这个故事乘机对昭阳说："将军已经是楚国的头号打工仔了，官职不可能再往上升了，先前把魏国打一顿就可以了，现在还来打齐国干什么？打赢了又没什么好处。如果将军攻打齐国失败，爵位可能没了不说，还恐怕丢了性命，而且还会给楚国带来损失。这就是在犯画蛇添足那哥们儿的错误。所以，将军不如班师回国，这样才能安稳地保全你的功绩。"

陈轸的话貌似很有道理，实际上还是在忽悠昭阳。昭阳的官职虽然不能再往上升，但如果打败齐国，回国后不会没有其他赏赐，比如楚怀王可能给他增加封邑。封邑这个玩意儿有时候比官职更靠谱，官职未必能保证世袭，但当时封邑一般能传给后代。

不知道昭阳当时有没有想到这点，或者他这个人没那么贪婪，觉得既然已经当上了楚国最高官，又取得了攻克魏国八城的辉煌战绩，实在没必要得陇望蜀贪更多的赏赐，万一阴沟里翻船，前功尽弃怎么办？

于是，他对陈轸的话称赞了一番，放弃了攻打齐国的计划，撤兵回国了。

楚国虽已退兵，但楚军的实力通过攻克魏国八城已展露无遗，秦惠文王看在眼里忧在心里，他实在不愿意老邻居楚国如此强大，因为那就像是个埋在秦国身边的不定时炸弹，指不定哪天就把秦国炸得血肉横飞。整天担惊受怕的日子不好过，秦惠文王决定对楚国下手，减轻隐患。与此同时，齐威王也很忧虑。

楚国虽然没有攻打齐国，但齐威王仍然心有余悸，这次能侥幸靠陈轸的忽悠劝退楚军，下次楚军再来找麻烦呢？与他同病相怜的是魏惠王，西边的秦国就够让他头疼了，现在又杀出个南霸天楚国，魏国的日子可是越来越不好过了。

同忧相亲，这是齐国智者张丑说的名言，这回在魏惠王和齐威王身上得到了验证。由于两位大王都害怕楚国，于是会晤于鄄，齐、魏两国关系也因此走向友好化。

齐、魏的友好让秦惠文王很不爽。

当时合纵已经破坏，秦惠文王的战略是联合魏国与韩国，图谋齐国与楚国，而魏国却先一步与齐国好上了，他心里当然不痛快。

幸亏当时张仪正出使魏国，而与魏国、韩国合作的计划也是出自他本人之手，于是他利用在魏国的机会游说魏惠王，希望他与秦国合作。

魏相惠施当即反对，他对魏惠王说，魏国好不容易才和齐国搞好关系，现在又跑去和秦国谈合作，这是背信弃义。不如这样，魏国也不得罪秦国，但和齐国结盟，再勾搭上楚国，按兵不动，以观天下之变。

实际上，还是针对秦国。魏国、齐国、楚国三大强国都已经结盟，这天下除了秦国能翻天，还有谁敢和三国联军抗衡？所谓的以观天下之变，其实是观秦国之变，伺机而动，围攻秦国。

魏国这些年来屡屡被秦国痛击，早已患上了恐秦综合征，在魏国人看来，秦国远比楚国可怕，楚国威胁魏国魏人还会设法反抗，但对秦国根本不敢轻易反抗。所以当惠施的建议提出时，大多数魏国大臣都不赞同，反而站到张仪那边。

不过，魏国朝臣中也有人支持惠施的建议，两派吵得不可开交，决定权最终落在魏惠王手中。

魏惠王如今已是垂垂老矣，加上先后遭遇了桂陵之战、马陵之战、河西之战等败仗的重重打击，早已丧失了壮年时的锐意进取精神，所以他也想找个强大的伙伴依靠，不想在晚年再受折腾。远见什么的都不重要了，让老头子我安安稳稳地度过晚年才是王道，剩下的事情都交给继承人去处理吧。

最终，魏惠王拍板，按张仪的计策行事。

惠施不服，后来他又入宫劝魏惠王不要与秦国结盟。魏惠王不听，说："现在朝廷上下都赞同和秦国结盟，相国不要再说了。"

惠施说："大王说和秦国结盟有利，这事朝廷上下都这样认为，如果是真的，魏国怎么可能有这么聪明的人？如果和秦国结盟没好处，而朝廷上下都认为有利，魏国怎么可能有这么多蠢人？所以臣觉得，这种值得详加商讨的事情，赞同和否定的人往往各占一半，现在尽管朝廷上下都说和秦国结盟有利，但也只是一半人的意见，有人让大王失去了另一半人的意见。"

谁让魏惠王听不到另一半意见？惠施暗示魏惠王，张仪在魏国耍了花招，让魏惠王只听得到和秦国结盟有利的声音。惠施还用"劫主者，固亡其半者一也"这样耸人听闻的话来警示魏惠王，张仪无疑在借助秦国的势力劫持他做决策。

但很遗憾，魏惠王依然不听从。在他看来，与秦国结盟是他独立做出的决定，并没有受到秦国的强迫，怎么能说被张仪劫持？可他不知道，张仪借助秦国的威势首先吓住了魏国朝臣，使朝廷上充溢着与秦国结盟的声音，最终让魏惠王下决心与秦国结盟。试想，如果张仪不借秦国威势，魏国人都不赞同和秦国合作，魏惠王还能那么果断决定与秦国结盟吗？

魏惠王糊涂，魏国人惧秦，只有惠施不糊涂也不怕秦国，但在一个对秦国奉行投降主义的国家里，惠施如鹤立鸡群，既显得不凡，也容易遭人暗算。

果然，张仪看到魏国还有惠施这么个反秦分子，于是不断勾结魏国人排挤惠施。最后，魏惠王迫于秦国的压力，不得不把惠施驱逐出魏国。

惠施从魏国离职后，首先来到楚国，楚怀王原本准备收留他，但楚臣冯郝认为不妥。冯郝认为，惠施与张仪有仇，天下无人不知，楚怀王如果收留惠施，就等于是公然与张仪作对。张仪现在势力如日中天，楚国犯不着为了收留魏国的一个下岗公务员，而得罪深受秦、魏两国器重的张仪。

在冯郝的建议下，楚怀王把惠施介绍到宋国工作。宋国是惠施的故乡，宋国的领导人宋王偃也比较欣赏惠施，惠施算是在宋国安定下来。

在惠施离职后不久，张仪也被秦惠文王炒了鱿鱼。离职后的张仪并不寂寞，他摇身一变，又成了魏国的相国。

这究竟是怎么回事？张仪得罪了秦惠文王？再说这得罪的时候也太巧了吧？惠施刚从魏国离职，张仪紧接着从秦国下岗，回到魏国接替了他的职位。

事实上，这都是秦国策划的一场阴谋。秦惠文王让张仪下岗，并非他不再信任张仪，也绝对不是张仪得罪了他，张仪成功迫使魏国联合秦国，并将影响秦国施行连横策略的惠施驱逐出魏国，可以说为秦国立下了不小的功劳。秦惠文王解除张仪在秦国的职位，目的是让他到魏国工作充当间谍，出卖魏国利益为秦国服务。

起初，张仪建议让他兼任秦、魏两国相国，估计秦惠文王认为这样太张扬，不利于他间谍工作的开展，所以没有采纳张仪的建议。张仪到魏国上班后，恰逢公孙衍与楚国交战失败，张仪于是趁机挖苦魏惠王，说魏惠王不听从他的建议才导致战事不利，实际上是挑拨魏惠王与公孙衍的关系，排挤公孙衍。

公孙衍岂是任人欺压的软柿子？他决定反击张仪。

张仪在魏国工作不久就接到了一份差事，出使齐国。但张仪此番出差，名义上为魏国使者，实际上却是为秦国游说，企图使齐国与秦国连横亲善。公孙衍主张合纵抗秦，在他得知张仪的企图后，就想从中搞破坏。他知道张仪要经过卫国，于是对卫嗣君说："卫君你知道不，其实世人都误会我了，我对张仪其实根本没什么意见，顶多就是和他政见不同而已。我想请卫君帮我个忙，替我和张仪解释下，我还是想和他搞好关系的。"

见公孙衍诚心诚意地请求，卫嗣君于是决定大发慈悲地帮助他。等张仪路过卫国时，卫嗣君连忙邀请他赴宴，并把公孙衍的话向他转告。张仪心想，冤家宜解不宜结，既然公孙衍想和他做朋友，也不妨给他个面子。

于是，张仪接受了卫嗣君的邀请，叫上公孙衍一起聚餐。宴席期间，公孙衍表现得极其谦卑，跪着用两膝走到张仪面前，敬酒祝寿（跪行，为仪千秋之祝），估计都把张仪感动得一塌糊涂。

第二天，张仪要离开卫国到齐国去，公孙衍又亲自送别，一直送到齐国边境地带，才依依不舍地向张仪告别（明日，张子行，犀首送之于疆）。

难道公孙衍真和张仪好上了？当然不是。张仪不明白，公孙衍之所以与他把酒言欢，极尽谦卑与他结交，是因为公孙衍曾与齐威王有过节。齐威王如果看到张仪与公孙衍做哥们儿，他会怎么想？你张仪既然想找我入连横战队，为什么还跟我的仇人眉来眼去的？你不知道公孙衍这哥们儿还是隔壁合纵战队的？抛开个人情感不说，本与公孙衍有仇的张仪突然与他做哥们儿，这其中难道没有猫腻？所以齐威王极可能因此猜疑张仪。

果然，齐威王听说张仪与公孙衍握手言和，怒不可遏："他张仪难道不知道寡人和公孙衍是死对头吗？现在他竟然和公孙衍做哥们儿，这明显是对寡人没诚意，这种人怎么能和他谈合作？"

敌人的敌人就是朋友，同样，敌人的朋友就是敌人，张仪和齐威王的敌人公孙衍聚餐联谊，在齐威王看来张仪也成了他的敌人。既然这样，张仪入齐劝齐威王与秦惠文王合作的事也可想而知，以失败告终。

屋漏偏逢连夜雨，张仪在齐国才被公孙衍坑完不久，他在魏国当间谍的事也暴露了。齐威王、楚怀王得知此事大怒，竟然联合出兵攻打魏国。

这就有点儿让人看不懂了。张仪在魏国当秦国间谍，出卖魏国利益为秦国服务，齐、楚两国却出兵攻打魏国，魏国这不比躺着中枪还冤枉吗？它才是最大的受害者啊！连相国都成了秦国的间谍。

我认为可能存在的原因有两点：其一，秦国派张仪到魏国其实根本不是来当间谍，而是光明正大地与魏国施行连横战略，齐、楚两国怨恨魏国与秦国合作，所以出兵攻打；其二，张仪确实是秦国派遣到魏国的间谍，但齐、楚两国不敢向秦国发动战争，所以将怨恨发泄的魏国头上，并企图强迫魏国与秦国断绝关系，将张仪驱逐出魏国。

我认为后者的可能性比较大。据《张仪列传》记载："欲令魏先事秦，而诸侯效之，魏王不肯听仪，秦王怒，伐取魏之曲沃、平周，复阴厚张仪益甚。张仪惭，无以归报。"这段话的意思是说：张仪在魏国参加工作后，想让魏惠王把秦惠文王当哥们儿，进而促使其他诸侯也纷纷效仿。魏惠王不愿意，说我好歹也是个领导，怎么能当秦国的小弟呢？秦惠文王见魏惠王不配合，就出兵攻打魏国，并暗中增加对张仪的待遇。张仪觉得很惭愧，大王对我恩重如山，而我却对他无以回报。

如果张仪到魏国是光明正大地与魏国施行连横战略，那么他让魏惠王亲附秦国，魏惠王就应该爽快地答应。结果呢，秦国竟然为此事对魏国大动干戈，可见魏惠王当时拒绝得多么的彻底，完全不像是对待同盟国的态度，甚至连对待普通国的态度也不像。此外，如果张仪到魏国是光明正大地与魏国施行连横战略，秦惠文王根本没必要解除他在秦国的职位，更没必要偷偷地增加他的工作福利。所以说张仪应该是秦国派到魏国的间谍，而且魏惠王当时完全不知内情。

话说张仪得知齐威王、楚怀王想找魏惠王麻烦，心里也比较忧虑，他倒不担心魏惠王的死活，而是怕这事儿闹大以后，全周朝人民都知道他是个间谍，到时候很多内幕消息都难免会泄露。

这时候有个叫雍沮的哥们儿，此人具体情况不明，虽然知道张仪来魏国工作的内幕，但仍然愿意帮他一把。不过在帮忙之前，他先吓了张仪一把："魏王让张先生当魏国相国，是希望张先生安定百姓，为魏国人民做贡献。可您倒好，跑到魏国吃白饭不说，还给魏国引来了齐、楚两头猛虎，您猜魏王会把您怎么着？"

雍沮是个聪明人，想让堂堂张仪向他低头讨教，不吓他一下是不可能的。张仪听到这话确实有些害怕，连忙请教："大哥，请问我该怎么办？该怎么办哦？"

雍沮说："你不用办，我来帮你办。如果先生信得过我，我可以帮你劝退齐、楚两国的军队。"

真是落毛的凤凰不如鸡，落难的名士不如无名小卒，张仪心想，平常都是我耍嘴皮子劝退诸侯国的军队，现在轮到雍沮这个无名小卒耍嘴皮子帮我了。虽然心里有些郁闷，但为了自保，张仪也只得让雍沮一试了。

雍沮知道齐威王、楚怀王都对张仪有些不满，于是当他见到两位大佬时，对他们说："张仪和秦王合伙耍魏王的事两位大王都知道了。现在听说两位大王想打魏国，小人觉得不妥，打了魏国不等于在帮张仪的忙吗？"

雍沮这话什么意思？雍沮告诉齐威王、楚怀王，张仪其实早就知道他和秦惠文王合伙耍魏惠王的事一旦暴露，会引起齐、楚两国的愤慨，甚至出兵攻打魏国。在他张仪看来，齐、楚伐魏，不论成败与否，都对秦国有利。如果齐、楚联军不敌魏国大军，齐、楚两国的实力就将受损，而他也可凭战功在魏国专权；如果齐楚联军战败魏国大军，魏惠王为了不做亡国之君，就会走关西，找秦惠文王帮忙。

说完，雍沮还不忘来句总结："张仪在魏国当相国，就是为了搞垮魏国，如果齐、楚两国攻打魏国，这哪里是在打击张仪，恰恰相反，正是在帮张仪的忙（今仪相魏而攻之，是使仪之计当于秦也，非所以穷仪之道也）。"

齐威王、楚怀王听到这话，心里顿时打起了退堂鼓，两位大佬一合计，觉得还是退兵为好，不然攻打魏国损兵折将不说，还便宜了张仪那小子。

雍沮就这样成功地把齐威王、楚怀王忽悠了。其实，齐、楚两国如果出兵攻打魏国，魏国无法抵抗，就一定会投靠秦国吗？也未必，魏国之前就因不肯当秦国的小弟被秦国打了一顿，口服心不服，只要齐、楚两国以魏国"驱逐张仪就与之交好"的名义出兵，谁说魏惠王一定不可能倒向齐、楚两国这边？

说魏惠王不敢把张仪驱逐出境，这近乎扯淡。魏惠王还不至于胆小到不敢解雇张仪的地步。魏惠王之所以任用张仪为魏国相国，不过是因为看重他的业务能力，想让他为魏国做一番大事罢了，并不是看在秦国的面子上。因为当时秦惠文王已经将张仪炒鱿鱼，魏惠王并不知道这件事另有隐情，张仪在魏惠王心中不过是个无权无势的读书人，所以他任用张仪的政治目的比较单纯。

如果魏惠王当时知道张仪是以秦国间谍的身份担任魏国相国，魏惠王至少会炒张仪的鱿鱼，即便秦惠文王亲自出面阻止也没用。明知张仪是秦国间谍，还让他当魏国相国，这不等于把魏国拱手让人吗？

在齐、楚两国退兵后，魏惠王并没有立即解除张仪的职位，由此可见，魏惠王很可能还被蒙在鼓里，不确定张仪的间谍身份。

魏惠王在这件事上确实很糊涂。事实上，他早已没有了年轻时的英明神武，他当时已经是年近八旬的老人了。人生七十古来稀，在战国时代，能活到七十岁的人凤毛麟角，能活到八十岁的更是少之又少。

即将步入耄耋之年的魏惠王回首往事，他的生涯不是一片无悔，有辉煌，也有失败，但他希望在晚年能有个满意的结局，不想带着遗憾离开这个世界。然而，不满魏国以张仪为相的齐威王似乎并不想让这个老头走得安心。

# 霸主之死（上）

更元四年（前321年），韩国相国公仲朋突发奇想，想与魏国交换土地。公仲朋这人是个奇葩，作为小老弟韩国的二当家，竟然赞同张仪的连横战略。真不知道韩国这种国家与强大的秦国谋皮，能占到什么便宜。

可能受了张仪的忽悠，公仲朋建议韩国与魏国交换土地，这实际上是给魏国树敌。魏国如果真与韩国交换土地，则能够将南阳、郑地纳入魏国版图，这样一来，楚国势必感受到魏国的威胁，因为占据这两地便于魏国攻打楚国。

如果说易地只是给魏国树敌，也就算了，毕竟魏老虎（现在是不是该叫"魏病猫"）当初神气时没少欺负韩国，给它树敌权当报复，然而事实很悲哀，易地的策略连韩国也坑。韩国如果与魏国易地，则能得到上党，那么赵国也会感受到威胁了。

公仲朋为什么连韩国也坑？因为张仪想坑。张仪想通过易地使韩国树敌，让小不点儿韩国感受到中原诸侯国的威胁，最终投向秦国的怀抱。公仲朋是连横战略的拥趸，既然秦国有意收下韩国这个小弟，他自然不介意使用苦肉计。

然而公仲朋的如意算盘最终还是落空了。楚怀王和赵武灵王都不是傻子，不可能让魏、韩两国交换到各自的战略要地，在楚、赵两国的干涉下，易地之事不了了之。

放弃易地，韩国依然可以当个可爱的小弟弟，没有哪个诸侯会把韩国视作巨大的威胁，但曾经的霸主国魏国就没那么容易让人放松警惕了。在齐威王等人看来，魏国没有拒绝韩国易地的提议，分明是还存有窥视中原的野心，现在韩国在楚王他们的施压下认怂，但魏国肯定还贼心不死。

于是，在更元四年，齐威王准备亲自前往卫国，与楚怀王、赵武灵王、燕易王进行会晤，四国领导人一致声称要把魏国排斥在盟约之外。很显然，齐威王有意针对魏国，前两年齐、楚出兵攻打魏国，要不是雍沮劝阻，你魏国早就被两国联军杀得鸡飞狗跳了，现在魏惠王不知收敛，还想要花招与韩国易地，找抽不是？

魏惠王当时明显感受到了齐国的敌意，史称"恐其谋伐魏"，于是召公孙衍商量对策。此时的魏惠王已经八十岁了，但他还没有到昏聩的地步，他知道如果想避免齐、楚、燕、赵四国联军的攻打，秦国靠不住，唯有向盟约主持者齐国靠拢，才可能避免一场厮杀。但这种事不能让张仪来办，他是连横战略的策划者，如果让他办，他只可能让魏国更加得罪齐国，逼迫魏国抱秦国的大腿。所以魏惠王才把张仪搁置，找他的死对头公孙衍帮忙。

公孙衍当时对魏惠王说："搞垮四国联盟并不难，只需要大王给我一百金。"

用一百金化解一场危机，这简直太划算了，魏惠王想也没想，就拨给了公孙衍一百金，并为他准备好出使齐国的车队。公孙衍估算了一下齐威王抵达卫国的日期，先随从五十辆车的车队赶至卫国。齐威王到达卫国后，公孙衍奉上一百金，请求拜见齐威王。

齐威王没有多想，决定接见公孙衍。公孙衍乘机与齐威王套近乎，两人聊了很久，而且还聊得比较愉快。

这恰好中了公孙衍的诡计。齐威王也犯糊涂了，此行来卫国与三国国君会晤，本意是对抗魏国，怎么能在这个关键时刻接见魏国使者呢？如果这事让楚怀王他们知道了，会怎么想？你田因齐同志不是要我们来的吧？

果然，当齐威王与公孙衍畅谈的事传到楚、赵、燕三王耳中，他们大为不满："齐王之前不是说了这次会晤不让魏国参加吗？怎么魏国使者一来，他就连我们这些国君都不理了，找魏国使者私聊去了？莫不是想和魏国一起占我们的便宜吧？"

齐威王听说三国国君怀疑他，连忙跑过去解释："魏王听说寡人来卫国了，就派公孙衍先生来慰劳寡人，寡人和公孙衍聊天，纯粹就是应付，真没和他说什么事，几位大佬想多了。"

如果真是应付，用得着聊那么久吗？尽管齐威王说的是实话，但楚怀王、赵武灵王、燕易王哥仨没一个相信，四国会晤就这样胎死腹中。

齐威王肠子都悔青了。

齐、楚、燕、赵四国都开始怀疑齐威王，韩国算是中立，魏国本来就对齐国有怨气，事情发展到这个地步，齐威王不仅没有成就四国联盟，反倒被诸侯们孤立了。

以上五大强国，唯有秦国，既不怀疑齐威王，也不存在对齐国怀有怨气，因为秦惠文王的做法很直接、很暴力，直接出兵伐齐。

齐国也是霸主国，秦国若想威震天下，成为名副其实的霸主，打败齐国无疑是最好的方式。但秦、齐两国不接壤，秦国要想出兵齐国，得从三晋取道。如果在平时，三晋决不可能借道给秦国伐齐，现在三晋对齐国都没好感，尤其是魏国还有怨气，这实在是攻打齐国最好的时机，秦惠文王可不愿意错过。

更元五年（前320年），秦惠文王向魏、韩两国借道，出兵攻打齐国。齐威王仗着秦军长途奔袭远征，而齐军是以逸待劳，倒也不惧，连忙令匡章领兵反击。匡章是孟子的高徒，也是当世名将，齐威王对他寄予厚望。

匡章为人善谋，在齐、秦两军对峙期间，频繁互通使者，匡章乘机更改齐军使者服饰，打扮成秦军使者的养子，使其混入秦军中，以刺探秦军军情。

当时齐威王也派出探子打探前方军情。齐国探子不知道匡章的用意，还以为他与秦国勾结，出卖齐军兵力给秦军，于是连忙向齐威王打小报告。齐威王置之不理。然而探子并没有消停，不久，他又以更耸人听闻的情报上达齐威王，称匡章想率领齐军向秦军投降，齐威王依然置之不理。

如是三次，齐威王丝毫没有怀疑匡章，齐国有些官员表示很不理解："大王派出了那么多探子，他们都说匡章会当叛徒，您为什么还不对他采取行动？"

齐威王信心十足："匡章根本不可能背叛寡人，这事很明显，寡人为什么要对他采取行动？"

事实证明，齐威王的判断没有错，很快，朝廷就收到了齐军大败秦军的捷报。这一战虽然史载不详，但齐军在匡章的率领下对秦军的打击可想而知，因为此战后，秦惠文王竟然低调得向齐国称臣（于是秦王拜西藩之臣而谢于齐）。

疑人不用，用人不疑，道理很简单，要做到又何其难！当谣言频频攻击匡章叛国时，齐威王还能够始终坚信匡章的忠诚，实在英明。战后，齐国不少朝臣都对齐威王为什么如此信任匡章很好奇，于是问道："大家都说匡将军会当叛徒，大王是怎么能够不被谣言影响，坚信匡将军是忠臣的？"

齐威王说："匡将军老妈叫启，因为把他爹惹毛了，所以被他爹杀了，埋在马棚下面。寡人让将军带兵迎战秦国的时候，为了鼓励他，就对他说，如果你能打败秦国，寡人就改葬你老妈。没想到匡将军竟然拒绝，他说我也不是没能力改葬我妈，主要是我爹死之前没有跟我说过这事，所以我不敢欺骗我爹。你们说，匡将军身为儿子不敢欺骗他死去的爹，作为人臣的他会背叛他的国君吗？"

由孝子而知忠臣，齐威王的逻辑并没有错。匡章对他父亲的孝，有愚孝的成分在内，因为父亲临死前没有说改葬母亲，他就一直让母亲葬在马棚。这样的人不愧是孟子的学生，是所谓君臣父子之义（后来又衍化成三纲五常）的坚定践行者，既愚忠于父，也往往愚忠于君，齐威王对这样的人当然很放心。

说到底，还是齐威王见微知著，有识人之明。齐威王当时已经五十九岁，虽然比不得八十高龄的魏惠王，但在战国时代也算是高寿了。齐威王年老却不昏聩，不愧是当过霸主的男人，很可惜的是，他这个霸主就要当到头了。

当读到这一段时，肯定会有人感到纳闷，齐国明明已经战胜了强大的秦国，齐威王的霸主怎么反而要到头了？原因很简单，齐威王要死了。

在匡章迎战秦军时，齐威王很可能已经患上了重病，因为在匡章战胜秦军的当年，齐威王就溘然长逝了。

齐威王在位三十六年，虽然偶尔爱开点玩笑，说他比尧舜都贤明，但他也确实是位非常杰出的君主。他在位期间，从谏如流，重用邹忌、田忌、孙膑等能臣，使齐国无论是在军事还是经济上都称雄于诸侯各国。在他的统治下，马陵之战、桂陵之战扬名古今中外，诸侯国无不对齐国侧目而视，就连不可一世的秦国也曾战败称臣。更难能可贵的是，他并不像其他雄才大略的君主一样，年轻当霸王，年老成王八，他的一生都在不懈奋斗，晚年又重用匡章，去世的当年还取得抗秦大捷。

齐威王也无疑是其他六国国君中最值得尊重的对手，败在这样一位强大的对手手下不丢人，打败这样强大的对手更能体现自身的强大。不知道齐威王的死，有没有让秦惠文王等人有痛失对手之感，但我想魏惠王可能多少有点兔死狐悲。

魏惠王与齐威王实际上并不算盟友，恰恰相反，他们是多年的冤家。魏国霸主地位的衰弱是经过齐国在桂陵、马陵的两次痛击，魏惠王为了报复，怂恿齐威王称王使齐国树敌，又在晚年借道给秦国攻打齐国，可惜以秦军惨败告终。

齐威王小魏惠王二十岁，也许齐威王认为，魏惠王会走在他的前头，所以他联合楚、燕、赵对抗魏国，不让魏惠王晚年过得安心，但没想到，自己反倒走在了魏惠王前头。齐威王一死，魏惠王倒是松了口气，但恐怕也不会太开心，他也许从齐威王的去世中隐隐感觉到，死神离他也不远了。

# 霸主之死（下）

齐威王死后，他的宝贝儿子田辟疆即位，是为齐宣王。齐威王给齐宣王起名辟疆，可以看出他对齐宣王寄予的厚望，他希望宝贝儿子将来是一位开疆辟土的霸主，正如他名"因齐"一样，继承了齐国的事业，并发扬光大。

齐宣王在即位之初，基本沿袭了齐威王在世时对魏国的态度，齐、魏两国的关系不太友好。魏惠王为了防范齐国，也顾不上年迈，不得不派使者友好访问能与齐国抗衡的诸侯国，以促成与魏国的合作。

韩国与燕国弱小，自然不入魏惠王的法眼，赵国当时正在对抗胡人，似乎也没有与魏国合作抗齐的打算。至于秦国，魏惠王内心深处并不愿意与秦国合作，以前都是迫于压力不得已为之，何况现在秦国也被齐国打败，魏惠王实在没必要再去抱秦国的大腿。

如此算来，最适合与魏国合作的无疑是楚国，楚国曾在徐州大败齐军，完全具备抗齐的军事实力。魏、楚两国的关系也并不很差，虽然曾经有过军事摩擦，比如桂陵之战时楚国趁火打劫，魏国后来又从秦国借兵伐楚，但战国时代这点摩擦实属正常，比起魏国与齐国、秦国两国的宿仇，根本不算什么。

魏国与齐国、秦国都曾有过合作，与楚国达成合作关系，应该不是难事。于是，魏惠王派使者率领百乘车队出使楚国。

按说魏国此番使楚，规模也不小，作为合纵派名士的公孙衍理应是最佳使者人选，魏惠王却派了个叫李从的无名小卒当任使者。公孙衍当时的处境很尴尬，空有一腔抱负，但在张仪的打压下，沦落到了被魏惠王闲置的地步。

在魏惠王派李从出使楚国的同时，楚怀王也派陈轸出使齐国。不过您别替魏惠王担心，楚怀王派陈轸出使齐国，未必是楚怀王不想与魏国合作，而想与齐国达成某种协议，因为当时陈轸在楚国并不受重用，楚怀王如果重视此番使齐，未必会派陈轸出使。楚怀王派陈轸出使齐国，也许只是见齐宣王即位，礼节性地友好访问。

陈轸出使齐国要途经魏国，当他听说公孙衍被张仪打压闲置时，也愤愤不平。他当初在秦国混得风生水起，就因为张仪的排挤，不得不逃到楚国谋生。而楚怀王是个势利眼，见他在秦国失势，也不像以前那样看重他了。所以陈轸很清楚被排挤出局的滋味，他恨张仪，敌人的敌人就是朋友，他决定帮公孙衍复职，共同打击张仪。

于是陈轸趁途经魏国拜访公孙衍，商议复职之事。没想到一开始公孙衍竟然拒绝和陈轸见面，可能是长期被张仪打压，心烦意乱下又有点心灰意冷吧。陈轸没有放弃，决定再试一次，他令人传话给公孙衍："我今天求见先生，不是来叙旧的，而是有事找你商议。你要有兴趣和我见面，就赶快表态，我就要去齐国了，没空再等你。"

公孙衍见陈轸这种口气，又见他说有要事相商，于是来了兴趣，答应与陈轸聚一聚。陈轸见到公孙衍，开口就问："公孙先生是不是厌倦了工作想退休了？整天大吃大喝的，就不想着干点正事儿？"

公孙衍说："怎么可能？唉，惭愧，鄙人不才，找不到什么事儿干。"

陈轸乘机道："我想给先生一份大事儿干，不知道先生干不干。"

公孙衍说："那敢情好，不知道陈轸先生要我怎么干。"

陈轸说："你可以这样干，现在魏王让李从出使楚国，你不妨从中作梗，让楚王怀疑李从。"

这事具体怎么做，陈轸告诉公孙衍："先生可以对魏王说，我与燕、赵两国国君是故交，他们多次派人请我去他们那儿做客，说没工作的时候一定要来。现在我正好没工作要做，希望大王让我去那里玩玩，就当是散散心。您放心，时间不会很长，十五天而已。"

陈轸认为，如果公孙衍提出和燕、赵两国叙旧，魏惠王没理由阻止。只要魏惠王答应这事，公孙衍就乘机放出口风，扬言要出使燕、赵两国，让魏国给他准备车马。这样一来，各国诸侯就会怀疑："魏国已经派李从出使楚国，现在又派公孙衍出使燕、赵两国，难道魏国是想和天下诸侯都搞好关系吗？"

公孙衍依计行事，陈轸不愧为名士，接下来发生的事情果然在他预料之中。

各国诸侯都以为魏惠王有结交天下之意，在这种背景下，最慌张的莫过于齐宣王，因为近年来齐、魏两国的关系不是很好，齐宣王担心魏惠王一旦与其他诸侯国结交，就会孤立齐国。当时他唯恐出手晚了，错过与魏国结交的机会，于是连忙宣布让公孙衍兼任齐国相国，以表明齐国对魏国友好。

齐宣王的出手确实很早，事实上，当他任命公孙衍为齐相时，公孙衍还没有从魏国出发。魏惠王见公孙衍受齐宣王重视，担心他趁出使燕赵时跳槽到齐国上班，竟然不惜食言，又阻止公孙衍前往燕赵。

无心插柳柳成荫，魏惠王这一举动，竟然引起了蝴蝶效应。

魏惠王不让公孙衍离开魏国，原本的打算只是不让他跳槽，并无其他目的，但燕易王和赵武灵王并不这么看，他们以为魏惠王不让公孙衍前往燕赵，是因为魏国有了齐国这个盟友，不需要燕、赵两国了，于是哥俩也任命公孙衍为相国。

现在，闲置人员公孙衍摇身一变，竟然成了齐国、赵国、燕国三国的相国，令人惊奇的是，魏惠王的蝴蝶效应还没结束。

当楚怀王听说齐宣王、赵武灵王等人纷纷任命公孙衍为相国，这个势利眼顿时不待见出使魏国的李从，他想给国际红人公孙衍锦上添花。楚怀王表示："虽然李从代表魏国和我盟了约，但齐宣王他们都把国事托付给了公孙衍先生，寡人想公孙衍先生也希望寡人能把楚国托付给他，那寡人就这样办吧。"

于是，楚怀王也任命公孙衍为相国。

此时的公孙衍已经身任齐、楚、燕、赵四国相国，名重天下，再也不是那个被冷落，大吃大喝度日的闲人，他趁机以胜利者的姿态傲然出山，开始着手实施合纵抗秦的计划。战国七强，除了秦国外，就只剩下韩国没有加入合纵阵营，公孙衍决定拉韩国入伙，让秦国彻底在大国中孤立，并乘机集合六强的实力围攻秦国。

不得不说，这确实是一盘大棋，不管能不能成，公孙衍能团结五国实力伐秦，也都是一次巨大的军事行动，对秦国而言有亡国之危。让秦惠文王没想到的是，公孙衍拉韩国入伙的事也成了，尽管韩国相国公仲朋是连横派人士。

韩国当时有两个相国，一个是主张连横的公仲朋，另一个是主张合纵的公叔。公孙衍根本没理公仲朋，直接派人游说公叔："张仪已经使秦、魏两国结盟，并约定攻打韩国三川，如果魏国再攻打南阳，韩国势必亡国。魏王重用张仪，无非是希望他能替魏国兼并别国领土，只要公叔说服韩王让公孙衍先生当政，公孙衍先生就可以以此为功重新取得魏王的信任，进而拆散魏秦之间的结盟。这样一来，魏王必然抛弃张仪，任命公孙衍先生为相国，那么魏韩结盟的事儿就成了。"

公叔本来就希望与魏国合纵，又听说齐、楚等国都让公孙衍当任相国，于是劝说韩宣惠王，也任命公孙衍为相国。

现在，公孙衍一人已身兼五国相国。

魏惠王见天下诸侯都如此重用公孙衍，也都给魏国几分薄面，这使他觉得合纵大计有戏，只要能好好把握机会，说不定在晚年还能享受一把霸主的威风。于是，魏惠王决定重启合纵战略，为此他不惜让张仪下台，重新任用公孙衍为相。

"犀首遂主天下之事"，此时的公孙衍已经身兼六国相国，成为全天下关注的焦点，达到了他事业的巅峰，别说张仪现在难以望其项背，任何一个诸侯王都没有他这样的耀眼光芒。时至今日，他完全可以号召六国出兵，集天下最强的兵力杀向秦国，让如狼似虎的秦军成为诸侯军砧板上的鱼肉。

然而，一个突如其来的变故延缓了伐秦步伐，也给了秦惠文王应对之机。

魏惠王后元十六年（前319年），一代贤主魏惠王魏罃薨于大梁宫中，享年八十二岁。

魏惠王的一生，前期励精图治，使魏国走向鼎盛；后期虽然没有荒淫怠政，但无奈各国诸侯皆锐意进取，加上魏惠王本人好大喜功，处处树敌，魏国先后被齐国、秦国等诸侯国击败，实力一蹶不振，霸业烟消云散。

魏惠王无疑是个仁慈的国君，他本人曾询问过一个叫卜皮的人，"问他的名声如何"。卜皮说魏惠王慈惠，但也正因为慈惠，所以不能够维持霸业。因为慈悲心泛滥的人，对违法者也随意宽恕，使法律丧失威严；心惠的人好善乐施，使朝臣们无功受赏，这样必然导致赏罚不明，败坏国家。可惜魏惠王并未有所领悟，或者说上天已经不会再给他机会改过自新，因为这件事发生于魏惠王逝世的前一年，魏惠王即便有雄心重振魏国，也只能是心有余而力不足、时间不足，只能带着满腹的遗憾撒手人寰。

但我想魏惠王离开时应该是遗憾中又带着希望，因为合纵大计基本已成，公孙衍已身兼六国相国，就差六国出兵会师并力伐秦了。魏惠王有理由相信，只要秦国出兵攻秦，秦国即便不亡国，也必然元气大伤，到那时魏国必将是攻秦的首功，在诸侯国中扬眉吐气，同时秦国也无力攻魏，魏国可以趁机夺回河西之地。

魏惠王的美好遗愿究竟能不能实现，这与他的继承人也有关系。

魏惠王死后，太子魏嗣即位，是为魏襄王。魏襄王能不能扛起复兴魏国霸业的重任呢？这是历史，只要查阅史料就不难知道，魏襄王还不如他爸爸魏惠王。但我想说的是，魏襄王没有复兴霸业的能力，这事儿恐怕当时人就知道了。

值得一提的是，魏襄王应该是个孝子，不折不扣的大孝子。魏惠王出葬那日，天气异常，漫天飞雪，积雪几乎遮住牛目，连城墙也被压坏。魏襄王准备用木板架起栈道为亡父送葬，群臣多有抗议，他们说："雪下得这么大还要送葬，老百姓肯定不高兴。况且，灾害天气送葬开销大，国库里的钱怕不够用，还是改天再进行吧。"

可魏襄王根本不在乎老百姓是否高兴，也不在乎国库里有多少钱，他只想着如何及时让亡父风光大葬，于是反驳道："作为儿子，却因为老百姓劳累和国库不充实的问题，就不依礼给先王送葬，这是不义的行为。你们不要再说了！"

见魏襄王态度坚决，魏国朝臣都不好再说什么，只得让公孙衍出面劝谏。没想到公孙衍也拿魏襄王没辙，但他推荐了一个人："这事本相国也无法说服大王，不过我可以让惠施先生劝说大王，他也许能让大王改变主意。"

公孙衍随即找惠施出面。惠施当初被魏惠王驱逐出境，经楚怀王介绍回到家乡宋国工作，后来魏惠王又念及惠施的好来，大概在张仪解职时，又将惠施请到魏国工作。惠施善辩，应该与魏惠王父子关系都不错，所以公孙衍推荐他出面劝谏魏襄王。

惠施见到魏襄王，开始并没有言辞激烈地劝说，只是问道："先王下葬的日期确定了吗？"

魏襄王说："确定了。"

惠施乘机说道："周文王当年把他爹季历葬在楚山脚下，积水侵蚀了他爹的陵墓，还露出棺材的木板。周文王说，我爹一定是想和群臣百姓见面，所以才让积水把棺木露出来。于是，周文王挖出棺材，搭起帐篷，让百姓都来拜谒，三天之后才改葬。这就是周文王的道义。现在大雪纷飞，出行不便，大王虽然是要赶上既定的出葬日期，但人家会这样想吗？他们会以为你这是急着安葬你爹，好早些继承王位呢！况且，看如今这天气，可能是你爹使的法术，他想多留在魏国一阵，安抚百姓。你如果因此更改日期，这就是向周文王同志学习啊！"

惠施这话说得有水平，他知道魏襄王不会在乎百姓死活与国家财产，但作为孝子的他，一定担心国人批评他不孝。于是他告诉魏襄王，不顾天气恶劣为亡父出葬会让国人误会你，说你急着继承王位。

这样一来，魏襄王就感到为难了。

魏襄王是个孝子，也是个比较重礼制的人，如果他急着让魏惠王下葬，会遭人误会；但如果延期下葬，他又担心有违礼制。在他左右为难之际，惠施乘机对他说周文王改葬父亲的故事，又说天气异常是因为魏惠王的亡魂想多留在人间一阵，言外之意，如果魏襄王不更改葬期，一是对周文王不屑（意者羞法文王也），二是对父亲不孝，这两项魏襄王都不敢承认，只好对惠施说："先生说得太对了，寡人这就更改葬期。"

从这件事上不难看出，魏襄王根本不是能复兴霸业的英明之主，他是个很任性的君主，为了体现他所谓的义，既不在乎老百姓死活，也不关心国库里财产的多少，不顾天气恶劣非得给亡父魏惠王下葬。不过他好歹能听得进合理的建议，没有一根筋走到头，还算让人稍感欣慰。

魏襄王是个平庸的君主，但在孟子看来，魏襄王根本不配当国君。

魏惠王在世时，常常接见孟子，和孟子畅谈治国之术。孟子虽然不赞同魏惠王的观点，但也没见他破口大骂魏惠王，一直持有风度友好交谈，看得出他对魏惠王还是有几分好感。但他对魏襄王可就没这么客气了。

魏襄王即位后不久，孟子来到魏国，魏襄王亲切地接见了他。在交谈时，魏襄王问了孟子一个问题："老先生，请问天下怎么样才能够安定？"

孟子说："要使天下安定，就必须统一天下。"

魏襄王对此很有兴趣，又问道："那什么样的人能够统一天下呢？"

孟子说："不嗜杀的人能够统一天下。"

魏襄王听到这话，就表示不理解了："老先生说不嗜杀的人能统一天下，如果国君不通过杀戮来建立威信，谁还会服从他呢？"

孟子说："当今天下诸侯，哪个不嗜杀？百姓们可被这些残酷的国君害惨了。如果出了位不嗜杀的国君，百姓们必然乐意投奔他，就像是河水滔滔不绝往下流，汹涌澎湃，这样的形势谁能抵挡？"

平心而论，孟子的话也有些道理，贪生求安是人类的本能，谁愿意活在暴君的统治下？但在弱肉强食的战国时代，只讲仁义也不行，如果在军事上没有任何作为，恐怕仁义未施国先亡。事实证明，最终统一六国的秦始皇，靠的不是仁义，而是强大的政治、经济、军事实力。

不知道孟子与魏襄王的这次会谈，孟子是不是只谈仁义不谈其他，但从结果来看，魏襄王并不认同孟子的观点。孟子很不高兴，会谈结束后有人问他，魏王是个什么样的人？孟子骂道："魏王这人看上去就不像个国君，走近了看，发现还不如隔远看，连国君最起码的威严都没有（望之不似人君，就之而不见所畏焉）。"

孟子对魏襄王的评价，也许存在个人偏见，但不至于太多，毕竟魏惠王同样不认可他的观点，他却没有如此评价魏惠王。魏襄王确实是个很普通的君主，不仅孟子这样认为，想必公孙衍、惠施也是这样认为，甚至连秦惠文王也可能知道他有几斤几两。

正因为如此，秦惠文王更加轻视魏国，他见魏国与齐、楚等五国的合纵基本已成定局，六国伐秦势在必行，而六国决不会轻易让秦国投降，除非秦国付出惨重的代价，于是他决定先发制人，将首要打击对象锁定为魏国。魏国魏惠王去世不久，魏襄王能力平平，秦惠文王很有信心打赢这一仗。

# 合纵狂飙：秦国以一敌六

更元七年（前 318 年），秦惠文王出兵伐魏。面对秦军的来势汹汹，魏国自感无力招架，在陈轸的撮合下，赵、魏、韩再次结盟抗秦。秦国这些年来发展迅速，而魏国实力一蹶不振，赵、韩两国也没有什么进步，所以三国虽然结盟，但面对强盛的秦国，仍然缺乏战胜的底气。

作为结盟撮合人的陈轸也明白，三晋未必能与秦国抗衡，如果让秦国击败了赵、魏、韩三国，齐、楚、燕三国势必打退堂鼓，六国伐秦的合纵策略就会功亏一篑。当务之急就是劝说各国不再作壁上观，伺机而动，迅速加入三晋反抗秦军的战役中。

乘战役还未开战，陈轸决定游说齐宣王，使他出兵增援三晋。只要齐国出兵，三晋的胜算多一筹不说，楚、燕两国也可能在齐国的影响下出兵。

陈轸于是对齐宣王说："在古时候，各国虽然互相攻伐，但都是想匡正天下，建功立业。现在齐、楚、燕、赵、魏、韩六国为什么要互相攻打？这能够建功立业吗？不能。因为有秦国在，六国互相残杀，只会削弱自身的力量，让秦国渔翁得利。当今秦国势力强盛，各国都不是敌手，如果六国还不团结起来对抗秦国，为了蝇头小利拼个你死我活，秦国就会坐山观虎斗，趁机吞并六国。

"这决不是危言耸听，齐王也千万别对秦国心存幻想，秦国现在虽然没有出兵攻打齐国，但决不是因为秦国畏惧齐国，或者秦国想和齐国做朋友，而是因为秦、齐两国相距遥远，秦国暂时鞭长莫及。现在秦王企图伐魏，等秦军攻下魏国绛、安邑两地，便可沿黄河东下，以黄河内外为据点攻打齐国。如果秦军长驱直入，打到齐国东海之滨，然后向南出兵遏制韩、楚、魏三国，再向北出兵遏制燕、赵两国，齐国必然被孤立，只能坐以待毙。

"不过齐王也别太着急，目前赵、魏、韩三国已经结盟，约定出精锐之师驻守绛、安邑。齐国如果能够出兵配合三国，魏国安邑便能够保存，而齐国自己也可以转危为安，否则后患无穷。何也？因为三晋一旦合力抗秦，秦国肯定不敢攻打魏国，必然南下攻打楚国。而与此同时，赵、魏、韩三国国君肯定对齐国见死不救心存怨恨，趁秦国攻打楚国时出兵讨伐齐国。因此，齐国除了出兵与三晋结盟，别无选择。"

陈轸巧舌如簧，其游说齐宣王的言论，基本上切中肯綮，具有很强的说服力，但也有些许"错误"。陈轸说三晋并力守卫安邑等地，秦惠文王就不可能出兵攻打，这话不对。事实证明，后来秦国连六国都敢挑战，怎么可能畏惧三晋的军队？如果秦国真不敢与三晋作对，你陈轸也用不着多费唇舌游说齐宣王了吧？

退一步说，即便秦国见到三晋联军驻守安邑等地后，改变战略挥师南下伐楚，齐国也不太可能受到打压。因为秦军既然没有与三晋开战，三晋没有损失，又何必迁怒于齐国，再树一敌？况且，如果三晋怒而攻齐，安邑等地守卫势必空虚，这不是给秦国可乘之机吗？三晋实在没必要冒险报复本就不值得报复的齐国。

当然，陈轸犯的所谓错误，极可能是他故意的。你想啊，他要说服齐宣王与三晋并力抗秦，仅说魏国一旦打残，齐国的后果也很严重，似乎说服力还不够。万一齐宣王抱有侥幸心态，以为三晋能够打败秦国，陈轸岂不是白忙活一趟？所以他必须忽悠齐宣王，说秦国根本不敢与三晋作对，齐国帮不帮忙都无所谓。但我为齐国做打算，如果齐国不出兵支援三晋，做出友好的姿态，就会惹怒三晋，招致三晋的报复。但如果齐国出兵参与合纵，既不需要和秦国拼命，也不会招致三晋的打击报复。

纵观陈轸的这番说辞，无非表达两个意思：一是齐国要从长远看，秦国已经崛起，有吞并六国之志，六国自保的方法是参与合纵；二是从眼前看，赵、魏、韩三国已经合纵，齐国务必积极配合，否则会遭到三国报复。言外之意，如果齐国不出兵配合三晋，也就是齐国对合纵没兴趣，往近看受三晋报复，从远看必将亡国。

面对陈轸的长篇大论，齐宣王没准儿都被绕晕了，但可以确定的是，齐宣王在秦惠文王更元六年就任命公孙衍为相国，这说明齐宣王本来就对合纵抗秦有兴趣，现在陈轸更是忽悠他齐国不支援三晋必遭报复，他怎么可能拒绝出兵？

于是，"齐王敬诺，果以兵合于三晋（《战国策·齐策一》）"。

在齐国的影响下，楚怀王也不甘寂寞，决定出兵伐秦。燕王见各国纷纷伐秦，担心燕国不出兵会被合纵国孤立，于是也出兵伐秦。至此，六国伐秦的局面已经形成，楚国为此次合纵的老大。

秦国再强，恐怕在当时看来，也不可能打败六国联军。然而尽管联军胜算很大，作为此次合纵主谋者之一的公孙衍仍然不敢掉以轻心。在六国出兵前，义渠君恰好出使魏国，公孙衍见有机可乘，决定将义渠也拉入反秦阵营。

义渠是古戎国，位于秦国西部，原本是戎人部落，后来建立国家。义渠与秦国关系并不好，两国时常交战，但秦国明显占据上风。秦厉公时期，秦国发兵攻打义渠，大获全胜，俘虏义渠王。但义渠并没有屈服在秦国的武力之下，秦躁公时期，义渠军奋起反击，兵锋直抵秦国渭水北岸。

在这以后，秦国与义渠处于相对和平状态，没有发生太大的战事。

直到秦惠文王即位的第七年，义渠国爆发内乱，秦惠文王见有机可乘，连忙令庶长操领兵攻打义渠，这一战秦军势如破竹，义渠被迫向秦国称臣。四年后，秦惠文王将义渠国并入秦国，成为一县，义渠君也因此成为秦惠文王的臣下。

义渠君本来是和秦惠文王平起平坐的一国之君，现在却成了秦惠文王的臣下，连义渠国都被废为县，义渠君心里肯定不好受。在他的内心深处，无时无刻都希望秦国也来一场内乱，使他能够趁机复国。但很显然，抱有这种想法的义渠君很失望，秦国内部政局稳定，秦惠文王雄才大略，秦国根本不可能爆发内乱。

既然无法借秦国内乱复国，就只有靠秦国外患复国了。

公孙衍对义渠君的心思再清楚不过，所以他当时对义渠君说："如果中原诸侯不讨伐秦国，秦王肯定会让你的义渠国彻底成为历史；如果中原诸侯讨伐秦国，秦王就会花费重金来讨好你。"

公孙衍的言外之意再明白不过，他在提醒义渠君，如果秦惠文王给他送温暖，不要忘了，那时候正是中原诸侯讨伐秦国之时。如果你义渠君还想复国，应该知道怎么办。

义渠君心照不宣："好的，我一定按先生的意思办。"

公孙衍想在六国伐秦时让义渠君也出兵反叛秦国，这样秦国腹背受敌，内忧外患，非败不可。但也有个问题，公孙衍并不会指使义渠君何时出兵反叛，他出兵的信号是秦惠文王给义渠君送温暖，但如果秦惠文王不给义渠君送温暖呢？

这个问题公孙衍也考虑过，他决定让陈轸出使秦国，忽悠秦惠文王给义渠君送温暖。因为陈轸当时并没有在任何一个国家担任要职，处于一个相对中立的地位，所以秦惠文王对他的到来并没有太多怀疑。

陈轸对秦惠文王说："义渠君虽然是个蛮夷之人，但我看他还是挺贤能的，现在秦国要和六国开战，难道大王就不担心义渠君在背后闹事吗？依我看，大王不如给义渠君送点温暖，安抚下他，确保后患无忧。"

秦惠文王即使再英明，也不能想到义渠君与公孙衍早有勾结，而且商量好了把送温暖当成义渠出兵反叛的信号。他所想到的是，秦军要与六国开战，秦国上下谁也没把握一定能胜，如果义渠君还趁机作乱，秦国就危险了，所以安抚义渠君很有必要。于是，秦惠文王听从了陈轸的建议，以美女百人、文绣千匹给义渠君送温暖。

义渠君收到秦惠文王送的温暖后，并没有对秦国感恩戴德，他在第一时间想到了公孙衍的话，对义渠国的大臣说："这不正是公孙衍先生说的那样吗？秦国既然遭受了中原强国的围攻，那咱们还等什么？"

当时秦惠文王以为义渠君得了好处，不会趁机作乱，所以将陇西的秦军精锐悉数调到函谷关对抗六国联军，秦国西部守备力量根本不足。义渠君突然发兵，大败秦军于李帛城下，秦惠文王和他的朝臣们都惊呆了！

好在秦国底子牢，义渠君虽然在李帛城下占了秦军便宜，但并没有深入秦国腹地，没有影响到秦国与六国的战事。

以楚国为首的六国联军实在不给力，在义渠君扰乱秦国后方的前提下，六国伐秦依然一无所获。

按理说，秦军虽然强大，但六国联军也不可小觑，恐怕在军队数量上可以碾压秦军，何况又有义渠君在秦国后方折腾，很难想象秦军能够击退六国的进攻。六国伐秦不胜，难道是因为六国面和心不合，合纵老大楚国无法指挥六国军队所致？

那倒也未必。

话说楚军攻打秦国不利，兵疲师老，驻军成皋休整。成皋与一个叫市丘的小国接近，楚国驻扎成皋引起了市丘国魏顺的恐慌，他担心六国联军攻秦不利，会趁撤兵时到市丘国打秋风，以补偿六国的军费。

为了阻止这场劫掠，魏顺对市丘君说："君上，各国伐秦不利，等他们撤军时，一定会攻打我市丘国，掠夺财物以补偿军费。臣希望君上能拨给臣一笔资金，我拿着这笔钱到楚营游说，让诸侯联军放弃攻打市丘。"

金钱与国家哪个重要，市丘君还是很明白的，在他的支持下，魏顺携带重礼出使楚营。魏顺到了楚营利用重礼打通关节，拜见楚怀王："楚王与各国诸侯一同攻打秦国，楚国为合纵长，现在伐秦失利，各国会不会轻视楚国呢？会不会觉得您这个楚王没水准？万一他们因此投奔秦国就不好了，楚王为何不试探下各国？"

楚怀王说："寡人也正担心这点，先生认为该如何做？"

魏顺说："各国诸侯撤军时，肯定会攻打市丘国补偿军费，楚王不妨给他们下道命令，不许攻打市丘。如果各国没有攻打市丘，说明他们听您的这道命令，还是把您当大哥看；如果各国攻打市丘，说明他们把您的话当屁放，不认您这个大哥了。"

当局者迷，旁观者清，魏顺作为合纵抗秦的旁观者，他清楚楚怀王在各国中的威信，所以才让楚怀王下令不许各国攻打市丘，但作为合纵首领的楚怀王反倒不自信了。于是，楚怀王听从魏顺的建议，下令不许联军攻打市丘。

在楚怀王的命令下，联军果然没有攻打市丘。

由此可见，楚怀王这个合纵长并非徒有虚名。又或者魏顺杞人忧天，诸侯联军本就没打算攻打市丘，但他既然以为联军会攻打市丘，又不惜重金打通关节忽悠楚怀王下命令，这也可以说明楚怀王绝非空有其名的合纵长。

当然，如果说六国铁板一块，楚怀王统领六国联军如同统领楚军，也不可能符合事实。但六国既然不是败在合纵有名无实，那么即便是因为战术错误所致，也足以说明秦军的强大，秦国对其他诸侯国有压倒性的优势了。

正因为如此，见合纵抗秦久久没有成效，魏襄王慌张了。他不想再与秦国对抗下去，如果六国最终奈何不了秦国，纷纷退兵，秦国缓过气来就会收拾魏国。与其这样，不如率先与秦国休战和好，避免秦国的报复。

但魏襄王又不敢贸然与秦国和好，他担心楚国有意见。秦国与楚国，魏国哪个都得罪不起，魏襄王可不愿刚讨好西方霸主，又惹怒南方霸主。他决定先让惠施出使楚营，就秦国议和的事和楚国令尹昭阳商议，先取得楚国的同意再与秦国议和。

昭阳也不想再与秦国交战，六国伐秦已经不利，还坚持下去如果最后反被秦国杀得丢盔弃甲，楚国也会遭受巨大的损失不说，还会有损"南霸天"的威名。于是，他决定派人护送惠施到秦国，让他代表楚、魏两国与秦国议和。

然而昭阳的手下杜赫不同意，他倒不是不同意与秦国议和，而是不想让惠施代表楚、魏两国与秦国议和。他对昭阳说："楚国作为合纵抗秦的老大，各国名义上都是替楚国卖命，现在惠施代表魏国出使楚营，而令尹大人却把他送到秦国，这不等于告诉秦国，你不满意惠施的提议想和秦国对抗到底吗？而魏国才真正有诚意议和。依下臣看，令尹大人不如别听惠施提议，私下派人和秦国议和，这样楚国就是秦国唯一的伙伴了。"

昭阳觉得这个点子不错，就打算把惠施忽悠回去："说句实话，惠施先生，咱们这些诸侯国联合起来攻秦，其实都是团结在魏国的领导下。现在先生如果和楚国使者一起入秦议和，我担心得利的是楚国，魏国反而会遭到秦国怨恨。您不如先回去，等下我派人通过魏国和秦国讲和。"

惠施见昭阳这样说，也不好再多说什么，就返回了魏国。魏襄王听惠施说，昭阳可能在和他耍花招，很不高兴。

杜赫在劝昭阳忽悠惠施时就明白，如果惠施空手而归，魏襄王难免对楚国有意见，所以他又对昭阳说："其实魏国伐秦，多半是看在楚国的面子上，现在魏国损兵过半，无力再战，进也不是，求和又没成，您就不怕它投靠秦国或齐国与楚国作对？如果楚国北部和魏国树敌，东部又有越国折腾，又没有和齐国秦国搞好关系，不就被孤立了吗？所以议和的事您得趁早。"

昭阳觉得有理，就派人到魏国告诉与秦国议和的事，这等于说楚国已经退出伐秦战场。六国伐秦，只剩下五国，又或者五国都可能没有了。从后面所发生的事情来看，齐国与燕国见战事不利，也退出了伐秦战场。

六国伐秦到此只剩下赵、魏、韩三国。事实上，赵、魏、韩三国也不想与秦国硬拼，在六国伐秦的第二年，即秦惠文王更元八年（前317年），三晋联军开始撤军。

对秦国而言，合纵运动虽然宣告失败，但六国联军随时都有复合的可能，秦国可不能就此作罢。不过，秦国并不打算对付所有国家，楚国强大，能和则和；齐国和燕国与秦国远隔三晋，能不打则不打，攻占了土地秦国也难以遥控。秦国想对付的是三晋，因为秦国东出必然要经过三晋，而且秦国与三晋接壤，打下一寸得一寸，这也就是秦国后来为什么要奉行远交近攻的策略。

现在三晋兵败撤退，秦惠文王觉得这是乘机攻打三晋的绝佳时期，乘三晋联军兵疲师老归心似箭，秦国派出一支精锐追袭可一举而破。于是，秦惠文王以异母弟嬴疾统兵，追出函谷关五百里，直至韩国修鱼与三晋联军遭遇。

嬴疾不愧为当世名将，当他遇到三晋联军，从容不迫指挥秦军向三晋联军发起进攻，大败三晋联军，俘虏韩将申差，败赵公子渴、韩太子奂，斩首八万二千。是战，秦国威震天下，彻底粉碎六国合纵抗秦战略，各国无不慑服于秦国的强势之下。

最能看出六国合纵战略失败的，除了楚国在此战后毫无动静外，就是齐国竟然干起了趁火打劫的勾当。在秦军大败三晋联军的同年，齐宣王对魏国也展开了军事行动，齐军在观泽痛击魏军，给六国合纵撕开了一个最大的口子。

在这以后，很长一段时间里，再也没有兴起过像模像样的合纵运动，而秦国在大败三晋联军后，却并没有乘机东出，因为秦惠文王要下一步比东出更重要的棋。如果这一步成功，秦国将掌握天府沃土、天下粮仓，使秦国国更富、地更广、兵更强，还可在战略上形成对楚国的侧翼包围，为灭楚甚至统一天下奠定基础。

那么，秦惠文王究竟要下一步什么棋，能够产生如此巨大的能量？

# 奠基之战：秦灭巴蜀之役

乘诸国合纵失败，秦国外患无忧，秦惠文王决定发起吞并蜀国之战。

蜀国在秦国之南，靠近楚国，在今四川一带，蜀地险峻，土壤肥沃，有"天府之国"的美称。蜀国的建立者是蚕丛，不是刘备。李白在《蜀道难》中也说过"蚕丛及鱼凫，开国何茫然"，刘备还得等几百年才能登场。事实上，刘备建立的国家也不是蜀国，而是"汉"，名义上延续汉朝，因为立国于川蜀之地，所以后人才称之为蜀汉。

战国时期的蜀国，在诸国中相对很低调，很少与中原各国往来。原因很简单，蜀道难，蜀国人出一趟国不容易。诸国也基本没想过占蜀国的便宜，还是因为蜀道难，蜀人出国都不容易，诸国要想攻打蜀国就更不容易。

然而尽管如此，因为蜀国和秦国是老邻居，两国倒是有过一些交往。

秦惠文王即位初年，有次在山谷中打猎，遇到了深居简出的蜀王。这一定是缘分，秦惠文王心想，于是表现得很热情，送给蜀王一笥金。蜀王倒也懂得礼尚往来，回赠秦惠文王一些珍宝玩物。

这似乎是个很好的开端，秦国新君与蜀国君主一见面就互赠礼物，发展下去，说不定能结成秦蜀之好。然而事情并没有那么简单，秦、蜀两国的关系并没有因为这次相遇得到加深，反倒激起了秦惠文王伐蜀的念头。

事情坏就坏在那些珍宝上。秦惠文王后来发现，蜀王送的那些珍宝竟然变成了土，他顿时火冒三丈，这蜀王不是要寡人吗？然而秦国的大臣们倒是很乐观，他们有与秦惠文王不同的看法，纷纷前来祝贺。

天承我矣，王将得蜀土地。（《华阳国志·蜀志》）

真是上天保佑，我的君上，您将要得到蜀国的土地。

秦国大臣们为什么这样说？因为蜀王送给秦惠文王的珍玩变成了土，就相当于蜀王把土送给了秦惠文王，蜀王把土送给秦惠文王，不就是把蜀国的土地送给秦惠文王吗？所以，秦国大臣们庆贺秦惠文王，这是上天暗示蜀王的国土终将纳入秦国的版图。

我认为，对于蜀王"所报珍玩之物化为土"一事，可能是个神话故事，但也可能是秦惠文王编造，目的就是为攻打蜀国找借口。

秦惠文王听大臣们这样解释，脸色顿时由阴转晴，暗中开始为伐蜀做准备。

然而伐蜀并非易事。前面说过，蜀地险峻，君不见李白先生有云，"蜀道难，难于上青天"！秦军如果想翻越天险伐蜀，那也只能想想而已。蜀军随便在哪个地势险要易守难攻的地方埋伏，就可以让秦军吃不了兜着走。

但蜀国也不是不可伐，秦国改变不了蜀地的险峻，但可以打通一条通往蜀国的道路，这样至少可以使秦军减轻行军途中的艰苦，保存军队战斗力，那么面对负隅顽抗的蜀军就多了几分胜算。

可秦惠文王不想修路，他要把这个光荣而艰巨的任务交给蜀王，让蜀王亲自为蜀国开辟一条亡国之途。

问题是，蜀王会干那么二百五的事吗？

您还别惊讶，蜀王这个二百五还真能干这样二百五的事。

秦惠文王想了个法子，就让蜀王上当了。秦国为了打通蜀道，命人打造了五头巨大的石牛，每天在石牛的屁股后放一堆金子，对外宣称"牛便金"。蜀王这哥们儿见钱眼开，听说老邻居秦国还有这样的宝贝，就派人向秦惠文王讨要。

秦惠文王求之不得，对蜀国使者说，石牛可以送给蜀国，只是有一条，希望蜀王派人来拖走石牛，秦国就不派人送了。

蜀王当即表示，可以，秦国能答应把这样的宝贝送给蜀国，蜀国实在没理由让秦国亲自送来，于是在蜀国境内动员民众从秦国拖运石牛。

蜀王这个缺心眼真是财迷心窍，他也不想想，如果石牛真能"便金"，秦惠文王会拱手让给蜀国吗？此事必有蹊跷嘛！

秦惠文王把石牛送给他，无非是希望他打通蜀道，为秦国出兵蜀国提供交通便利。因为五头石牛体积庞大，如果蜀王不修筑一条"秦蜀专线"，根本不可能将它运到蜀国。秦惠文王这样做，是在借用蜀国的民力，打通秦国的兼并之路。

蜀王完全没有察觉到秦惠文王的居心，竟然真的调集蜀人修建道路。蜀国并不强大，人口也并不众多，在险峻的蜀地修建这样一条"秦蜀专线"，对蜀国国力的摧残可想而知。蜀王为满足一己之私，修建秦蜀专线，不仅打通了秦国伐蜀的道路，也削弱了蜀国自身的实力，还加深了民愤，使蜀王的统治逐渐丧失民心。

秦惠文王这招确实高明，一举三得。

秦蜀专线竣工后，蜀王连忙遣"五丁"到秦国拖运石牛。石牛入蜀后，蜀王发现上当了，这玩意儿不仅不拉金，连屎也不拉，完全就是工艺品。蜀王肺都要气炸了，又将石牛送回秦国，并嘲笑秦人为："东方的放牛娃（东方牧犊儿）。"

秦国人完全不理会蜀王的嘲笑，见蜀道已经打通，笑道："傻瓜，你秦爷爷即便是看牛的，也能吞并你蜀国（吾虽牧犊，当得蜀也）。"

蜀王替秦惠文王修建的这条道路，名叫石牛道，又叫金牛道。传说，这条道路是蜀人拖运石牛时碾压而成（《蜀王本纪》记载，发卒千人，使五丁力士拖牛成道）。我觉得，这种小道消息还是不要相信为好，别真把石牛当压路机了。

另外，前面提到的"五丁"，很多人认为是五位大力士。我记得曾看过一本书，书名是什么记不清楚了，但记得那本书的作者把五丁解释为五支军队。我觉得如果把这段故事当成历史，这样的解释似乎更靠谱。如果把五丁解释成五位大力士，那么五丁拖运石牛的事，就更像是一个神话故事。

话说蜀王自从被秦惠文王忽悠，气急败坏痛骂秦国人是放牛娃，对秦国的印象一直不好，秦、蜀两国这些年来也少有来往。更元九年（前316年），蜀王的弟弟苴萌竟然派使者来到秦国，而且态度还非常友好。

这是蜀王想和秦惠文王重修旧好吗？不是，苴萌的使者与蜀王没有半毛钱关系，他此番出使秦国，并不是替蜀王在秦惠文王面前说好话，恰恰相反，使者奉苴萌的命令请求秦国出兵，攻打蜀王。

这究竟是怎么一回事？

原来，蜀王与弟弟苴萌有矛盾。蜀王起初对弟弟还行，将他封在汉中，号称苴侯，又命名其封邑为苴萌。蜀王与巴王有仇，不知道苴萌弟弟怎么想的，明知道蜀王哥哥与巴王不对付，却依然与巴王称兄道弟。

这让蜀王很生气。苴萌弟弟的胳膊肘怎么能往外拐呢，莫不是想和巴王合起伙来对付寡人吧？于是蜀王出兵攻打苴萌。苴萌不是蜀王哥哥的对手，只得投奔老朋友巴王。巴王倒也够意思，收留了苴萌，但巴王也不是蜀王的对手，情急之下，苴萌只好派人向秦国求助，希望秦惠文王能出兵攻打他的蜀王哥哥。

秦惠文王觉得这是个机会，现在蜀国已经发生内乱，秦国可以趁机出兵吞并蜀国。然而秦惠文王又有所担忧，蜀道虽已打通，但毕竟险峻犹在，秦国出兵伐蜀万一杀敌一千自损八百，打败了蜀国自己也兵疲师老，韩国这时候趁机捣蛋怎么办？如果先把韩国打趴下，再来出兵攻打蜀国，到时候蜀国已经平定内乱，这对秦国也不利。

就是否出兵攻打蜀国一事，秦惠文王想了很久，始终拿不定主意。他把这件事说给秦国朝臣听，大臣们也是各执己见，赞成攻打蜀国的言之凿凿大谈出兵的好处，不赞成攻打蜀国的也理直气壮强调伐蜀的坏处，双方似乎都挺有道理。

赞成攻打蜀国的大臣以司马错为代表，反对攻打蜀国的则以张仪为代表。

当初六国合纵攻秦，魏惠王解除了张仪在魏国的相国之位，魏惠王死后，魏襄王对张仪言不听计不从，张仪自讨没趣，只好回到秦国。更元八年（前317年），秦惠文王再次任命张仪为相。

此次商议是否攻打蜀国，张仪投反对票，他认为秦国如果非要出兵，不如攻打韩国。

张仪不赞同攻打蜀国，理由有点搞笑，他说蜀国是西部非主流国家，和戎狄一个德行，劳师动众攻打蜀国，打了胜仗谈不上多威风，吞并了它也没多大利益。秦惠文王作为堂堂诸侯王，就应该做点与身份、利益相符的事，攻打蜀国那样的戎狄国家，实在有损风度，也根本不能成就王霸之业。

当然，这不是重点，重点是如果放弃攻打蜀国，出兵韩国，那好处真是数不胜数。

张仪对秦惠文王说：“如果大王攻打韩国，可以和魏国、楚国结盟，秦国出兵三川封锁韩国重要交通要道，让魏国挥师南阳，楚国兵临南郑，我秦军再出兵攻打新城、宜阳，韩国势必不能阻挡。只要我秦国控制了韩国，就可以兵临周王室，周天子必然恐惧，献出九鼎及王室宝物讨好秦国。到时候大王可以掌握天下地图、户籍，挟天子以令诸侯，天下诸侯谁敢不从？这才能成就王业啊！”

张仪的战略似乎很让人心动，也不能说他坚持伐韩就是没有远见，"挟天子以令天下"成就王业不是远见是什么？像他这种靠口舌吃饭的纵横家，忽悠各国诸侯很有一套，但众所周知，这些忽悠都是假话、大话、空话，说多了这种话的人，有时候难免让自己也陷入假大空中不能自拔。

在不经意中，张仪对秦惠文王也说了一番空话，纸上谈兵的书生之见。他描述的蓝图很美好，但可惜目前不具备可行性。对此，司马错洞若观火，对张仪的空话予以驳斥。

司马错此人，不愧是司马迁的八世祖，看待问题能入木三分。

针对张仪提出的挟天子以令诸侯，司马错表示，这样做除了表现出放肆，收获恶名外，并不能得到实际利益。

司马错的话很有道理，周王朝已经歇菜几百年了，各国诸侯都已经开始称王与周王室分庭抗礼，周天子自己的命令都没人听，挟持周天子还能命令谁？战国时代可不是尊王攘夷的春秋，没人再给周天子面子了。

但这并不代表周天子可以被挟持。尽管诸侯们心里都不把周天子当老大，但还是装模作样名义上承认他是宗主，如果秦国出兵挟持周天子，无疑是给了诸侯各国占据道德高点的机会，他们可以装腔作势痛斥秦国无耻。由于秦国捅破了这张窗户纸，也会让诸侯各国感到恐慌，他们可以重新举起尊王的大旗，再次合纵攻打秦国。

因此，秦国挟天子以令诸侯，除了收获恶名，还可能收获一场恶战。

对此司马错向秦惠文王分析道："如果大王出兵攻打韩国，并乘胜威胁周天子，您猜周天子会怎么办？他肯定不会把九鼎、图籍送给秦国，他干吗要送给欺负他的秦国呢？反正保不住，不如把它拿来贿赂楚国，怂恿楚国与秦国作对。而韩国见秦国要夺它的三川要地，也可能会向齐、赵两国求救，甚至割让土地使魏国出兵，这样一来，秦国不又成为众矢之的了吗？大王干吗要挟持徒有虚名的周天子？"

司马错又告诉秦惠文王，现在谈王业还为时过早。他列举了实现王业的三个前提条件：

一是国家富裕。这必须扩大国土面积（欲国富者，务广其地）。

二是军队强盛。这必须让百姓富有（欲强兵者，务富其民）。

三是广施恩惠（务博其德）。

但秦国现在是个什么情况呢？国土不够辽阔，百姓不够富有，就想着成就王业，无异于痴人说梦。所以司马错建议先伐蜀，理由如下：

一是攻打蜀国比攻打韩国还容易。蜀国弱小，蜀王在国内实行暴政，蜀国民怨沸腾，秦国攻打蜀国，就像是豺狼逐群羊，小菜一碟（有桀纣之乱。以秦攻之，譬如使豺狼逐群羊）。

二是攻打蜀国既不需要付出重大损失，又可以扩大国土面积，增加百姓收入（得其地足以广国，取其财足以富民）。

三是攻打蜀国不受舆论谴责。秦国是在蜀王弟弟葭萌的求救下出兵，出师有名，打着平定蜀国内乱的名义，灭了蜀国，天下人也不会指责秦国残暴；捞足了好处，天下人也不会指责秦国贪婪，而且还有除暴平乱的美名。

秦惠文王听完张仪的观点时，并没有表态，他似乎也明白张仪的建议不可行。当他听完司马错的观点时，感觉司马错说得太有道理、太有利可图了，连忙称赞道："将军说得真好，寡人听你的了！"

更元九年，秦惠文王以张仪、司马错、都尉墨等领兵从石牛道进军伐蜀。张仪虽然不赞同攻打蜀国，但秦惠文王既然已拍板伐蜀，秉承少数服从多数、下属服从领导的原则，他也全心全力奋战在伐蜀前线。

蜀王听说秦国出兵，也不甘示弱，亲自领兵在葭萌与秦军开战。蜀军哪是百战雄师秦军的对手，交手不多久，蜀军就败得惨不忍睹。蜀王只好领溃兵撤退，逃到武阳时，又遇上了如狼似虎的秦军。这下蜀王再也没有之前的好运气了，在秦军的围攻猛打下，蜀王根本无法突出重围，最终死在秦军手下。

蜀国太子、太傅、宰相等人比蜀王运气稍微好点，在秦军的围追堵截下逃到逢乡，但也没坚持多久就死于白鹿山。

同年十月，蜀国彻底平定。然而秦惠文王并不满足占领蜀地，刚消灭蜀国政权，他便立马让司马错领兵攻打巴国、苴国。巴王与苴萌引狼入室，在秦军的强大攻势下除了后悔，没有任何有力的反击，巴、苴两国也很快被秦国攻取。

吞并蜀国后，秦惠文王在蜀国置蜀郡，以公子通为蜀侯，陈庄为蜀相，张若为蜀郡郡守。同时，又以巴国为巴郡，又从巴郡、蜀郡各划分一部分土地设置汉中郡，将巴蜀原地分为四十一县，彻底置于秦国的管理之下。

秦国兼并巴蜀，无疑达到了司马错所提出的战略目的。秦国将西部辽阔的土地纳入版图，国土面积大大增加不说，关键是得到号称天府之国的粮仓，占据易守难攻的险峻地利，进可窥视天下，退可自保有余。中国地势西高东低，秦国占据巴蜀，陆战可以居高临下，也可顺流对下游的诸侯国展开攻势，这无疑又是一大地理优势。

由于占有这些财力、地利资本，在巴蜀之役后，"秦以益强，富厚，轻诸侯"。秦国已不再是受人歧视、又穷又落后的蛮夷之国了，恰恰相反，浴火重生的秦国开始轻视不堪一击的中原诸侯，秦国东出的脚步势不可当。

正如司马错所说，秦国打着救援巴国的旗号伐蜀，吞并蜀国后占尽便宜，却没有引起诸侯各国的舆论谴责。此时诸侯各国的目光似乎并未集中在秦国，反而是一向不起眼的燕国因为一场极其荒唐的闹剧，引发了一次亡国的危机。

# 禅让的代价：子之之乱

燕国一直是个没有太多存在感的国家，一方面是地理位置比较偏，但主要还是因为燕国国力孱弱，在国际上没有太多影响力，只能沦为七雄中的小跟班。

燕国出风头的机会不多，上次出风头还是八年前，五国相王时期，在魏国的怂恿和支持下，燕易王也像模像样地称起王来。

燕易王称王才两年，于公元前321年的某天，他就一命呜呼了。燕易王死后，他的宝贝儿子燕王哙即位。

燕王哙还真是个活宝，这个活宝亲自导演了一场有名的闹剧。

不过燕王哙这个活宝与别的活宝不同，事实上他是个非常勤政爱民的君主，《韩非子》中说，即便是圣王也不会比他更勤政（苦身以忧民，如此其甚也，虽古之所谓圣王明君者，其勤身而忧世，不甚于此矣）。

既然燕王哙这么勤政，怎么又成了活宝？似乎只有荒淫无道的君主才能成为笑话。

战国时期是个神奇的时代，一切皆有可能。勤政的燕王哙什么都好，就是理想主义气息太浓，贪慕虚名，竟然想效法尧禅舜，把王位禅让给他的相国。

燕王哙的相国叫子之，貌若忠厚，看上去是个很好的人。

当然，这只是燕王哙个人对他的印象，事实上，子之是个不折不扣的奸臣。

燕王哙三年（前318年），姬哙同志以子之为燕国相国。子之刚当上相国，想到的不是努力工作，以报答燕王哙的知遇之恩，而是扩充势力，准确地说是试探哪些人愿意做他的走狗，他好将这些人聚集起来，壮大实力，便于将来工作（专权）的开展。

子之是个头脑很灵活的人，他想知道谁愿意做他的走狗，却没有直接去问他的手下，而是撒了个谎试探。有一天，他假装看到了一匹白马，对身边的工作人员说："你们刚看见什么没？我刚刚好像看到有什么东西跑出去了，应该是匹白马吧？"

身边的工作人员感到纳闷，相国这是眼花了还是咋地？明明什么也没有啊！

但有个心术不正的哥们儿，他可能猜到了子之的用意，想对他阿谀奉承一番，还真煞有其事地跑出去看了看，回来报告："相国说的没错，真是匹白马！"

子之很满意这样的回答。在这以后，他又多次采用类似的手段，试探手下对他是否真诚，是否愿意当他的走狗。

按说像子之这样的人，如果生活在当代，肯定没几个人愿意和他交往。但在古代不同，人家子之是堂堂相国，即便他人品负分，也有很多人巴结他。在这些巴结他的人中，还不乏名士，包括苏秦的哥哥苏代。

苏代与张仪一样，也是靠嘴巴吃饭的，目前正在齐宣王手底下工作。苏代和子之有些交情，恰好这时他被齐宣王派遣出使燕国，因为想从燕国拿点好处，他决定替老熟人子之说话，忽悠燕王哙对子之放权。

苏代拜见燕王哙，燕王哙问他："寡人听说齐王挺贤明的，如此看来，齐国应该可以称霸吧？"

苏代乘机道："燕王说笑了，齐王都要亡了，齐王自顾不暇，怎么可能称霸？"

燕王哙不解："先生莫不是开寡人的玩笑吧，地球人都知道，齐国乃当今天下强国，怎么可能要亡？"

苏代说："猜的！"

燕王哙差点当场晕倒，吓寡人一跳，原来是猜测，瞎掰你还这么理直气壮。

"不过我这样说，肯定有充分的理由。"苏代连忙补充道，"燕王可曾记得齐桓公？齐桓公可是一代贤主，用人不疑，他相信管仲的才华与忠诚，便尊他为仲父，还把国家大事全交给管仲处理，自己优哉游哉，垂拱而治。而现在的齐王恰恰相反，他整天疑神疑鬼的，明明有欣赏的大臣，却又不信任他们，您说这样下去是不是迟早要亡？"

苏代这样说，很显然是忽悠燕王哙效仿齐桓公，把国家大事都交给子之处理，他自己则退居二线，不问世事，悠闲地过退休生活。燕王哙倒未必听了苏代这番话就真以为齐国要亡，也未必认为将国家大事都交子之处理燕国也能称霸，但法尧禅舜是他的理想，他做梦都想做一次名垂青史的禅让，他原本以为在战国时代做这样的事肯定非遭人非议，没想到苏代还劝他效仿齐桓公放权给管仲，他自然欣赏接受。

事实上，在苏代忽悠燕王哙前，燕王哙就几乎把国事全交给子之处理了，所以他当时听到苏代的劝说，不经意回复道："寡人重用子之相国，这事儿天下没几个人知道。"

很显然，燕王哙当初出于种种顾虑，没把将国事委托给子之的事公开，现在他听苏代说齐桓公当初重用管仲垂拱而治青史留名，这使他认为如果将自己重用子之的事公开，或许也能获得齐桓公那样的美名。

在会见苏代的第二日，燕王哙上朝郑重宣布，从今以后他将退居二线，将燕国国事全部委托给子之处理。

贪婪是人类的本性，像子之这样的野心家，这种本性就更为突出。在掌握燕国大权后，子之欲壑难填仍不满足，尽管他已经走上了人臣巅峰，但站在巅峰上的他又向往更高的巅峰——燕王之位。

燕国有个叫鹿毛寿的人，此人极可能是子之的同党，在子之的指示下，忽悠燕王哙将燕国让给子之。鹿毛寿对燕王哙说："大王不如将燕国让给子之相国。臣知道大王很崇拜尧帝，尧当初把国位让给许由，许由没有接受，但尧获得了让贤的美名，大王为什么不学学尧帝呢？大王如果把燕国让给相国，相国肯定不敢接受，那么大王既没有失去国位，又可以享受和尧一样的让贤美名，不挺好的吗？"

鹿毛寿的这番话真是打到了燕王哙的七寸，燕王哙之所以推崇禅让，并非他真有唐尧那样的觉悟，无非贪慕虚名，甚至把虚名看得比王位都重要。他知道燕王哙也很在乎王位，很可能正为虚名与王位的事情纠结，所以他拿唐尧让位给许由的事大做文章，告诉燕王哙只要让位给子之就能既不失王位，又能得到美名，因为子之不敢接受。

子之真不敢接受吗？如果燕王哙让位，子之一定笑纳。鹿毛寿知道这点，他才忽悠燕王哙让位，因为只要燕王哙做出了让位的举动，到时候不管他内心愿不愿意，子之一旦接受，他也只能假戏真做，贪慕虚名的他不可能出尔反尔自毁声誉。

但燕王哙不知道这点，他真以为自己如果让位给子之，子之不敢接受，他可以不付任何代价就获得禅让的美名。这么划算的事为什么不干？于是，他决定让位给子之。

尽管如此，但燕王哙并不傻，他也留了一手，即把燕国太子的亲信安插到朝中担任要职，万一子之不靠谱，太子还可能重新夺回王位。子之自然不能忍受这样的事发生，他不仅要当燕国的王，更要当个地位稳固的王，他可不想刚踏上王位就面临着下岗。

这时候燕国又有个叫潘寿的出马了。潘寿也可能就是鹿毛寿，他此次出动，仍然极可能是受子之的指使。他当时对燕王哙说："大王虽然想把王位让给子之相国，但臣担心相国会像益（人名）一样，到时候大王将得不到禅让的美名。"

燕王哙连忙问道："益的事儿是个什么情况？"

潘寿说："益差点儿就继承大禹的位了，最后被大禹的儿子启杀了。益为什么会这么悲剧？就因为大禹明明想把王位传给了益，但又把启的亲信安插在朝廷上做官，等他死了后，启不服从益的统治，就率领手下的兄弟把益杀了，夺回了王位。所以人们都说，禹虽然名义上把王位传给了益，但实际上又让启夺回了天下，禹和尧相比差远了。反观当今，大王虽然想把国位传给子之相国，但又重用太子的亲信，这实在与大禹的做法没什么区别啊！"

燕王哙听说重用太子亲信是步大禹的后尘就不淡定了，他实在太想得到尧舜禅位的美名了。尽管他也很爱王位，但王位和法尧禅舜青史扬名相比又算得了什么呢？王位只是一世的，生命终止时权力也会丧失，而美名是永垂不朽的，拿一世之王位换取永垂不朽的美名，燕王哙觉得这笔交易很划算。

在潘寿的鼓动下，燕王哙终于下定决心，把燕国完全交给子之管理，燕国三百石以上的官员都由子之任免，太子再也无法让亲信担任朝廷要职。从此，子之俨然燕国之主，南面称君，处理朝政大事，而燕王哙反倒沦为臣属地位。

爱美名不爱江山，燕王哙简直是帝王界的一朵奇葩。但对燕王哙的禅让，我们不应该给予赞许，甚至谴责他也不为过。因为燕王哙的禅让本质，不是选贤举能，为燕国百姓着想，而是为了钓取令名满足自己的虚荣心。为了达到目的，他不惜褫夺太子的权力，使朝政大权尽归子之之手。尽管燕王哙这样做主观上并不想祸乱燕国，但由于他的虚荣且不识人，最终导致燕国发生了长达数年的动乱。

燕王哙也不想想，即便子之是个能力突出品德高尚的人，就能把燕国让给他？大哥，原始社会早亡了，醒醒吧。你想做尧舜，可太子却未必想做尧舜的儿子。即便太子想做尧舜的儿子，燕国宗室会想做尧舜的宗室？这注定是一场引发动乱的禅让，太子也好，燕国宗室也罢，他们决不甘心让燕国易姓。

燕王哙六年（前 315 年），即子之相燕的第三年，燕国动乱，国内人心惶惶。燕国太子平和将军市被利用国人对子之的不满情绪，决定发起一场政变，将子之从王位上赶下来，夺回本该属于他的王位继承权。

燕王哙荒唐的禅让，燕国的动乱，老邻居齐国都看在眼里，将小算盘打在心里。听说太子平想趁燕国内乱打倒子之的非法政权，齐宣王有意掺和这事，企图从燕国发笔国难财。他连忙召集齐国群臣商议此事，齐国朝廷上下一致认为，燕国动乱要是没能让齐国占便宜，就白乱了一场，大王一定要乘机发兵攻破燕国。

齐宣王露出了灿烂且无耻的笑容。他当即派使者出使燕国，忽悠太子平："听说太子想伸张正义，打倒子之的非法政权，整顿君臣之义，匡正父子之位，齐国非常欣赏太子的做法。我家大王叫我告诉太子，齐国虽然小，但只要太子看得起，一声令下，齐国立马发兵协助太子平乱。"

这场忽悠可能是后来太子平兵败的原因之一。齐宣王根本不可能发兵帮助太子平夺权，他只是打着平乱的幌子，以便齐军光明正大地挺进燕国。太子平很可能自以为有齐军做后援，产生了大意轻敌的心理，没有慎重周全地策划打倒子之的军事行动，贸然发动了对子之的进攻。

太子平的召集党徒，以将军市被为先锋，在首都与子之的政府军开战。由于这场战事史载不详，我猜测太子平并没有占据道德高地讨伐子之，反倒是子之以燕王哙的名义将太子平当作乱臣，太子平的军队处于道义劣势地位，在强大的燕国政府军的反击下，损失不小。

子之搞宣传工作确实很有一套，在政府军与太子平军鏖战时，子之为了取得彻底的胜利，又蛊惑百姓攻打太子平军。太子平军应付政府军已是捉襟见肘，突然又杀来一群怒气腾腾的百姓，很快便兵败如山倒。

太子平讨伐权臣子之，原本以为能得民心，结果不仅燕国政府军在子之的命令下攻打他，连百姓也对他发起疯狂的攻击，他真是伤心透顶，彻底绝望了。最终，绝望的太子平和将军市被死在了战乱之中。

临死之前，太子平连齐军的影子都没看到。

这一战就像在堆满炸药的燕国扔下一个火把，把燕国彻底引爆了。至此，燕国陷入无休无止的动乱之中，如决堤的大河，洪水滔滔肆虐，绵绵不绝。

> 国构难数月，死者数万众，燕人恫怨，百姓离意。（《战国策·燕策》）

这是《燕策》对这段动乱的概述，虽不够详细，但也足以说明这场动乱的可怕。自太子平攻打子之以来，燕国一连数月动乱，死于动乱者达数万之众，更重要的是，燕国人心惶惶，百姓离心离德，都做好逃离燕国的准备了。

这时候，齐军准备出动了。

齐宣王此时出兵虽有趁火打劫的目的，但饱受内乱之苦的燕国人民纷纷迎接齐军，把齐军当成替天行道的仁义之师。因此，当齐军总指挥匡章率大军挺进燕国时，燕国各地城门大开，燕军根本不与齐军开战，任由齐军长驱直入。

子之虽然组织了针对齐军的进攻，但由于他早已不得人心，派去攻打齐军的燕军也不愿再为他卖命，士气低落，根本没有太多战斗力可言。在一片投降的浪潮与极少数不成气候的抵抗下，齐军势如破竹，才一个月的时间就攻破燕国国都蓟城，五十天里攻占燕国全境，燕国子之之乱基本平定。

作为胜利者的齐国虽心怀鬼胎，但在攻破燕都后并没有立刻露出无耻的面目，而是再次举起伸张正义的幌子，安抚了久经战乱视齐军为仁义之师的燕国人民。于是，燕国内乱的罪魁祸首子之该倒霉了。

齐国为了证明自己出兵是拨乱反正，为了让燕国人民泄愤，争取燕国民心，将子之处死不说，还将他的尸体剁为肉酱。燕国内乱的第二个祸首，贪慕虚名的燕王哙也受到了惨重的惩罚，死于此次战乱之中。

平定燕国动乱后，齐宣王并不想撤兵，他当初出兵燕国就抱有趁火打劫的心理。现在见燕国人民并不仇视齐军，可能还有不少人争当带路党，他的野心也因此膨胀起来，不再是想简单的趁火打劫，他想趁机吞并燕国。

当然，齐宣王也担心天下人骂他无耻，打着平乱的旗号夺人之国，所以他想听听别人的意见。当时孟子正好在齐国，齐宣王决定咨询这位大名鼎鼎的名士的看法。

为了掩饰自己当初出兵燕国不是心怀鬼胎，齐宣王找了个借口："齐国和燕国都是万乘之国，现在齐国只用了短短五十天的时间就攻占了燕国，寡人觉得凭齐国的实力绝对不可能做到，这应该是上天的庇佑。所以呢，目前齐国有人劝寡人吞并燕国，他们说这是上天的意思，不听老天爷的话后果很严重。先生您怎么看？"

孟子并没有给齐宣王确定的答案，他说："如果大王攻下燕国，燕国人民乐意，那大王吞并燕国就是。类似的事古时候也有人做过，比方说周武王。但如果燕国人民不愿意大王灭亡燕国，大王还是不要做为好。齐国出兵燕国时，燕国人民箪食壶浆迎接齐国军队，难道还有别的要求吗？不过是想避开水深火热的环境罢了。如果大王将来让燕国人民活得更糟糕，那他们还能说什么，只能和齐国拼了。"

孟子的回答充分体现了他的行仁政的民本思想。他希望齐宣王怀有仁心，以拯救燕国人民为出发点，而不以吞并燕国为目的。至于齐国最终能否兼并燕国，不能以齐宣王本人的喜好决定，而应该取决于燕国人民的意愿。

话说得很好听，但可惜只说对了一半，另一半似乎有点迂腐。

燕国虽然在七雄中是小弟弟的角色，但毕竟是万乘之国，如果齐宣王占领燕国后把燕国人当成二等公民（其实并不会），燕国人肯定奋起反击，那么齐国在燕地的统治肯定不稳固。所以孟子说如果燕国人民反感齐国占领燕国，齐宣王就不要占领，这话完全没问题。

但如果齐宣王在燕国实行仁政，燕国人民乐意变成齐国人，齐宣王就一定可以吞并燕国？孟子把问题想得太简单了，天下七雄并立，如果齐宣王趁燕国内乱吞并燕国，另外五国诸侯可能视而不见吗？可能坐视齐国捡漏子陡然强大吗？

显然不可能。齐国与后来秦国吞并诸侯国不同，当时秦国的实力完全可以碾压任何诸侯国，诸国合纵结盟也不是秦国的对手，天下诸侯畏秦如虎，不敢对秦国的吞并说三道四，反而多番贿赂讨好秦国。但齐国显然不具备这个实力，齐宣王如果妄想乘人之危吞并燕国，必然遭到诸侯各国的疯狂打击。

齐宣王如果按孟子的建议行事，善待燕国人民，取得燕国人民的认可后，再企图吞并燕国，虽然免不了遭受诸侯各国的围攻，但至少可能得到燕国人民的支持，说不定还真能占点便宜。然而齐宣王却在胜利之后飘飘欲仙，选择了一个最愚蠢的做法，既不善待燕国人，又想乘机吞并燕国。

这样一来，本就不满齐国趁火打劫的诸侯各国更加可以堂而皇之地讨伐齐国了。

首先决定伐齐的是赵国。赵国与齐国、燕国接壤，齐国虽然强大，但赵国还能联合弱小的燕国牵制齐国，齐国一旦吞并燕国，赵国无疑将失去这个可以倚靠的盟友，而齐国则将变成更加可怕的强邻。赵武灵王想到这里，不禁后背发凉，他无论如何不能坐视齐国吞并燕国，使赵国变成第二个魏国，沦为"齐国西出"的必攻之国。

赵武灵王很想与齐国打一仗，帮燕国复国，但齐国毕竟不是吃素的，他也担心赵国不是齐国的对手。在名将乐毅的建议下，他决定联合其他诸侯各国入伙。

乐毅当时建议赵武灵王："大王不妨用赵国的河东之地交换燕国的河北之地，齐国必定同意，因为对齐国而言，河东之地比河北之地更重要，齐国得到河东之地后势力将大大增加。到时诸侯各国见齐国壮大，必然恐惧，就会联合起来攻打齐国。"

河东之地对赵国来说并不如河北之地重要，因为赵国暂时并没有东出伐齐的计划，却有北上讨伐中山国的战略，所以赵武灵王以河东之地交换河北之地，不仅不吃亏，反倒一举两得。乐毅的建议，他没理由不接受。

　　齐宣王正沉浸在胜利的凯歌声中，自然没有察觉到赵武灵王与他交换燕国河北之地的用意，这笔交易就这样在皆大欢喜中成交了。

　　很快，齐国在中原势力的扩张引起了诸侯各国的恐慌。首先慌张的是楚国，作为齐国在中原的竞争对手，楚国绝不愿意看到齐国的崛起，于是楚怀王不惜以六座城池贿赂魏国，让魏襄王出兵和楚国一同攻打齐国。

　　魏襄王也不愿意看到齐国坐大，何况还有楚国六座城池的诱惑，很爽快地答应了与楚国联合伐齐。楚、魏两国结盟后，双方都派出特使出使赵国，赵武灵王欣然接见，赵、楚、魏三国联合伐齐的协议就此达成。

　　齐宣王得知赵、楚、魏三国联合伐楚不免有些慌张。当时孟子还在齐国，齐宣王一向重视名士，尽管他上次没有采纳孟子的意见，但这次依然决定咨询孟子的看法。齐宣王问孟子："现在诸侯各国都对齐国虎视眈眈，先生认为齐国该怎么做？"

　　孟子先是嘲讽了齐宣王一把："我听说商汤当年凭借七十里地统一天下，大王你统治方圆千里的齐国，怎么还这么害怕？"

　　紧接着孟子又开始批评齐宣王："商汤能靠七十里地统一天下，是因为人家实行仁政，拯救天下受苦受难的百姓，天下人都巴不得他来讨伐他们的上司。反观大王，您都干了些什么？燕国人民饱受内乱之苦，原本以为大王出兵是为了拯救他们，没想到齐军竟然干杀人越货的勾当，燕国人民能服从大王的统治吗？诸侯各国本来就害怕齐国的强大，现在齐国占领燕国，领土扩张一倍，又不行仁政，他们能不恐慌，能不讨伐齐国吗？"

　　在这里插一句嘴，孟子这话说得，好像除了齐国外，诸侯各国在他

禅让的代价：子之之乱

197

眼中都行仁政似的。诸侯各国联合起来对付齐国，畏惧齐国变强是真，但与齐国是否行仁政并无关系，孟老夫子只是乘机兜售他的仁政思想罢了。

孟子最后告诉齐宣王，只要齐宣王释放被齐军逮捕的燕国百姓，停止从燕国掠夺财物，并和燕国人商议拥立新君，从燕国撤兵，就可以化解诸侯各国围攻齐国的危机。

但齐宣王不可能听从孟子的建议，他当初出兵燕国就是为了占便宜，现在怎么可能将到嘴的肥肉吐出来？

但事情的发展形势越来越不利于齐国，由不得齐宣王任性而为。不仅赵、楚、魏三国对齐国虎视眈眈，燕国人民对齐国的不满情绪也与日俱增，不断发生反抗齐国的武装斗争，齐宣王在燕国的统治已经无以为继。

齐宣王八年（前312年，但杨宽先生的《战国史料编年辑证》记载为魏襄王五年，即公元前314年），迫于诸侯各国的压力与燕国内部的反抗，齐宣王再也无法控制燕国，无奈地从燕国撤兵。与此同时，赵武灵王护送在赵国当人质的公子职返回燕国，扶立为燕国新君，是为燕昭王。

燕昭王是战国时代有名的雄主，燕国在他的统治下步入全盛时期，发起了对齐国的复仇之战，几乎让齐国提前成为历史。这些自然都是后话。即位之初的燕昭王面对千疮百孔的燕国，根本不可能向齐国挑衅，天大的仇恨也只能藏在心底，恢复国力才是当务之急。于是，低调的燕国在经历子之之乱后，又恢复了往日的平静。

在齐宣王攻克燕国，赵、魏、楚三国合兵伐齐时，一向高调的秦国竟然没有任何动静，既不声援燕国，也不讨伐齐国，秦国究竟在干什么？秦国在攻城略地。秦燕相距遥远，秦国对燕国的事没太多兴趣，趁赵、魏、楚、齐四国之间剑拔弩张，秦惠文王又发起了对韩国的军事行动。

# 岸门之战

更元十年（前313年），趁赵、楚、魏三国结盟伐齐，韩国被孤立于盟约之外，秦国兵锋直指韩国。

在前一年，秦惠文王以雷霆之势兼并蜀国，经过一年的时间治理善后，蜀地已基本与秦国融为一体。秦惠文王伐蜀，无非是为东出中原统一天下奠基，现在蜀国已经纳入秦国版图，毫无疑问，接下来就是挥师东出了。

在伐蜀之前，张仪曾建议秦惠文王先攻韩国，但在司马错有理有据的反驳下，秦惠文王最终下定决心伐蜀。然而这并非是秦惠文王想放过韩国，而是凡事有个轻重缓急，当时蜀国内乱，秦国乘机灭蜀才是当务之急，伐韩之事只能暂且搁置。

攻打韩国，虽不能如张仪所说，可以窥测周王室收获挟天子以令诸侯的政治利益，但秦国若想东出，扫除韩国这块绊脚石也是势在必行。在平定蜀地后，正遇上齐军攻占燕国，赵、楚、魏结盟伐齐没带上小老弟韩国，这对于秦国而言实在是个攻打韩国的大好时机，秦惠文王自然不可能错过，于是出兵伐韩。

韩国是七雄中仅强于燕国的弱国，而秦国实力已然雄冠七国之首，秦国攻打孤立的韩国，简直如切瓜砍菜，毫无压力。秦军一路长驱直入，与韩军在浊泽交战，秦军以绝对优势大败韩军，韩国告急。

然而当时其他各国都把目光聚集在燕国，齐国想吞并燕国，赵、楚、魏三国想帮燕国复国，谁也没有工夫关心受伤的韩国。韩国相国公仲朋本来就是亲秦派人士，见诸侯各国都不搭理韩国，乘机建议韩宣惠王与秦国结盟："现在韩国被秦国打成这样，诸侯各国没一个帮韩国出头，这些所谓的盟友根本不可靠。韩国不能再和秦国打下去了，否则非亡国不可，大王不如拿一座名城和秦国讲和，与秦军一同攻打楚国。"

韩宣惠王也清楚当时的情况，赵、楚、魏三国谁也不愿意看到齐国崛起，韩国的生死存亡不如阻止齐国吞并燕国重要，三国当务之急是谋齐复燕，而不是帮助韩国与秦国作对。无奈之下，他只好听从公仲朋的建议，并准备派他出使秦国议和。

正在谋齐的楚怀王听说韩国想和秦国结盟伐楚，深感忧虑。别说他现在的工作重心是和赵、魏两国帮燕国复国，即便没这档子事，也不愿意和秦国开火，何况还加上个韩国。可以想象，如果真让韩国以割让名城为代价伙同秦国伐楚，韩国势必狐假虎威把楚国往死里打，攻占楚国的土地以挽回割地给秦国的损失。

当时陈轸还在楚国上班，楚怀王虽然并不重用他，但也清楚他善于与列国周旋，解决国际纠纷，于是召他商议对策。

陈轸见到楚怀王，并没有直接说出化解楚国危机的对策，而是先吓唬了他一下："其实秦国老早就想攻打楚国了，一直没机会，一旦韩国割让名城给秦国，其财富足以用来作为兵饷，秦国势必攻打楚国。"

楚怀王听到这话估计心里挺不好受，寡人叫你陈轸来是叫你帮我，可没叫你吓我啊！陈轸要的就是这个效果，他也想在楚国得到重用，但前提是让楚怀王听从他的建议，不吓吓他怎么能收获奇效呢？

见楚怀王越发慌张，陈轸乘机道："大王要是听臣的话，担保楚国不会被秦、韩两国攻打。臣以为，韩王之所以想和秦国结盟，不过是因为秦国攻打韩国，诸侯各国没人帮韩国一把罢了，绝非韩王犯贱，宁愿割地也要和秦国议和。所以臣觉得，只要大王帮韩国一把，韩国还有必要割让名城讨好秦国吗？"

当然，陈轸所说的帮韩国一把，决不是叫楚怀王真出兵增援韩国，如果这样就用不着陈轸在这儿废话了，楚怀王要能出兵还需等到今天？陈轸的建议是，楚怀王把增援韩国的声势做足，比如在国内戒严征兵，拉出战车耀武扬威，并派遣高规格使者团队出使韩国，让韩宣惠王自作多情真以为楚国将出兵增援韩国。

这样一来，韩国即便不听从楚国的安排，也会感激楚怀王的仗义，不会和秦国一同出兵攻打楚国。如果秦国出兵，楚国单挑秦国，不会吃太大的亏。但如果韩国愿意听楚国的话，楚国可以让韩国和秦国决裂，如此秦国必然大怒，而韩国自以为有楚国做靠山，肯定不把秦国的愤怒当回事。结果秦、韩两国交恶，楚国置身事外，坐观两国冲突消耗对方实力，而楚国的危机也可以解除。

其实，陈轸这个计谋还是有漏洞的，如果韩国真与秦国决裂，而楚国只想置身事外坐观成败，万一韩国等不到楚国的援军，又再次倒向秦国死心塌地联合秦军伐楚呢？但世上没有天衣无缝的计划，事到如今，不管楚怀王有没有发现这个漏洞，为了能抽出身来阻止齐国吞并燕国，都只能按照陈轸的建议做了。

楚怀王于是放出口风增援韩国，大造声势，并派使者出使韩国，忽悠韩宣惠王："楚国已经全国动员了，韩王只管与秦国开战，只要韩国有什么需要，楚国一定倾尽全力支持，即便亡国也在所不惜。"

韩宣惠王乐坏了，原来楚国这么够意思，全国动员支援韩国，有"南霸天"的鼎力支持，韩国何惧秦国？于是他连忙终止了公仲朋入秦议和的计划。

然而公仲朋并不相信楚怀王的"诚意"。

公仲朋虽然一心想让韩国亲附秦国，好像有点投降派的作风，但他也是为了韩国的前途着想，而且我们也不必马后炮，指责韩国与秦国结盟就一定是在犯糊涂。就当时的情况来看，韩国除了与秦国议和，还真找不到更好的出路。

原因很简单，各国不会出兵支援韩国，楚国也不会，而韩国根本不是秦国的对手。公仲朋当时一眼就看穿了楚怀王的把戏，他对韩宣惠王说："秦国是真在攻打韩国，楚国不过是声称支援韩国，空口无凭，大王怎么能轻信？况且，韩、楚两国向来无兄弟关系，之前也没有约定联合攻打秦国，现在突然示好要支援韩国，不早不晚，偏偏在韩国想联合秦国攻打楚国的时候，大王不觉得这太蹊跷了吗？再说了，之前大王已经说好要与秦国议和，秦王都知道这事了，现在突然反悔，就不怕秦国变本加厉攻打韩国？"

如果说公仲朋在秦军攻韩之初就想与秦国议和之举有待商榷，韩国也可以先尝试从各国搬救兵，这次他的观点就真无可指责。事实再明白不过，楚国确实不可能出兵支援韩国，这一切都是陈轸的诡计。况且韩国已经决定与秦国议和，突然反悔，这不等于送给秦国一个攻打韩国的借口吗？

可惜的是，韩宣惠王并没有听取公仲朋正确的建议。也许在韩宣惠王看来，只要能得到楚国的支援，韩国没准儿还要主动进攻秦国复仇，哪还用得着担心给秦国出兵的借口。韩国这些年已受够了秦国欺负，韩宣惠王实在不愿意再割地给秦国，而且还是一座名城，这使得他反倒更愿意相信楚国的忽悠。

事实上，韩宣惠王未必不知道楚怀王说楚国愿意倾尽全力支援韩国反击秦国不能当真，但他自以为楚国与韩国一样，都害怕遭到秦国的攻打，所以楚怀王与韩国结盟的诚意还是可信的。而且，我估计韩宣惠王也这样想过，也就是陈轸的计谋中的漏洞，楚国难道就不怕忽悠韩国被韩国察觉，韩国再次投靠秦国痛击楚国吗？也许正因为韩宣惠王相信楚国害怕这点，不会忽悠韩国，所以他也相信楚怀王的支援应该不是空话。

但韩宣惠王万万没想到，楚怀王还真敢赌这一把，忽悠韩国。

当秦惠文王得知韩宣惠王反悔，大怒不已，很快便调集重兵攻打韩国。而楚国果然坐山观虎斗，不发一兵支援韩国。据《韩世家》记载，"楚救不至韩"，很显然，楚怀王只是假装出兵援韩，让韩国自以为有楚国救兵与秦军死磕，而实际上故意让楚军在途中逗留，根本不奔赴战场与韩国并肩作战。

更元十一年（前314年），秦军与韩军在岸门展开决战，这时楚军依然不见人影。秦军大败韩军，斩首上万，韩军主将公孙衍狼狈而逃。

韩宣惠王决心与秦军开战，除了自以为有楚国的支援外，想必还受到了公孙衍的怂恿。公孙衍是合纵抗秦的主持者，与连横战略实施者张仪是死对头，而公仲朋当时正是建议韩宣惠王通过张仪与秦国议和，公孙衍自然不可能赞同。

战国时代，诸侯国君不免成为那些名士追名逐利的工具，名士们为了实现自己的理想，常常忽悠国君穷兵黩武，打赢了，诸侯国君当然能兼并他国土地，名士们更是大出风头，荣华富贵享之不尽；若是打输了，诸侯国君就惨了，得割地请罪，甚至送子为质，而名士们一走了之，啥事没有，跑到其他国家继续忽悠。

韩宣惠王无疑也成了公孙衍实现连横理想的工具。可惜韩国战败，理想再次破灭，但公孙衍啥事没有，战败后拍屁股一走了之。只是苦了韩宣惠王，他不可能放弃韩国不管也一走了之，他得为自己的错误负责，得向秦惠文王赔礼道歉。

为了不让韩国亡国，为了让秦国撤兵，为了向秦惠文王体现他今后一心一意当秦国小弟的诚意，韩宣惠王不得不将宝贝儿子太子韩仓送到秦国当人质。秦惠文王在收到韩国送来的肉票后，才同意韩宣惠王的议和请求，下令秦军撤离韩国。

岸门之战，韩国之所以敢和秦国殊死相斗，是因为被楚国忽悠。楚国忽悠韩国，则是因为不想与秦国开战。然而在此战以后，楚怀王却出人意料地出兵单挑秦国，楚怀王抽风了吗？如果不是，又是怎么回事？

# 难得英雄：楚怀王灭越

　　楚怀王之所以出兵和秦国一战，是因为受了秦国的忽悠。楚怀王向来惧秦，如果在平常时候秦国忽悠他，他未必敢攻打秦国以泄愤。但秦国忽悠他不是时候，当时楚怀王认为自己完成了一项伟大的功业，自信心爆棚，说不定还有些雄才大略之感，在这样的背景卜，他当然敢乘胜与秦国开战。

　　楚怀王究竟干了件什么事，能让他长出了睥睨强秦的霸气？

　　说来这事还确实光彩，是个大功，由于他不听大诗人屈原的忠言，后来又被秦惠文王的宝贝儿子秦昭王忽悠到秦国客死他乡，以至于有人都不相信他干过这事，包括大史学家司马迁在内。

　　事实上，经过后世学者的不断考证，这件事还真是发生在楚怀王时期。公元前313年，楚怀王十六年，楚军大破越军，越国灭亡。

　　越国国君的祖先乃夏禹的后裔，即夏后帝少康的庶子，受封于会稽。刚来会稽工作的那些年，他们文身断发，开荒辟野，筑城而居，相比起中原诸侯，生活环境既艰苦又落后，还常常被中原人当作蛮夷蔑视。

　　经过二十多代人的努力，越王允常当掌门人时，越国才在江湖上打出了点名气。这时的越国一片欣欣向荣的气象，各方面都在向好的方向发展。允常死后，他的宝贝儿子即位，此人也是个雄才大略的君主，将越国的事业推向巅峰。

这个宝贝儿子正是大名鼎鼎的越王勾践。

越王勾践早年被吴王夫差击败，为了保存越国不得不投降去吴国做奴隶，从此他韬光养晦，收敛雄心，兢兢业业装孙子，终于把吴王夫差忽悠瘸了，回到越国继续当掌门人。在这以后，他卧薪尝胆，艰苦朴素，一方面努力建设越国，另一方面不断麻痹吴国，最终干掉前任霸主夫差，成为春秋时期最后一位霸主。

越国在勾践的带领下确实威风了一段时期，但好景不长，随着勾践的离开，越国的风光也随之烟消云散。到战国中期，越国又恢复了以往默默无闻的境况，别说蹭不上头条，就连像样点的新闻事件都没有发生过一件。

然而在楚怀王十六年时，越国不仅搞出了个大新闻，估计还上了当年的头条。

事情都源自一次作死，这个头条是越国以亡国的代价换来的。

当时越国的国君叫无疆，这哥们儿别的本事没有，作死倒很有一套。当时的越国已经沦落为被中原诸侯遗忘的小弟弟，但他不知哪来的自信，提出要北攻齐国，西伐楚国，与中原各国争雄，大有让越国重当霸主的气势。

齐、楚都是一流强国，越国连七强都排不上号，还想以一敌二，这不是寿星公上吊嫌命长吗？别说齐、楚这种老牌军事强国，估计连七强中的小老弟燕国都可以碾死他。无疆没有掂量掂量，依然自我感觉良好，决定先出兵攻打齐国。

齐宣王自然不怕越国的挑衅，但他不想和无疆这种人打在一起。一来齐、越两国没有宿仇，齐国没必要劳师动众揍这个东南沿海地区的小不点儿；二来齐宣王的精力集中在中原，没空搭理越国，也对越国那块弹丸之地不感兴趣；三来齐国如果真不嫌麻烦与越国开战，难保楚国不会趁火打劫。

但当时无疆已做好出兵齐国的准备，齐宣王不想打也不能坐视不管，所以他决定派遣使者到越国忽悠无疆。无疆不是还想攻打楚国吗？好的，寡人就让使者忽悠你攻打楚国，让你尝尝楚军的厉害。

齐国使者到越国后对无疆劈头盖脸一顿忽悠："越王为什么不攻打楚国？不打楚国，往大了说您能得天下吗？往小了说您能称霸吗？不能啊！我猜您不攻打楚国，大概是怕韩、魏两国不支持吧？韩、魏两国本来就不敢攻打楚国，他们一旦攻打楚国必定损兵折将，丢失土地，但他们如果巴结越国，则可以避免这点，所以他们也不敢得罪越国。既然这样，越王为何还那么重视韩、魏两国的支持？"

无疆听到这话，顿时又生起一股莫名的自信："寡人才没想过让韩、魏两国替越国攻打楚国呢！寡人只是想让他们替越国分散楚国的兵力。但现在韩国和魏国的兵力都集中在黄河、华山一带，双方打得不可开交，正好被齐、秦两国利用。韩王、魏王他们干出这档子事，寡人真是失望透了，怎么可能靠他们争夺天下？"

齐国使者接着忽悠，装作很惊讶的样子："越王竟然会有这种想法，越国没灭国真是祖宗保佑，太侥幸了！"

见无疆一脸纳闷，使者兄趁机道："越王如果真的只是想让韩国和魏国分散楚国兵力，没想过让两国出兵协助越国，那您难道不知道吗，楚国兵力已经分散了啊？既然这样，您还指望韩王、魏王他们干什么？"

无疆不知齐国使者在忽悠他，还傻乎乎地问道："照你这么说，寡人该怎么办？"

齐国使者并没有立即回答，他为了把无疆彻底忽悠瘸了，在无疆晕头转向还没想到问他楚国兵力为什么已经分散的情况下，向无疆义务分析楚军军情："楚国国内空虚，因为楚国三大夫已率领楚军北上包围曲沃、於中，直到无假关，战线长达三千七百里；另外，楚国名将景翠的兵力也集结在鲁国、齐国一带，楚军兵力还不够分散？"

　　齐国使者的目的虽然是为了忽悠无疆和楚国死磕，但所说的话未必全是谎言，当时楚军确实北上攻城略地，而且这地（曲沃）还是秦国的，这也是后来秦、楚交恶，楚怀王不惜以重兵攻打秦国的间接原因。

　　无疆对楚军北上之事想必有所耳闻，所以当齐国使者向他说起这点，他更觉得楚国有机可乘，因为他认为楚国与秦国作对，肯定无力再抵抗越国的偷袭。齐国使者乘机添火加油："越王可曾知道、儵、庞邑、长沙是楚国的产粮区，竟泽陵是楚国的产木材区。敝臣以为，如果越王出兵打通无假关，这四座城就不能再向郢都提供粮食和木材，越军再攻打郢都，郢都无兵可用，无粮可守，必败无疑。"

　　说完，齐国使者还不忘投其所好，拿美好的前景诱惑无疆："敝臣听说，如果国君有统一天下的宏伟理想，即便不能成功，还能够当霸主。如果连称霸都做不到，统一天下就是扯淡了，所以敝臣认为，越王应该攻打楚国。"

　　平心而论，无疆虽然狂妄，但也未必有统一天下的野心，他的理想不过是与中原诸侯争雄，像他六世祖勾践那样做个霸主而已。现在齐国使者对他说，你得拿出统一天下的干劲儿，那样不成功也能做霸主。

　　统一天下的干劲儿是啥？当然是干掉天下最强大的一个诸侯国。

　　被理想冲昏头脑的无疆信以为然，如果能一举灭掉威震天下的楚国，越国自然就有了统一天下的资本。但无疆心里应该也有个估量，灭掉楚国的可能性不大，趁楚国兵力分散击败楚国的把握还是有的，越国说不定真能因此称霸。

　　带着这股莫名的自信，怀着对美好的憧憬，无疆竟然真调集重兵攻打楚国。

　　楚国哪是那么容易惹的，"南霸天"可不是浪得虚名。当时楚国虽然北攻秦国曲沃，但并没有陷入战争的泥沼，完全可以抽出身来对付越国。面对越军的进攻，楚国发动雷霆反击，越军在悍勇的楚军面前不堪一击，败得惨不忍睹，连无疆本人也战死沙场。

击败越军主力后，楚国并没有就此罢手，楚怀王觉得无疆既然挑起战争，这是楚国乘机吞并越国的最好机会。于是，楚军乘胜杀入越国境内，将越国兼并的原属吴国及浙江一带的土地全部吞并。

越国经此一败，虽未彻底亡国，但也名存实亡，彻底分崩离析。无疆死后，由于没有指定继承人，其后代及越国宗室为争夺王位打得不可开交，最终闹起了独立运动，各宗室占领所属封地称王称君，致使越国残地四分五裂，互不相属，分布在江南沿海一带，在楚国强大的军事压迫下，不得不向楚国称臣。

楚国打残越国后，虽未必威名大振，但吞并了越国不少土地，实力肯定有所加强，而且楚怀王本人肯定也沉醉在灭越的伟大功绩中。这无疑让这位资质平平的君主有点飘飘欲仙，自以为有与秦国对抗的资本了。

# 惊天大骗局：六百里商於变六里

前面说过，无疆之所以出兵攻打楚国，是因为楚国兵力分散。当时楚国的兵力确实有所分散，因为楚军正北上攻打秦国曲沃，并击败秦军占领曲沃。

楚怀王一向畏秦如虎，怎么敢出兵攻打秦国曲沃？如果让楚国单挑秦国，楚怀王自然不敢，但若是有个强大的盟友助攻，楚怀王就有些底气了。楚怀王出兵曲沃城，正是得到了一位强大的盟友支援，当之无愧的东方霸主齐国。

秦国的强大，让齐宣王坐立不安，虽说秦国与齐国并不接壤，但志在争霸的齐宣王决不愿意坐视秦国越来越强，与楚国联盟抗秦便成了齐国削弱秦国的策略。

秦惠文王对齐国出兵支援楚国攻打曲沃很不满，秦国这些年来并未招惹齐国，在齐威王晚年时秦国虽出兵齐国，但也是铩羽而归。齐国现在还出兵攻打秦国，显然是想挑战秦国的权威，独霸天下的野心昭然若揭。

面对野心勃勃的齐国，秦惠文王觉得很有必要教训它一下，杀杀其锐气，不然齐国得寸进尺在诸国中肆意合纵抗秦，秦国东出的大计将困难重重。但当时齐国正与楚国合纵相亲，秦国攻打齐国，楚国势必不会坐视不管，秦惠文王并不想以一国敌二强。

秦国当初确实以一敌六，挫败公孙衍主导的六国伐秦，但对于合纵国而言，人多有时候未必好办事，成分复杂，各怀鬼胎，统一战线很难稳固，尽管当时的合纵长楚怀王并不是徒有虚名。现在齐、楚两强结盟，这是除秦国外天下最强的两个诸侯国，两国军队在巩固统一战线上肯定比六国军队更容易，如果秦国同时挑战齐、楚两国，秦惠文王也没有十足的把握取得胜利，即便胜也很可能是惨胜。

如果秦国一定要教训齐国，除了拆毁齐楚联盟，没有其他更好的办法。不知道秦惠文王有没有想到这点，但可以确定的是他很无奈，对张仪说："寡人现在想教训下齐国，但齐国和楚国已经结盟，秦国总不能同时攻打齐、楚两个强国吧？相国能不能替寡人想个法子，让寡人得以攻打齐国？"

张仪说："办法不是没有，大王给臣点资金运作，臣这就出使楚国，拆散齐楚联盟，这样大王就可以攻打齐国了。"

秦惠文王觉得此计可行，就给张仪提供了大笔资金，派车队护送他出使楚国。

楚怀王可能做贼心虚，担心攻占曲沃会遭到秦国报复，虽然他当时有些飘飘然，但面对强秦能握手言和总比刀兵相见要好。所以他当时听说张仪将出使楚国，特地安排最好的宾馆给张仪居住。

张仪到了楚国，利用秦惠文王提供的资金在楚国四处运作，打通关节，拜见楚怀王时，他也没有追究楚国攻占曲沃之事。这倒让楚怀王颇感惊喜，他以谦逊的口吻问张仪："秦相到楚国来有何贵干呀？楚国是个偏僻的国家，秦相到楚国来，有什么指教？"

张仪的回答让楚怀王更加惊喜："楚王可能不知道，秦王对您可佩服得五体投地，当今天下诸王，秦王最欣赏的就是楚王您。其实吧，臣张仪本人也觉得楚王您挺英明的，早就想到楚国来参加工作了。"

楚怀王听到这话心里美滋滋的，如果不是顾及朝堂礼仪，没准儿就兴奋得手舞足蹈了。他本就是个耳根子软又好听谄媚之言的人，手底下那些名声极坏的宠臣奉承他都足以让他高兴好一阵，何况名扬天下的堂堂张仪。

见楚怀王被他的奉承话忽悠得找不着北，张仪乘机叹息道："可惜啊，秦王对齐国恨之入骨，而楚王您竟然和齐王这种人合作，秦王恐怕会因为这个原因疏远楚王，当然也不会让张仪到楚国工作了。"

这番话吊足了楚怀王的口味，楚怀王一向畏秦如虎，虽说此时因为打败无疆让他有些飘飘然，但秦国与齐国谁的分量更重，他还分得清，所以说对楚怀王而言，能与秦国化干戈为玉帛仍然是美事一桩。现在张仪说他因为与齐宣王交好，所以秦国不可能与楚国结盟，你猜楚怀王当时心里怎么想？他当时肯定在想，要是秦王能表示下诚意，证明秦国愿意和楚国做哥们儿，寡人才不理齐王呢！

张仪要的就是楚怀王这种想法："事情不是没有回旋的余地，楚王如果真想和秦国结盟，不妨断绝和齐国的往来。如果楚国不和齐国做哥们儿，秦国决不亏待楚国。到楚国之前，秦王就和张仪说了，只要楚国肯和秦国做哥们儿，秦国愿意拿出商於六百里的土地献给楚国，并把秦国美女送给您，让秦、楚两国世代交好。"

楚怀王想了想，这笔交易确实不错，和谁结盟不是结盟，关键看是否有利可图。和齐国结盟啥都没捞到，曲沃归根到底还是靠楚国自己的力量攻下的，齐国也就打打下手。但和秦国结盟不同啊，秦国比齐国更强不说，秦王出手阔绰，除了商於六百里土地的见面礼，还有那如花似玉的秦国美女。

秦国好歹也是江湖上响当当的角色，秦王好歹也是大名鼎鼎的诸侯王，总不至于拿这么大一件事忽悠寡人吧？他就不怕这事传出去以后被天下人戳脊梁骨？秦、楚两国历来有联姻关系，秦王嬴驷他爸秦孝公当年就曾把秦女嫁到楚国，两国修好这事很靠谱嘛！楚怀王天真地认为。

尤其是张仪后来又说道："此北弱齐而西益秦也，计无便此者。"

这更加深了楚怀王对张仪说辞的信任。他心里本来还可能有个小疙瘩，虽然张仪说秦国愿意献给楚国商於六百里土地换取结盟，说得信誓旦旦，但那毕竟是六百里地，凭秦惠文王只进不出的个性，他真舍得？这下他自以为恍然大悟，原来楚国和秦国结盟可以压制齐国，而且对秦国也有利，秦楚结盟是共同利益所致，同利相亲，看来这事儿靠谱！

在张仪的连番忽悠下，楚怀王终于决定抛弃齐国和秦国结盟。他兴奋异常，在朝堂上当众宣布："寡人打算和秦相张仪商议秦、楚结盟的事，秦、楚一旦签订结盟协议，秦国将献给楚国商於一带土地，足足有六百里呢！"

楚国群臣听到楚怀王公布的"好消息"，纷纷向楚怀王表示祝贺，这些人中不排除有张仪收买的人在内。唯独陈轸，他曾在秦国被张仪穿小鞋，不可能被张仪收买，他对张仪的目的也很清楚，忽悠楚怀王与齐国断交，商於六百里只是说说而已。

楚怀王在满堂的庆贺声中看到了陈轸悲观的表情，他很不高兴，问陈轸："寡人不费一兵一卒就得到商於六百里土地，大臣们都来祝贺寡人，寡人自己也认为这事干得挺带劲儿的，就你陈轸同志一副要死不活的表情，你到底啥意思？"

陈轸说："大王您把事情想得太简单了，在臣看来，楚国不仅得不到商於之地，秦国还可能与齐国结盟，到时楚国大祸临头啊！"

楚怀王觉得陈轸完全是在胡说八道，秦惠文王现在恨不得生吞活剥了齐宣王，怎么可能还与齐国联合攻打楚国？但楚怀王还是保持着战国时代诸侯王基本的风度，他没有当时爆发，而是问道："先生这话究竟何意？"

陈轸说："秦国之所以这般讨好楚国，是因为齐、楚结盟，如果楚国与齐国断绝关系，楚国就处于孤立无援的地步，秦国干吗还要献给楚国商於六百里之地呢？所以臣觉得，张仪到时候肯定不会兑现承诺，而楚国既得罪了齐国，又会与秦国交恶，同仇相亲，齐、秦两国很可能合伙攻打楚国。"

陈轸这番分析确实入木三分，而且他还向楚怀王提出了应对之策："大王不如暗中与齐国联合，而表面上与之绝交，并派人随张仪赴秦。如果秦国给楚国土地，再与齐国绝交也不迟；如果秦国不给我们土地，楚国也不会有什么损失。"

这一招确实够无耻，但也够精明。秦惠文王让张仪开空头支票忽悠楚怀王，本来也无耻，陈轸以其人之道还治其人之身，没毛病。但楚怀王偏偏不采纳，不知是接受不了陈轸向他当头泼冷水，不肯低下高贵的王冠认错，宁愿抱有侥幸心理和张仪合作，还是他本来就天真，糊涂地以天真对抗秦国的无耻。

总之，楚怀王以固执的口吻断绝了陈轸让他回心转意的念想。

吾事善矣！子其弭口无言，以待吾事。（《史记·张仪列传》）

寡人这事做得很好！先生你就别在这儿扯淡了，闭嘴吧你，安心静待寡人的成功。

楚怀王最终还是决定以天真和秦国的无耻斡旋。

为了向秦国表示楚国的诚意，楚怀王不惜让张仪兼任楚相，还赏赐他巨额钱财。同时，楚怀王派人赴齐国废除齐、楚之间的盟约，又派人随张仪一同入秦，满怀期待地等着楚使带回秦国割让商於六百里地的合同书。

楚怀王不采纳陈轸的建议，也可能是不想脚踏两条船，万一齐宣王知道楚国在利用他，而秦国也发现楚国留有一手，楚国岂不是两边都得罪了？但楚怀王终归还是天真，即便不想脚踏两只船，也没必要相信张仪的忽悠吧？商於六百里地呀，又不是六百块钱，秦惠文王怎么可能拱手相让？

果然，张仪刚回到秦国就开始要赖，他乘车时假装没拉住绳索，跌

下车来，对外声称出了车祸。因为身体挂彩，所以他可以理直气壮地闭门谢客，而且一连三个月不上朝，让楚使想找也找不到他。

见张仪对外宣称受伤谢客，楚怀王倒没有傻乎乎地信以为真，他知道张仪这是故意找借口不接见使者。但搞笑的是，不知是楚怀王自以为是，还是手下忽悠他，他竟然以为张仪不接见楚使，是因为他和齐国断交不彻底。

于是，他做了一个极其愚蠢的决定，派勇士前往宋国，用宋国的符节取道北上，怒骂齐宣王，以此向秦国证明，楚国决不可能再和齐国做哥们儿。

这下把齐宣王惹毛了，一怒之下，他令人将楚国勇士的符节斩断，投了秦国。本来是齐楚联盟，由于楚怀王的作死，原本打算攻打齐国的秦惠文王展开了欢迎齐宣王的怀抱，齐楚联盟变成了秦齐联盟，根本没楚国什么事了。

张仪当初称病，除了耍赖不肯割让商於之地给楚国外，也不排除他已经和秦惠文王谋划好，改变斗争策略，忽悠楚怀王将齐国逼入秦国阵营，由攻齐变成联齐的可能。所以当秦、齐订立盟约后，张仪的伤也好了，并决定接见楚国使者，声称要兑现当时对楚怀王的承诺。

楚使在秦国等张仪的接见等了几个月，等得花儿都谢了，终于等来了张仪要兑现承诺的好消息，其心情可想而知。然而还没等他高兴完，张仪的一句话，让他想死的心都有了："鄙人有六里封地，这就把他献给楚王，咱们签合同吧。"

"什么？"楚使一愣，还以为听错了，"不对吧秦相，你以前对我们大王说的可是商於六百里土地，怎么现在变成六里了？"

张仪继续装傻充愣，很无耻地说道："我什么时候说过六百里？兄弟，我张仪只是个小角色，哪来的六百里献给楚王？你这不是要哥的命吗？没错，就是六里！"

看到张仪一副无赖的嘴脸，楚使终于明白，商於六百里地的事儿就是个骗局，他不可能从秦国要到土地。尽管他此时怒发冲冠，砍死张仪的心都有了，但待在秦国的地盘再愤怒也无可奈何，只能气鼓鼓地空手而归。

楚怀王听说商於六百里地的事儿是一场彻头彻尾的骗局，肺都气炸了，拿不到地不说，得罪齐国的事儿也先忍下，但张仪把他堂堂楚王当傻子糊弄，是可忍孰不可忍！当初他还志得意满，自以为弃齐联秦坐收六百里土地，是多么高明，楚国也是举朝欢庆，这使得他固执地拒绝陈轸的妙计，并极其自负地叫陈轸等他的好消息，结果呢？张仪当着全天下人对他耍无赖，这不是当众打脸吗，这让他情何以堪？

当时的楚怀王，恨不得钻到地缝里去。但他是楚国的王，他被戏弄也是楚国的耻辱，他觉得在这件事上不能逃避，唯有给秦国好看才能雪耻。于是，气极之下的楚怀王决定发兵攻秦，为自己雪耻，为楚国雪耻！

楚怀王的决定应该得到了楚国不少大臣的支持，毕竟秦国当众戏弄楚王这事搁谁也难以忍受，但楚国依然有人反对出兵秦国，此人正是陈轸。

陈轸在楚国不受重用，除了楚国贵族的压制外，很可能就是他不愿意逢迎楚怀王，总是在关键时刻给他泼冷水，尽管这冷水泼得很对。陈轸也不莽撞，他知道楚怀王气急败坏，所以没有贸然抗议，而是在提建议前先问他："大王之前叫臣闭嘴，现在出了这么个事，臣可以发表下看法了吧？"

"可以了。"楚怀王还是相信陈轸有才的，或许他能提出一些对付秦国的良谋。

但楚怀王没想到，陈轸一开口就让他不能接受："臣认为攻打秦国对大王而言，决不是上策，大王不妨用一座城池贿赂秦国，联合秦军攻打齐国。这样，楚国失去的城池可以从齐国夺回。反正楚国已经得罪齐国，不打白不打，如果大王还非要计较被秦国忽悠的事，这等于是逼秦国和齐国联合，对楚国可没什么好处。"

陈轸以大局为重，而楚怀王却只想泄愤，张仪拿商於六百里土地忽悠他，就足够让他气愤得想问候张仪和秦惠文王祖宗十八代了，他怎么可能又送给秦国一座城池？再者，堂堂楚国，一举灭越，何必在秦国面前认怂，欺负齐国？楚国为了六百里土地已经有负齐国，受了秦国戏弄不敢反击，反倒巴结秦国攻打齐国，天下人将如何看待他楚国？

楚怀王无论如何也不愿意联秦伐齐，陈轸的话算是当耳边风了。

秦、楚两位世代联姻的老邻居，终于展开了一场惨烈的大战。

楚怀王以屈匄为统帅率大军攻秦，秦国不敢疏忽，以嬴疾、魏章、甘茂三位名将领兵反击。秦惠文王更元十三年（前312年），秦楚双方在丹阳展开决战，楚军虽然悍勇，但面对训练有素且更为悍勇的秦军，没有占到任何便宜。

是役，秦军大破楚军，斩首八万，总司令屈匄、裨将逢侯丑等七十余人成了秦军俘虏，丹阳被秦军攻占，史称丹阳之战。

楚国经此一战，损失惨重，但堂堂"南霸天"岂是浪得虚名，国力雄厚的楚国仍然有反击的资本。

丹阳的惨败，让楚怀王更加气急败坏，没有教训成秦国不说，还损兵折将、丢失两地，耻莫大焉，就算为了面子也得卷土重来。

丧失理智的楚怀王决定发起复仇之战。是战，他做了一个疯狂的举动，紧急动员全国人民，倾全国之兵攻秦（悉国兵复袭秦）。这似乎是一场生死之战，楚怀王大有秦、楚不共戴天之势，然而取得丹阳之战胜利的秦国并不畏惧，乘着士气正盛，秦惠文王决定发挥痛打落水狗的斗争精神，再狠狠地教训楚国一顿。

秦、楚双方在蓝田展开决战，这一战打得异常艰苦，不过秦军虽无法复制丹阳之战中痛贬楚军的战绩，但也步步紧逼，让楚军处于被动地位。

当楚军与秦军相持于蓝田时，魏、韩两国伺机而动，决定在秦楚大战中捞点便宜。秦国他们自然不敢得罪，于是将欲望的兵锋指向楚国，魏、韩出兵南袭楚国，一直攻打到邓地，使楚国处于两线作战的危险地步。

楚国连秦国一国都对付不来，怎么还能与魏、韩同时作战？眼见战事越来越不利于楚国，再一意孤行恐怕有亡国之危，疯狂的楚怀王终于清醒下来，强忍心中的愤怒与耻辱，厚着脸皮向秦国求和。

秦惠文王岂是好忽悠的主，当初开战的是你楚国，如今求和的也是你楚国，当秦国好忽悠吗？议和可以，但不能白议，楚国必须有所表示。

这时候的楚怀王早已没有当时的神气，他只想赶快结束战事，于是以割让两座城池为代价换取秦国的同意议和。

得了便宜的秦惠文王这次没有耍赖，秦、楚双方停战退兵。此战史称蓝田之战，蓝田之战中楚军伤亡不明，但能让怒不可遏的楚怀王认怂求和，损失应该不小。此战后，本来实力旗鼓相当的秦、楚两国此消彼长，楚国开始走下坡路，而秦国威名更盛，堂堂"南霸天"，最终沦落到被秦国玩弄于股掌。

# 张仪冒死赴楚：化险为夷

秦惠文王从来就是个贪心不足的君王。当然，这里的贪心不足做褒义用，如果秦惠文王容易知足，秦国也不可能独霸天下，统一六国也终将成为梦呓。

在丹阳、蓝田痛击楚军，逼迫楚怀王割让两城求和，秦国名利双收，但秦惠文王并不满足，他还想从楚国占到更多的便宜。

但这次，秦惠文王并不打算对楚国用兵，也不打算忽悠楚国。毕竟楚怀王割地求和才过去没多久，秦国如果又要诈或者攻打楚国未免太无耻了，万一引起各国公愤又上演一场合纵抗秦的好戏，岂不是引火烧身吗？

事实上，这次占楚国便宜也用不着动刀动枪，因为秦惠文王只是想与楚怀王进行一场交易。这场交易出自张仪的计谋，即以秦国武关以外的汉中等地交换楚国的黔中一带的土地，这样做对秦国的好处是，可以将巴、蜀、黔中连为一体，成为秦国稳固的大后方。

除此之外，张仪还有个目的，即把陈轸从楚国驱逐出境。张仪拿商于六百里忽悠楚怀王时，陈轸曾提醒楚怀王不要上当，丹阳之战前也是他抗议与秦军开战，事实证明陈轸的这两次进言都是正确的。陈轸确实足智多谋，对张仪的计谋也看得很清楚，让这样一个牛人留在楚国，迟早会威胁秦国，所以张仪必须把他赶出楚国。

张仪曾对楚国将军昭睢说过，只要楚怀王将陈轸和楚国另一个牛人昭过驱逐出境，秦国就把汉中一带的土地让给楚国。

昭睢后来将张仪这番话转告给楚怀王，楚怀王这个缺心眼听了很是高兴。

张仪想把陈轸从楚国驱逐出境，除了不让他将来威胁秦国，还有个很重要的原因。当初魏惠王在世时，张仪曾以归还魏国曲沃的方式，诱逼魏惠王与秦国连横，并乘机逼走了魏相惠施（后来又让秦国出兵把曲沃夺回，够无耻的）。这次张仪不过是故技重施，逼走陈轸、昭过，乘机与楚国连横。

秦国虽然先后在丹阳、蓝田痛击楚军，但杀敌数万，自损也不少，齐国可一直在坐山观虎斗，并没有受到损失。如果齐国在这时乘虚而入攻打秦国，或者楚国为了复仇投靠齐国结成抗秦联盟，秦国可就危矣，所以秦国有必要和楚国重修旧好。

秦人向来惜土如金，张仪想用肥沃的汉中交换楚国相对贫瘠的黔中，即便是为了连横大计，秦国朝廷也会有一片汹涌的反对浪潮。为了缓解秦国朝臣的情绪，张仪当时找了个借口，他在上朝时对秦惠文王说："汉中对秦国而言，其实是个祸害，就好比家里有不该有的财物，肯定会使人打歪主意的。汉中之南对楚国来说有利，现在秦国占着，楚国能不动歪心思吗？所以臣觉得，还不如还给楚国算了。"

果然，张仪话刚落音，朝堂上就有人提出抗议。抗议者是甘茂，下蔡人，经张仪、嬴疾引荐给秦惠文王受到重用，丹阳之战他与嬴疾、魏章一同领兵反击楚军，战功赫赫，不愧为当世名将。甘茂当时反驳道："领土增加就一定有忧患吗？汉中之地别的作用不说，一旦天下形势不利于秦国，大王可以割让汉中与楚国议和。如果大王现在就把汉中割让给楚国，将来出了什么大事，秦国又拿什么和楚国交易？"

秦惠文王斟酌再三，觉得甘茂说的也有道理，汉中断不能全部割让给楚国，但连横大计又不得不施行。最终，秦惠文王决定折中处理，将汉中一分为二，一部分用来与楚国交换黔中，诱惑楚怀王答应连横，另一部分留着以备非常时期。

楚怀王得知秦惠文王已经确定用一半汉中交换黔中与楚国结盟，他本人却突然改变了主意，他表示不要土地，只要张仪。楚怀王突然记起仇来，楚军先后在丹阳、蓝田被秦军痛击，这一切的罪魁祸首都是张仪，如果当初张仪不拿商於六百里地忽悠他，他怎么可能想到与秦国开战？

于是楚怀王放出话来："寡人现在不愿意交换土地，只要张仪到楚国来，寡人还割让黔中给秦国。"

很显然，楚怀王要报复张仪，而且到了疯狂的地步，张仪只要入楚，凶多吉少。秦惠文王自然明白这点，但对他来说，不用割让汉中还能得到黔中的土地，诱惑实在太大，所以他想让张仪入楚。但秦惠文王这人还是有良心的，张仪担任秦国相国以来，忠心耿耿、尽职尽责不说，而且功劳显赫，他实在不忍心对张仪下达入楚的命令。

然而令秦惠文王感动的是，张仪竟然主动提出入楚。这让秦惠文王顿生愧意，连忙提醒张仪："楚王明显是怨恨相国当初拿商於六百里地的事忽悠他，此番他让相国入楚，摆明了是想报复相国。"

张仪却信心十足地回答道："大王不必担心，臣在楚国有人，楚国大夫靳尚和臣是哥们儿，而靳尚老兄和楚王的心肝宝贝郑袖有些交情，楚王对郑袖可是言听计从，万一遇到危险，臣可以靠这层关系自保。再者，臣是大王派过来的，他楚王有几个胆子，敢对臣下手？即便下了，只要能让秦国得到黔中，那臣也死而无憾。"

秦惠文王见张仪都做好了时刻为秦国光荣牺牲的准备，感动之余，也坚定了派他入楚的决心。

张仪很快便启程出发，顺利抵达楚国。到了楚国后，不顺利的事随之开始，楚怀王根本不愿意接见他。不仅如此，他还派人把张仪囚禁起来，随时准备磨刀霍霍向张仪，杀了张仪以报当日忽悠之仇。

张仪见状不妙，连忙与他的好哥们儿靳尚暗中联系。靳尚得知张仪的处境，火速赶到楚怀王面前劝谏："张仪可是秦国的相国，大王现在让他蹲监狱，就不怕秦王不高兴？如果诸国发现秦、楚不和，保不准轻视楚国，到时候楚国可就危险了。"

楚怀王置之不理，依旧让张仪蹲监狱。

见说不动楚怀王释放张仪，靳尚只好采取迂回战术，劝说楚怀王的宠妃郑袖，通过她的枕边风解救张仪。

张仪和郑袖什么关系，为什么要救张仪？张仪和郑袖没关系，郑袖也犯不着救张仪。靳尚自然明白这点，所以他游说郑袖也是采用迂回战术，先从郑袖自身的利益谈起。

靳尚对郑袖说道："夫人知道您将来会在大王面前失宠吗？"

这个问题问得很有水准，王的女人，最担心的就是在王面前失宠，成为王嫌弃的女人，所以它很快便引起了郑袖的重视。郑袖当时正受楚怀王宠幸，对这话不太理解："靳大夫你这话是什么意思？"

靳尚解释道："大王最近把张仪关进了小黑屋。那张仪是秦王最信任的相国，秦王要知道大王想杀了张仪，肯定割地给楚国，让大王放过张仪。当然，还有美女，到时候大王恐怕会因此冷落夫人。"

王的女人最怕有人夺宠，郑袖听到这话急了："那这该如何是好？靳大夫你有什么办法能帮帮我？"

靳尚乘机说出他此番游说的目的，说得是那样的不带目的性，似乎本就是郑袖的考虑："其实这个很简单啊，您叫大王放了张仪不就行了吗？放了张仪，秦王就不用送美女给大王了。到时候，张仪和秦王都感激您，您内有大王宠爱，外有秦国重视，比您现在还威风，这样您的子孙当楚国太子也不成问题。"

郑袖听到这话，焦急的小心肝立刻快乐起来，这样排忧解难还能一本万利的买卖，为啥不干？于是她没日没夜在楚怀王耳边吹枕边风：

"大王你也太猛了点吧，人臣各为其主，张仪替秦王干那事是臣子的本分，大王你要杀他干吗？再者，秦王让他最信任的张仪出使楚国，说明他看得起大王，大王如果还杀了张仪，这让秦王情何以堪？到时候秦国肯定出兵攻打楚国。好吧，结果臣妾就不说了，您还是让我和儿子搬到江南一带去生活吧，免得成为秦军砧板上的鱼肉。"

楚怀王本来就畏秦，虽说一时受了刺激出兵先后在丹阳与蓝田单挑秦国，但打了败仗冷静下来就更畏秦，加上他耳根子又软，何况又是心肝宝贝儿郑袖给他吹枕边风，结果不难预料，他对报复张仪这事儿后悔了，最终放了张仪。

不过楚怀王虽然不敢再报复张仪，但也咽不下被张仪忽悠的那股恶气，所以他仅仅只是结束了张仪的牢狱生活，却依然将他扣押在楚国，而且没有改善他的生活待遇。《张仪列传》中说，楚怀王让张仪出狱后，对他友好如初，这并没错，但这一切都是张仪通过自己的智慧争取来的，事实上在刚出狱那会儿，楚怀王确实对他很不好。

据《战国策》记载，张仪当时很悲剧，伙食差不说，连衣服帽子破了都没钱买新的，他的舍人实在受不了这样的穷日子，一怒之下想抛下他回秦国。张仪察觉后当即劝阻，他身边不能连个工作人员也没有："兄弟，张仪知道你是受不了这样的穷日子想回去了，这样吧，你先不要走，我去楚王那儿弄点钱来。"

张仪于是求见楚怀王。楚怀王虽然很讨厌张仪，但看在他是秦相的份儿上，还是接见了他。见楚怀王一脸不痛快，张仪给他下了个套："您既然不待见我，就让我出使三晋吧，张仪总待在楚国混日子也没意思。"

见张仪提出的要求不是回秦，楚怀王倒也没有拒绝："可以，寡人就让你出使三晋。"

张仪乘机说道："楚王让张仪出使三晋，难道对三晋没有任何要求？有的话可以让张仪传达嘛！"

楚怀王听到这话来劲儿了："寡人能对三晋有什么要求！我楚国地大物博，黄金、犀角、象牙什么的应有尽有，哪用得着觊觎三晋那点破玩意儿！"

张仪倒也不觉尴尬，因为他早就知道楚怀王没必要贪图三晋的宝贝，他这样说只是为了自然地说出这句话：楚王只是不好色罢了！

张仪明知道楚怀王好色，为什么还要这样说？楚怀王自然也觉得费解："张仪你这话什么意思？"

张仪乘机说道："中原地区的妹子长得漂亮啊，白嫩的脸蛋儿，乌黑的秀发，婀娜多姿，漫步在大街上，陌生人看见她们，还以为是神仙姐姐下凡呢！"

这下楚怀王不淡定了，一不淡定就入了张仪下的套了："你这是什么话，楚国是个偏僻的国家，寡人没见过那么漂亮的女孩子，寡人见到漂亮女子也是会心动的！"

楚怀王脑子顿时活跃起来，立即展开对中原美女的想象，越想越心动，终于按捺不住，委托张仪替他到三晋选美。这无疑正中张仪的下怀，从来替君王选美都是趟肥差，因为君王见到美女后肯定兴奋，一兴奋就会对选美的人大加赏赐。

然而这并不是张仪所需要的最终效果。他好歹也是堂堂相国，替楚怀王选美有失风度，所以通过这事儿捞钱是下策，他还有上策可用。为了实现他的上策，忽悠楚怀王上当只是第一步，第二步是让楚怀王的心肝宝贝儿们上当。

当时楚怀王最宠爱的心肝宝贝儿无疑是南后和郑袖。姐俩听说楚怀王让张仪到中原选美，心急火燎地往张仪设好的圈套里钻，没办法，谁叫王的女人害怕成为王厌倦的女人呢？首先入套的是南后，她为了让张仪劝楚怀王放弃选美，出手极其阔绰，一次性送了他一千金。接着是郑袖，郑大美女也颇为大方，送了张仪五百金。

在此之前，楚怀王为了让张仪替他到中原选美，也送了他不少珠玉，张仪成功脱贫。但脱贫不是张仪的最终目的，张仪的最终目的是致富，这倒未必是他多么贪婪，只是唯有致富才能在舍人面前证明他的实力。

所以，对于南后、郑袖送来的黄金，张仪自然笑纳。

正所谓吃人嘴短，拿人手软，张仪在笑纳南后、郑袖送来的黄金的同时，也面临着一个亟待解决的困境。他先是答应楚怀王替他选美，后又答应南后、郑袖替姐俩说服楚怀王放弃选美，而且两边都收了好处费，哪边都不能失信，这该怎么办？

无妨，聪明的张仪早就想好了应对之策，就是以毒攻毒，再忽悠楚怀王一次。

忽悠的时间他都想好了，即他离开楚国出使三晋那日。由于张仪承诺替楚怀王到中原选美，好色的楚怀王这些日子对他的印象大为改观，辞别那日，张仪乘机提出个要求："各国现在闭关不通，行路艰难，臣这一去，不知道何年何月才能再见到大王，大王能不能请臣喝杯送别酒。"

因为有求于人，楚怀王自然不会拒绝，随即摆好酒席，为张仪送行。饮至半酣，张仪乘着酒兴又提出个要求："反正这里又没有外人，大王不如把您身边亲近的人都叫过来一起喝，大家一起高兴嘛。"

楚怀王像中了邪似的，又答应了张仪的请求，还把他的两位心肝宝贝儿南后、郑袖请来陪酒。这下正中张仪圈套，张仪看到南后、郑袖两位美女，假装大吃一惊："哎呀妈呀，臣死罪，臣死罪啊大王！"

楚怀王同样大吃一惊，张仪看上去没怎么喝醉啊，怎么突然说起胡话来？于是他问道："先生这是闹哪出啊？"

张仪的回答让楚怀王颇为得意，也让南后、郑袖心中窃喜："臣走遍天下，也算是见过世面的人了，但真没见过像您身边这两个美女这样漂亮的美女。臣之前说中原地区的美女多么漂亮，实际上等于在骗大王！"

楚怀王听到这话又来劲儿了："算啦，其实寡人本来就觉得天下没有谁比寡人这两位爱妃更漂亮。"

当着两位大美女的面，楚怀王倒挺会说话。也正因为如此，楚怀王也不好再让张仪到中原选美，张仪通过一系列的忽悠，白得了三笔丰厚的报酬。

因为会忽悠，作为楚怀王当初不共戴天仇人的张仪却在楚国混得越来越好，楚怀王对他的印象也越来越好，张仪又能干涉楚国的对外政策了。

满血复活的张仪又游说楚怀王与秦国结盟，楚怀王一激动就想答应，但冷静下来又有些担心，万一张仪再次忽悠他呢？尽管他这次看上去是那么真诚，但上次忽悠楚怀王时不也一样是那么貌若真诚？

楚怀王很犹豫，如果答应与秦国结盟，就必须放张仪返秦。张仪返秦后若是真能促成秦、楚的盟约，当然是好事，但如果张仪背信弃义该怎么办？那不是纵虎归山吗？楚怀王想报复都找不到人。

正当楚怀王不知如何处理时，张仪的好哥们儿靳尚出马了。靳尚的出马极可能是张仪鼓动，张仪急切希望回到秦国，他不能再让楚怀王犹豫不决，结盟之事须速定，迟则生变，楚国的反秦分子可是一直虎视眈眈。

靳尚对楚怀王说："大王如果对张仪不放心，不妨让臣跟着张仪去秦国，如果张仪敢做出对大王不义的事，臣就乘机杀了他。"

凭靳尚与张仪的关系，他怎么可能对张仪痛下杀手？如果他想让张仪死，何必亲自动手，当初不说服郑袖救张仪就可以了。所以用一句台词来说，此事必有蹊跷。

只要清楚靳尚与张仪的关系，就不难知道他这样说的目的，给楚怀王吃颗定心丸，让楚怀王以为可以放心大胆地放张仪返秦。还有一种可能，靳尚本人也不想在楚国混了，想和张仪一同到秦国开始新生活。不管怎样，靳尚的最终目的都是救张仪，但可惜楚怀王不但没有察觉，反倒因此下定决心结盟，放张仪返秦。

就在靳尚和张仪满心欢喜地离开楚国时，他怎么也没想到，他的仇人决定利用这个机会对他痛下杀手。

靳尚的仇人史载不详，只知道他是楚国的一个小臣，而靳尚是楚国大夫，按说以他的实力很难干掉靳尚。但这哥们儿地位虽不高，头脑却不简单，他决定借刀杀人。

当时魏臣张旄很想在国际上打出知名度，可惜一直受张仪的风头压制，多年来不温不火，混得不是很好。靳尚的仇人觉得这是个机会，一个除掉靳尚嫁祸给张仪的机会，只要张仪闹出了丑闻，张旄不就能乘机出头吗？他认为张旄肯定会把握这个机会，如果那样，他也能够报了靳尚之仇。

所以他当时对张旄说："凭张仪的能力，又受到秦、楚两国重用，这对先生不利啊！听说张仪现在正和靳尚一同返秦，鄙人觉得，先生不如派人刺杀靳尚，到时候楚王肯定以为是张仪干的，如此一来，张仪还能得到楚王重用吗？先生可不就……再说了，此事一发，秦、楚两国势必交恶，魏国可不就安全了吗？"

不知道靳尚怎么得罪他的仇人了，但现在看来，他当初真不该结这个仇。仇人兄的话说得滴水不漏，连行刺都要说得那么光明正大，是为国行刺，张旄还有什么理由拒绝？于是靳尚悲剧了，死在张旄派出的刺客手下。

楚怀王一直被蒙在鼓里，他真以为靳尚在执行监控张仪的任务，现在靳尚死了，凶手毫无疑问是张仪。楚怀王感受到了莫大的耻辱，想不到张仪这次不仅忽悠他，竟然还杀了他派出的特使，完全没把他这个楚王放在眼里。现在他再回想起张仪出狱之初对他的那些甜言蜜语，不感到高兴，只剩下恶心，张仪这混蛋实在太卑鄙了！

当时楚国著名的爱国诗人屈原正从齐国出使回来，屈原一向对秦国没好感，恨屋及乌，对秦国的大臣也没好感，听说张仪又忽悠了楚怀王，连忙进言，派人行刺张仪。楚怀王正在气头上，一怒之下就同意派出刺客追杀张仪。

好在张仪跑得够快，在楚怀王派出的刺客追上他之前，他就已经马不停蹄地逃回了秦国。刺客追到秦、楚边境地带，只能望秦兴叹，到了秦国的地盘再行刺张仪，等于是送死，只能悻悻而归。

张仪此番赴楚，先后两次遇到生命危险，多亏他足智多谋才能够化险为夷。俗话说大难不死必有后福，但在张仪身上这句话根本行不通，在经历了赴楚的生死危机后，等待张仪的将是一次事业上的巨大打击。

张仪冒死赴楚：化险为夷

# 一朝天子一朝臣

张仪从楚国虎口逃生回到秦国，秦惠文王自然十分高兴，依旧对他予以重任。不久，张仪又开始重操旧业，以三寸不烂之舌游说列国，使齐、楚、赵、韩、燕五国纷纷向秦国示好，为秦国营造了良好的国际环境，因战功卓越被封为武信君。

然而好景不长，是年（更元十四年），秦惠文王病重。

秦惠文王这次病得很严重，绝非寻常染病，他很可能熬不过这一年了。尽管秦惠文王早已立下太子，秦国的内政也比较稳定，他死后太子即位，一切按程序行事，并不会像他祖父秦献公那样引起朝廷震荡，但秦惠文王可能依然有些放心不下。

一是太子好武。秦惠文王的太子名叫嬴荡，虽然名"荡"，但本人一点也不荡，是个大力士，喜欢和人角力。但作为一国之君必须文武兼修，不能只讲匹夫之勇，更得善用谋略。也许在秦惠文王看来，这个儿子并不是最合适的王位继承人，被立为太子是因为他是嫡长子，他将来未必能做一个出色的君王。

二是朝臣结党。懂历史的人都知道，君王不怕臣下争斗，就怕臣下结党，如果朝臣们都一个鼻孔出气，这不是对君主的威胁吗？而当时的秦国，朝臣们已经开始搞帮派，合起伙来忽悠君主，秦惠文王可能是担心太子将来斗不过那群大臣。

如果秦惠文王真这样想过，只能说他想多了。其实，他更应该担心的是张仪。

嬴荡这小伙子虽然好勇斗狠，但并不完全是一介莽夫，他也是一个有远大理想的人。不过，相比秦惠文王，嬴荡更好战，在他看来通过战争打败对手远比外交手段更直接、更快得到利益，所以他对纵横家出身的张仪并不重视。

如果仅仅只是嬴荡不重视张仪，一切还好，毕竟张仪是秦惠文王最信任的大臣、秦国相国、秦国的大功臣，嬴荡将来即位念及这些，也不会太为难张仪。但张仪的处境，远比嬴荡不重视他严重，他得罪了秦国权贵。

权贵的力量是强大的，当初商鞅就是因为得罪老贵族，在失去秦孝公这座靠山后，遭到老贵族的疯狂报复，最终被杀。虽说现在秦国权贵的力量不如秦孝公时期，但一旦张仪也像商鞅那样失去靠山，也足以让他吃不了兜着走。

按说商鞅变法正是为了打击老贵族势力，到秦惠文王末年，秦国推行新法已有四十年，老贵族们应该已经不成气候，很难威胁到堂堂相国张仪的地位。但张仪得罪的不是一般的老贵族，而是秦国的宗室势力，准确地说是经过新法的优胜劣汰脱颖而出的宗室势力。

在电视剧《大秦帝国之纵横》中，张仪与嬴疾是友好的同僚关系，这一文一武两位牛人是秦惠文王的左膀右臂，两人也是惺惺相惜。而事实恰好相反，张仪得罪的正是以嬴疾为首的秦国宗室势力。作为魏人，张仪深受秦惠文王重用，独相秦国，这是宗室出身、同样功劳显赫的嬴疾所不能容忍的。

事实上，张仪得罪的权贵不只是秦国宗室势力，还有以甘茂为首的其他朝臣。史书上说，张仪与甘茂等朝臣不合，不合的原因是什么没有提到。但个人认为，这些朝臣应该大多还有一个身份——秦人，至少不是魏国人。从情感上说，让魏国人张仪做秦国的相国，他们很难接受；从功利上说，魏人在秦国的崛起，无疑压制了秦人的上升空间。后来秦国发布《逐客令》，正是秦人的这两方面原因作祟。

张仪与秦国权贵的这种冲突显然难以调和，除非张仪主动放弃所拥有的一切，否则这种冲突只会随着秦惠文王对他的重用越来越严重，等秦惠文王一死，这种暗藏的利益冲突就会立刻摆上台面，演变成剧烈的政治斗争。

事情的发展也确实如此。

更元十四年（前311年），秦惠文王嬴驷病逝，享年四十六岁。

秦惠文王十九岁即位，面对老贵族蜂拥般的复出对商鞅进行反攻，秦惠文王以极其老辣的手段利用老贵族的仇恨，顺势处决了商鞅，虽然不免残忍，但也稳定了人心，确保秦国没有因秦孝公的去世造成朝政紊乱与自身地位的不稳。之后，他并没有因人废法，依然坚定不移地推行新法，让秦国一步步向霸业靠近。

当初秦孝公立志复兴，霸业未成而中道薨，令人扼腕叹息。秦惠文王从秦孝公手中接过复兴的大旗，推行新法，唯才是举，重用张仪、嬴疾、甘茂等人，连横天下，屡破诸侯，让魏韩闻风丧胆，使楚国遭受重创，西灭义渠，南吞巴蜀，为秦国东出奠定了坚实的政治、军事、经济基础。

秦惠文王是秦国称王第一人，他无愧于一代雄主的美誉。在他君临秦国期间，六国合纵攻秦，被他一举击溃。这既能说明秦惠文王的雄才大略，也足以说明当时的秦国已强大到让六国全都畏惧的地步了，秦国已然成为西方霸主。

值得一提的是，秦惠文王不仅是治国的高手，也很能生儿子，他生出了两个王，两个出色的王，一个叫嬴荡，另一个叫嬴稷。

我们先说嬴荡的事迹。

秦惠文王死后，太子嬴荡顺利即位，是为秦武王。

秦武王即位时也是十九岁，正是年轻气盛好斗好战的年纪，从他的谥号"武"也可以看出，这哥们儿在事业上的成就是武功，而不是文治。一个好战的君王，不重视张仪那种舌灿莲花的纵横家倒也正常，加上他当太子时那些失势的宗室成员可能没在他耳边少说张仪的坏话，所以他也不喜欢张仪。

不过秦武王也并不是好糊弄的人。他刚即位时，秦国朝臣结党已经比较严重，欺上瞒下的现象普遍，还有的朝臣收受贿赂勾结外国。这种事情肯定做得比较隐蔽，而且朝臣们既然结党，肯定一个鼻孔出气拒不承认，但秦武王并没有被蒙蔽，相反他雷厉风行地整治了一批坏分子，秦国内政很快就清明下来。

秦国朝臣虽然不敢结党营私了，不敢勾结外国了，但他们敢勾结起来打压张仪，反正秦武王也不喜欢张仪，不打白不打。所以秦武王刚即位那会儿，不断有人在他面前进谗，甚至污蔑张仪对秦惠文王不忠。

然而秦武王并未对张仪采取任何行动。他虽然不喜欢张仪，但并不傻，张仪都敢为了他爹冒死赴楚，怎么可能对他爹不忠？在秦武王看来，对张仪这位秦国的大功臣，不喜欢他不重用他便是，实在没必要对他下手，以免落个刻薄寡恩的罪名。

不过张仪有些慌张起来。他知道秦惠文王当初是怎么对待商鞅的，万一秦武王为了巩固王位，也拿他来安抚人心，这不就步商君的后尘了吗？商鞅当时有十五座城的封邑，有自己的武装势力，尚且无法摆脱悲剧，他张仪凭什么？

他并没有强大的武装势力，再待在秦国，恐怕必死无疑！

张仪于是决定逃离秦国。恰好当时齐宣王不知怎么和张仪怄上气了，专门派使者到秦国责备张仪，张仪乘机对秦武王说："齐王很讨厌臣，臣再待在秦国肯定影响两国关系，不如让臣到魏国去，魏王要敢收留臣，齐王肯定恨魏王，到时候连魏国一块揍。等齐、魏两国交战，大王乘机出兵攻打韩国三川，挺进周王室，挟天子以令诸侯，掌握天下户籍地图，成就帝业指日可待。"

秦武王似乎没有发觉张仪的用意，觉得张仪只是想借机回到家乡魏国，所以听从了张仪的建议，并派出车队护送他前往魏国。车队只有三十辆车，和当时百辆车的豪华车队相比，简直有些寒酸，可见张仪当时在秦武王心中的地位。

张仪到达魏国后，齐宣王果然迁怒于魏襄王，很快出兵攻打魏国。正当秦武王庆幸计谋得逞，魏襄王心急如焚时，张仪出手了。张仪如果想在魏国生活下去，就必须为魏襄王解扰，让秦武王失望，否则魏国吃了败战，魏襄王肯定拿张仪泄愤。

张仪向魏襄王请缨劝退齐军，魏襄王正愁找不到人和齐宣王周旋，连忙同意张仪的请求。然而这次张仪不打算亲自出马，齐宣王这时候正和他怄气，如果他去游说齐宣王，无异于自寻死路。当初楚怀王和他怄气，他出使楚国就差点丧命，所幸有老朋友靳尚四处求救，但齐国可没有第二个靳尚。

他决定让家臣冯喜以楚国使者的身份游说齐宣王。

冯喜不愧是在张仪门下混过的，口才了得，他决定拿张仪当时为了逃离秦国给秦武王献的计做文章，只要让秦国借齐、魏交战乘机伐韩的阴谋公布，齐宣王肯定不可能再坚持伐魏。原因很简单，谁也不愿意损兵折将为他人作嫁衣。

想到这里，冯喜决定再深入一步，张仪当时虽说已决定在魏国生活，不再回到秦国担任相国，但并未公布，名义上他仍是秦国的相国，那么齐宣王伐魏为秦国作嫁衣的结果是什么？是张仪立功，这不等于是帮张仪吗？

让齐宣王帮他的仇人，他愿意吗？一百个不愿意！

冯喜决定了，就这样忽悠齐宣王。所以，他一见到齐宣王就推心置腹地说道："臣知道齐王讨厌张仪，但您攻打魏国干什么？您打魏国伤得着张仪吗？恰恰相反，只会让张仪在秦国更加得势。"

齐宣王表示很不理解，但他很有兴趣听冯喜说下去。

冯喜接着说道："张仪和秦王算计好了，忽悠您攻打魏国，等齐、魏两国火拼时，秦国就乘机出兵攻打韩国，进而欺负周王，争夺天下户籍地图。您说如果您这时候攻打魏国，是不是便宜了秦国，帮张仪立功？"

现在摆在齐宣王面前的是两个选择：一是不攻打魏国，结果是教训不了张仪，但张仪的计谋失算；二是攻打魏国，结果是未必教训得了张仪，只是拿魏国泄愤，但便宜了秦国，还帮张仪立功。

该怎么选，只要齐宣王没有发现张仪投靠魏国的真实想法，作为一个脑子正常的人，肯定选择第一种。于是满腔怒火的齐宣王悻悻退兵回国了。

因为有功于魏国，张仪受到魏襄王的厚待，这使他彻底断绝了回到秦国的念头。在此事过后不久，魏襄王力排众议，任用张仪为相，张仪离秦已成公之于外的事实。

相魏一年后，秦武王二年（前309年），张仪去世，善终。

生于斯，老于斯，一介书生，靠三寸不烂之舌纵横捭阖，玩弄天下诸侯于鼓掌，晚年还以相国之尊终老，张仪可以说是不折不扣的人生赢家。他连横天下，虽比不上商鞅锐意变法的开创意义，但也精彩纷呈，功勋昭著。

从辅佐秦惠文王称王、施行连横之策，到参与指挥吞并巴蜀之战，再到破坏齐、楚关系大破楚军，张仪对秦国的贡献足以书之青史。他不愧是那个时代最杰出的人才，他穷尽毕生所学，既为自己书写了传奇的一生，也铸造了强秦霸业。秦的大一统，中华民族六合归一，张仪之功不可磨灭。

凭这点，张仪足以光耀青史。

张仪出任魏国相国后，秦武王连忙隔空炒了张仪的鱿鱼，并废除相国一职，首设丞相之职。一朝天子一朝臣，纵横家张仪走了，好战的秦武王重用名将甘茂与嬴疾，让两人分别出任左、右丞相。

秦武王重用甘茂，是要下一步大棋。

# 宜阳之战：通三川以窥周室

前面说过，秦武王虽然好战，但决不是一介莽夫，他的雄心壮志不逊于秦惠文王。不过在即位的前两年，由于要整治结党欺上的朝臣，以及巩固刚接手的王位，秦武王并没有对外发动大规模战事。这也更能说明秦武王不是四肢发达头脑简单的人，他虽然崇尚武力，但也知道什么时候使用武力。

秦武王崇尚武力其实与秦国的国力有关，他未必就真是个只知道打打杀杀的好战之君，而是因为当时秦国俨然天下霸主，实在没必要再太过于依赖外交手段解决问题，有时候战场上获得的利益往往更可靠、更牢固。

兵法上说，"上兵伐谋，其次伐交，其次伐兵，其下攻城"，发动战争攻城略地只是下策，依靠谋略与外交战胜对手才是上策，但很显然，秦武王并不认可这点，或者说他觉得这样的上策不可多得，战争才是掠夺利益最直接的方式。只有实力还不够强大时，才更倾向于依靠三寸不烂之舌折冲樽俎。

秦武王三年（前308年），二十三岁的嬴荡在整顿完秦国内政，确保政权稳固之后，将视线转移到了山东各国。他决定发起一场战事，打通通往山东各国的门户，为将来秦国开展大规模兼并战争做准备。

记得当初秦国发动巴蜀之战前，张仪曾建议秦惠文王攻打韩国三川以窥周室，但司马错认为时机还不成熟，威胁周王室实在是激怒天下引火烧身，秦惠文王只好作罢，全力支持司马错伐蜀。然而今时不同往日，秦国在吞并巴蜀后实力大增，又打残了南霸天楚国，睥睨天下，这时候再窥测周王室似乎不成问题。

所以，秦武王决定重启张仪的战略思想，打通韩国三川以窥周室。这哥们儿倒是很像他爹秦惠文王，秦惠文王杀了商鞅，却不废除新法，而秦武王虽然不喜欢张仪，但也不因人废言，抛弃张仪的战略思想。

确定打通三川的战略后，秦武王首先面临的问题是选将，派谁领兵攻打韩国。秦国当前最出色的将军莫过于嬴疾和甘茂，嬴疾是宗室，甘茂是客卿，嬴疾已经战功赫赫，又官拜右丞相（地位比左丞相更尊贵），再让他在伐韩战争中立功，到时候功高盖主难以制衡，考虑到这点，秦武王最终决定选择甘茂。

于是，秦武王召见甘茂议事，并向甘茂透露了他的战略意图。

> 寡人欲容车通三川，以窥周室，而寡人死不朽矣。（《史记·甘茂列传》）

寡人想乘豪车通过三川，到周王室一游，如果能达到此心愿，寡人死而不朽。秦武王的最终目的当然不是到周王室玩耍，一个普通游客还想死而不朽，做梦去吧！秦武王是想打通三川要道，到周王室耀武扬威，震慑天下，并夺取天下户籍图册，为秦之一统做贡献，如此才能说得上死而不朽。

甘茂对这个想法十分赞同，他还主动请缨："臣可以替大王出使魏国，游说魏王和大王一同出兵伐韩。"

秦武王当然乐意依从。

甘茂于是动身前往魏国游说魏襄王。魏国这些年来在秦国的铁拳下丧失许多土地，老实了许多，魏惠王晚期还总妄想恢复霸业，到魏襄王当政以来，就愈发苟安了。尤其是当初公孙衍合纵攻秦失败，魏襄王见六国都不是秦国对手，对抗秦国就更没信心了。此次甘茂游说魏襄王伐韩很顺利，魏襄王很快便答应了。

然而这时候甘茂却变卦了，还没返回秦国，他就对副手向寿说："您先回国吧，告诉大王，魏王那边已经搞定了，但秦国还是别攻打韩国了。"

向寿一头雾水，不知道甘茂葫芦里卖的什么药，既然左丞相大人有令，还是如实上报就是。

其实秦武王听到这个消息也是一头雾水，甘丞相到底几个意思，之前还是积极分子，主动请缨游说魏王伐韩，怎么突然打退堂鼓了？为了搞清楚这个问题，秦武王决定亲自询问甘茂，为此他还亲自到息壤迎接甘茂回国。

甘茂一到，秦武王就迫不及待地问他放弃伐韩的原因。甘茂的原因很简单，打通韩国三川太难，不想出征。秦武王如果想打通三川娄道，就必须攻打三川地带军事重镇宜阳。宜阳名为县实为郡，城墙坚固，甲士如云，并且城内集聚大量物资，可作为长期坚守之用，而秦军还得长途跋涉攻城，所以甘茂认为攻打宜阳胜算不大。

秦武王很无语，既然你甘茂认为攻打宜阳难度大，早干吗去了？当初怎么不这样说，非得等到说服魏王答应出兵伐韩，才想起打退堂鼓来？所以，我认为当时秦武王肯定不相信甘茂这一番说辞，放弃伐韩必然另有其因。

甘茂确实另有其因，他有难言的苦衷。事实上，甘茂很想领兵攻打韩国宜阳，如果真能打通三川以窥周室，不仅秦武王死而不朽，他也可以建立不世之功。但迫于无奈，他不得不做出放弃伐韩的姿态，见秦武王追问不舍，他说了个故事，向秦武王表达他的苦衷，希望能换取秦武王对他的信任。

甘茂对秦武王说："鲁国有个和曾参同名同姓的人杀了人，有人告

236

诉曾参他妈，说你儿子杀了人，曾大妈开始也不信，等连续有三个人这样说时，曾大妈信了，吓得丢了梭子，翻墙开溜。大王你看，凭曾参这样的贤人，只要有三个人说他杀了人，连他妈都不相信他了。现在朝廷上诋毁臣的恐怕远不止三个，而臣又远不如曾参贤能，大王对臣的信任也不可能像曾大妈信任他儿子一样，如果臣领兵攻打宜阳的时候，有人在大王面前诋毁臣，大王能相信臣吗？如果大王不信任臣，臣也打不下宜阳，所以还不如不去了。"

秦武王终于明白甘茂的意思，为了打消甘茂的疑虑，他当即打下包票："丞相放心，寡人绝对不会相信任何人对你的污蔑，如果丞相还信不过寡人，寡人可以在你面前发个誓。"

看到秦武王如此表态，甘茂也放心不少。作为一个聪明人，甘茂当然不至于天真到认为秦武王在他面前打了包票，将来就不可能受谗言影响，但秦武王既然和他盟了誓，到时候想出尔反尔恐怕也没那么容易，加上他本来也很想打通三川建功立业，所以最终还是答应秦武王领兵伐韩。

在决定伐韩前，甘茂就已说服魏襄王一同出兵，但甘茂为了保险起见，又决定拉赵国入伙。赵国的冷向动了个歪心思，他想让赵武灵王绑架甘茂，和秦、韩、齐三国谈条件。另外，绑架甘茂，秦武王就可能让嬴疾或公孙郝接替甘茂的职务。

冷向可能与嬴疾、公孙郝等人有交情，想忽悠赵武灵王夺甘茂的权。甘茂其实与嬴疾等人的关系并不好，当初他之所以做出放弃伐韩的姿态，正是担心嬴疾等人趁他领兵在外，在秦武王面前诋毁他。

由于赵武灵王只想观山观虎斗，所以没有听从冷向的建议，当然，也没有答应甘茂和秦国一同出兵伐韩。

秦武王虽然崇尚武力，但也不完全放弃外交手段，为了消除甘茂伐韩的外患，他决定派使者游说楚怀王保持中立。这个决定是出自一个叫冯章的人的建议，他当时对秦武王说："万一我军没有攻下宜阳，楚国趁火打劫，和韩国一同出兵反击，那秦国就危险了。大王不如用汉中收买楚王，让他不出兵增援韩国，只要楚国不答应出兵，韩国势必孤立无援，谅它也逃不出我军的手掌心。"

很显然，这时除了魏国詟从秦国、赵国中立外，齐国与燕国也保持中立，秦武王只要搞定楚怀王，攻下宜阳指日可待。

冯章到了楚国，以割让汉中游说楚怀王保持中立，楚怀王满口答应。然而事情没那么简单，当初张仪曾许诺割让商於六百里地换取秦国与齐国绝交，结果楚怀王与齐国绝交，秦国却装傻充愣，根本不想兑现承诺，这事难道没有让楚怀王有半点反省？他这次真相信秦国割让汉中的诚意？

楚怀王这次学精明了，答应保持中立只是敷衍，他已经做好了伺机而动的准备。

秦军在甘茂的统领下攻打宜阳，但出师不利，宜阳城坚将勇，让秦军吃了不小的苦头。楚怀王见秦军受挫，认为复仇的机会到了，不惜背弃盟约，出兵与韩国联系。

这让秦武王很是忧虑，楚国瘦死的骆驼比马大，虽然经过丹阳、蓝田两战的惨败，但仍有一定的军事实力，如果楚军与宜阳韩军里应外合夹击秦军，秦军恐怕得吃败仗，铩羽而归。然而甘茂对此反倒很乐观，他对秦武王说："楚军知道秦军的厉害，根本不敢与我军交战。韩国对楚国也不放心，担心楚军是打着救急的名义趁火打劫，所以楚军与韩军必然相互猜忌，不可能真正合作与我军交战。"

很遗憾，甘茂的预料有误。但事情也没那么严重，楚怀王并不想与秦军拼个你死我活，他只是见秦军在宜阳城下受挫，便以为秦军攻不下宜阳，于是想乘机出兵据守宜阳，卖韩国个人情以便要点好处费。所以他当时对陈轸说："韩相公仲朋为人机敏，又熟悉天下之事，寡人看秦国是占不到便宜的。既然这战韩国必胜，寡人何不乘机出兵协助一把，卖韩国个人情呢？"

楚怀王的想法是很好的，反正秦国不可能割让汉中，而秦军目前在宜阳城下又够呛，不如乘机帮韩国一把，说不定还能占点便宜。但问题是，秦军真的攻不下宜阳吗？在陈轸看来，答案是否定的："臣认为大王还是退兵为妙，公仲朋确实是个聪明人，但依臣看，他现在已经遇到困境了。"

在协助韩国据守宜阳的问题上，楚怀王其实有些举棋不定，不然他也不会找陈轸商量。在得知公仲朋遭遇守城困境后，他决定放弃出兵援韩。

虽然没有遇到楚军，但秦军攻打宜阳仍然十分艰辛，韩国为了保住这座军事重镇，避免被秦国肢解，不断投入兵力，秦军屡攻不下，士气大跌。

此战在列国中传得沸沸扬扬，连一向没什么存在感的东周国也在关注战局。大概在楚怀王准备出兵援韩时，东周君问大臣赵累："你认为这一战谁胜谁负？"

赵累说："秦国胜。"

东周君不以为然："不见得吧，宜阳城方圆八里，韩国在此投入精兵十万，粮草可以支撑数年，另外，韩相公仲朋还拥兵二十万以为后盾，寡人看秦国是攻不下宜阳的。"

赵累不这么认为，他认为此战的关键在于秦军主帅甘茂是否尽力而战，只要秦军拿出誓夺宜阳的毅力，十万韩军精锐也根本不是秦军的对手。而在他看来，甘茂必然奋力作战："甘茂是秦国客卿，他想在秦国立足，必然要打赢这战，否则迟早混不下去，秦王也会深以为耻。所以臣觉得，秦军必破宜阳。"

事实证明，赵累的猜测没错。

宜阳城实在太坚固，秦军屡攻屡败，折损了大量人马，作为主帅的甘茂也有些想打退堂鼓了。正如赵累所说，甘茂如果损兵折将无功而退，必将在秦国将无立足之地，这点甘茂的手下左成也深以为然。

见甘茂意志动摇，他连忙劝阻："丞相不能退兵，右丞相嬴疾和您一直不对付，如果丞相攻不下宜阳，右丞相必拿此事大做文章，丞相还能在秦国立足吗？如今您攻打宜阳，已经把韩相公仲朋得罪，离开了秦国，不怕韩相对您不利？臣以为，丞相现在别无他选，唯有攻下宜阳，到时右丞相就不敢拿您怎样了。"

甘茂听完后背一阵发凉，庆幸没有退兵。如今骑虎难下，只能背水一战了。然而这似乎并没有什么用，秦军依然屡攻屡败，士气之低，以至于三鼓过后，士兵根本不往前冲。打了五个月，死伤无数，宜阳城依然岿然不动。

当初秦武王提出攻打宜阳，嬴疾、公孙郝等人并不赞同，现在见甘茂损兵折将，久攻宜阳不下，这哥俩别提多高兴了，连忙在秦武王面前进谗。这下连秦武王也开始动摇，下命令召见甘茂，用意很明显，即和他商讨退兵事宜。

可甘茂不想退，也不可能退，战事还没结束，嬴疾等人就迫不及待地进谗，真到了无功而返的那天，还不得变本加厉，痛下杀手？还好甘茂当初有先见之明，知道嬴疾等人会在背后进谗，在出兵前就让秦武王发誓写了保证书。

秦武王召见甘茂，提了自己的想法，甘茂也没直接抗议，只是说了四个字：息壤在彼。

秦武王顿时明白甘茂的意思，他不支持退兵，并拿当初在息壤写保证书的事抗议。作为一位说一不二的君王，秦武王也不好当着甘茂的面要赖，再说他也很想攻下宜阳，只好继续支持甘茂攻打宜阳。

嬴疾一伙人见秦武王终究还是没有让甘茂退兵，就想让甘茂败于宜阳城下，那样比让甘茂无功而返更能对他予以打击。当时嬴疾的党羽公孙显手下有个叫扬达的人，给公孙显出了个馊主意，让他（扬达）带兵五万攻打西周国。这样做的好处是，让列国厌恶秦国，紧急出兵增援宜阳，到时甘茂必败。即使甘茂能攻下宜阳，只要这支秦军攻下西周国夺取九鼎，也可以与甘茂比功。

所幸公孙显还有些原则，以列国厌恶秦国为代价打击甘茂，公孙显觉得很不值，没有采纳扬达的馊主意。

至此，秦武王坚定不移地支持甘茂，嬴疾一伙人也似乎拿他没辙了，甘茂终于可以一心一意攻打宜阳。

按照一般剧情的发展，甘茂似乎该打胜仗回报秦武王对他的信任了。然而这是历史，历史比小说更曲折惊险，事实上甘茂仍在不断失败。接二连三的受挫，使他手下的军尉都对他的军事指挥能力产生了怀疑，当面批评道："丞相打仗不按兵法套路来，还会败得更惨。"

甘茂听到这话很激动："我甘茂以客卿身份担任丞相，本想通过攻打宜阳取悦大王，没曾想到了这个地步。但不管如何，宜阳必须攻破，否则嬴疾、公孙郝必谗毁我于内，而在外公仲朋也会率兵找我麻烦，如此我甘茂性命难保！明日本丞相将召集三军对宜阳发动最后的进攻，若此战不胜，宜阳就是我甘茂葬身之所！"

此时已是秦武王四年，而宜阳之战是从秦武王三年开始，甘茂深知，秦、韩两军在宜阳的持久交战，不仅让秦军疲惫不堪，也大大消耗了韩军的实力，这时候胜败的关键在于军队的意志力，谁的战斗意志力更强，谁就是最后的赢家。

于是，甘茂为了增强秦军的战斗意志，不惜拿出家财奖赏将士，以激励将士们奋勇杀敌。俗话说重赏之下必有勇夫，果然，到第二日，甘茂指挥秦军向宜阳守军发起决战，将士们无不奋勇当先，痛击韩军。

宜阳守军没想到秦军竟然还能如此凶猛，顿时慌了神，士气大跌，在秦军凌厉的攻势下渐渐不支，只能看着如狼似虎的秦军攻上城墙，发疯般地砍杀。此战不到一日便已结束，秦军斩首六万，终于攻陷宜阳。

宜阳沦陷的噩耗传到韩国国都新郑，韩襄王惊惧不已，唯恐秦军以宜阳为桥头堡向韩国腹地挺进，连忙让公仲朋出使秦国，献宝求和。秦军拼尽最后一丝力量才攻下宜阳，已经十分疲惫，很难乘胜再攻韩国，秦武王于是答应了韩襄王求和的请求。

秦国攻下宜阳，不仅将韩国分割，大大削弱了阻挡秦国东出的韩国的实力，也掌控了通往山东各国的门户，可以挟二周北攻燕、赵，东伐魏、齐，南伐宛、楚，实施大规模兼并战争。宜阳之战，对秦国将来一统六国具有里程碑式的意义。

秦武王很高兴，梦寐以求的宜阳城终于攻下，下一步就是车通三川，浩浩荡荡挺进周王室，向全天下人宣扬秦国与他堂堂秦王的威名了。他已经迫不及待地想实现他的宏伟夙愿了。

# 举鼎之祸：秦武王绝膑

秦武王取得宜阳之战的胜利后有些飘飘然，以至于连齐、楚两国都不放在眼里。所以当时有人劝他低调点，要保持王者的从容淡定，还拿他爹秦惠文王的老冤家魏惠王为例，证明骄傲自满的后果。

很可惜的是，秦武王似乎没有听进去。

如果他听进去了，也许会放弃进窥周王室的行动，那毕竟十分嚣张。周王室虽然没落，但名义上还是天下宗主，当年楚庄王那样威风，也只敢问问九鼎的轻重，还遭到了周臣王孙满的拒绝回答与批评教育，无奈作罢。

此事虽然过了三百年，周天子也一年不如一年，但秦武王想做的可不是问鼎，他想夺鼎，还想夺走周王室的天下户籍图册，这确实是很嚣张的想法，在此之前恐怕没有哪个诸侯王敢有这种想法。

九鼎这玩意儿可大有来头，相传是大禹所铸。大禹建立夏朝之后，将天下划分为九州，令九州州牧上贡青铜，铸造了九只鼎，将九州之名山大川、奇异之物镌刻于鼎身，一只鼎象征一州，九鼎则象征华夏大地。如此，九鼎也就成了至高无上的王权、四海统一的象征。夏朝灭亡之后，商朝接管九鼎，商亡之后，周朝接管九鼎。尽管历经上千年沧桑，九鼎的权威性不但丝毫未减，反倒更加神圣起来。

秦武王想夺周王室的九鼎，等于是想取代周王室，成为新的天下之主。

但秦武王也有个小小的担忧，万一他到了周王畿，周天子一点儿也不给他面子，誓死捍卫九鼎，连看都不让他看，难道他还真能和周天子来硬的不成？他总不能为了夺九鼎杀了周天子吧？杀了周天子，他可就成了人们心中的暴君，招致各国讨伐不说，指不定还得遗臭万年，秦武王可不想沦落到这种地步。

不得不说，秦武王的智商绝对撑得起他的野心，尽管他此时有点飘飘然，但也远没到利令智昏的地步。在亲自前往周王畿之前，他决定先派人到周王畿打探一番，搞清楚周天子的态度后再做决定。

派谁去好呢？此人必须有很高的威望，又最能代表秦武王本人，毫无疑问，右丞相嬴疾是最合适的人选。于是，秦武王特意为嬴疾准备了百辆豪车组成的车队，护送他出使西周国。

西周国是从周王的领地中分离而来。周考王时，封其弟揭于王畿，是为西周桓公，成立西周小国。周显王时，西周惠公与其弟公子根争立，在赵、韩两国的干涉下，惠公同志只能眼睁睁看着公子根在巩地即位，是为东周惠公。周王畿由此分裂为东周、西周两个小国。至周赧王时，东、西周分治，周赧王徙都西周。

嬴疾奉命出使西周国，正是想打探西周国对秦国的看法，对他这个秦王特使的态度，如果态度友好，说明周王室给秦国面子，秦武王就可以大摇大摆挺进周王畿。反之则要考虑下抢夺九鼎的后果。

让嬴疾，或者说让秦武王兴奋的是，西周国对秦国使者团队非常友好，西周君还亲自带队迎接嬴疾，"意甚敬"，就是说对嬴疾十分恭敬，把他当大爷对待。很显然，西周君对秦国雄威颇感敬畏，不敢怠慢秦国特使，这说明如果秦武王要在西周国闹出点动静，西周君会能忍则忍，委曲求全。

见嬴疾出使西周国如此成功，秦武王决定立刻前往周王畿。

秦武王带着孟贲、任鄙、乌获启程前往周王畿。到达周王畿后，不论秦武王怎么嚣张，周天子都逆来顺受。与楚庄王相比，秦武王神气得多，他不仅看到了九鼎，还能拿来耍耍——举鼎。

其实在出发之前，秦武王就做好了举鼎的打算，不然也不会带上孟贲哥仨。孟贲哥仨何许人也？都是当世知名的大力士，据说孟贲能生拔牛角，力气很是了得。由于秦武王本人是个角力爱好者，所以在他即位后，各国大力士纷纷来到秦国投奔秦武王，齐国人孟贲、任鄙、乌获哥仨自然也在其中。

孟贲哥仨名声虽然响亮，但恐怕也和大多数大力士一样，四肢发达头脑简单，无法成为独当一面的将帅，纯供秦武王工作之余角力娱乐罢了。既然在战场上无法扬名立万，那么收藏九鼎的周王畿自然成为他们的用武之地。

然而举鼎可不是件容易的事，能举起大鼎无疑是天生神力的象征，这可是大力士们的毕生追求。说起举鼎，最著名的莫过于项羽，史书上称项羽力能扛鼎。其实秦汉时期可不止项羽一个人能举鼎，他的老冤家刘邦的小儿子淮南王刘长也能举鼎，但纵观整个秦汉时期，牛人层出不穷，力能扛鼎的屈指可数，可见举鼎确实非凡人所为。

这样说吧，当时谁能够获得力能扛鼎的美名，就等于在现在获得举重奥运冠军，这对大力士们而言可是极具诱惑力的。人都贪慕虚名，作为大力士的秦武王与孟贲哥仨，想举起周王畿的九鼎以获美名，这是人之常情，而并非这哥儿几个脑子有问题。

但问题的关键在于，像九鼎那样的庞然大物可能举起来吗？当然有可能，因为它根本没有我们想象的那样庞大。你想想，大禹时期是什么年代，四千多年前，还属于原始社会时期，青铜冶炼和铸造技术才发明不久，和后世相比他们的铸鼎水平得多菜，有能耐铸造体型庞大的巨鼎吗？但九鼎毕竟是象征王权的圣物，比一般的鼎庞大是毋庸置疑的，也正因为如此，举起九鼎才更让人有成就感。

秦武王、孟贲哥仨看到九鼎，恨不得撸起袖子加油干。反正举鼎又不犯法，秦武王一声令下，哥几个，快随寡人一道举起这九鼎，让周王看看我秦国大力士的厉害！

说干就干，秦武王等人撸起袖子，摆好姿势，就差举起大鼎，迎接众人的鲜花与掌声了。然而秦武王怎么也没料到，等待他的不是鲜花与掌声。

不知道秦武王当时是自不量力，还是状态不佳，总之他这一举，举出了当年的头条新闻。据《秦本纪》记载，王与孟贲举鼎，绝膑。意思是说，秦武王与孟贲一同举鼎，一个不小心，把膝盖骨给弄折了。当时的医疗水平很低，膝盖骨折了，基本上坐定轮椅了。

然而事情没那么简单。

我们都看过奥运会的举重比赛，运动员们都穿得很凉爽，但必须在腰上系一根皮带。系那根皮带可不是为了耍酷，如果是耍酷，还得把内裤穿在外面。系那根皮带是为了护腰，因为举重时需要借助腰部的力量支撑，当然也有便于发力的作用。秦武王举鼎时遭遇不测，把膝盖骨都弄折了，那么他的腰呢？我不懂医术，但我猜他的腰应该也出了严重的问题。

据《帝王世纪》记载，"齐人孟贲及任鄙、乌获之徒皆往归焉，秦王与之举鼎，两目出血。"由此可见，秦武王举鼎失败不仅折了膑、伤了腰，还很可能伤及身体其他部位。很显然，以当时的医术水平，秦武王的身体恐怕得报废了。

秦武王四年（前307年）八月，一代英主嬴荡伤重不治，撒手人寰，年仅二十三岁。

作为一名志向远大且能力杰出的君主，秦武王的英年早逝实在可惜。他即位时虽然年轻，却能不被结党的朝臣蒙蔽，以极其老辣的手腕整顿朝纲，又在谗毁声中坚定不移地支持甘茂攻打宜阳，最终取得大捷掌控东出门户，也算得上粲然可观。尽管他年轻气盛好勇斗狠，但假以时日，经过岁月的磨炼，也未必不能成为一代明君。

秦武王冒险举鼎，可能受了大力士孟贲的怂恿，所以在他死后，秦国族灭孟贲，以泄其愤。然而人死不能复生，杀了孟贲全家也不能挽回秦武王年轻的生命，秦国的当务之急是确定秦武王的接班人，以免朝政不稳，列国趁火打劫。

按说秦武王死后，自然由秦武王的儿子即位，从秦献公开始就一直如此，以前秦国只要内政稳定也基本是父死子继，这似乎毋庸置疑，立刻扶立秦武王的儿子为王便是。然而令人尴尬的是，二十三岁的秦武王嬴荡并没有儿子。

既然嬴荡没有儿子，依照就亲原则，王位继承人就只能从他的弟弟秦惠文王的儿子当中挑选。可秦惠文王的儿子除了秦武王外，不止一个，诸公子继承王位的资格相当，立谁为新的秦王是个难题。

王室内部，往往权力至上，在王权面前，诸公子可不会互相礼让，共叙手足之情。秦武王没有儿子继承王位，秦惠文王诸子人人皆可逐之，有野心的公子已伺机而动，这样看来，不论秦国立谁为新任秦王，一场王权之战都不可避免。

# 季君之乱：王权争夺战

在秦惠文王诸子中，最有实力争夺王位的有两个，一个是公子壮，另一个是公子稷。

公子壮似乎比公子稷更有资格继承王位，因为公子壮是秦惠文王的嫡子，秦武王亲娘惠文后之子，与秦武王是同胞兄弟。而公子稷是庶子，他的母亲只是秦惠文王后宫的一个"八子"。根据"立子以嫡不以长"的传统，秦武王死后，自然由他的同胞弟弟贵为嫡子的公子壮即位。

作为公子壮的亲娘，毫无疑问，惠文后支持公子壮即位。除了惠文后，秦武王的王后及大多数秦国宗室成员和众多朝廷大臣都支持公子壮即位。毕竟在秦武王死后，作为秦武王的母亲与妻子，惠文后、武王后无疑是最有话语权的人物，在秦武王没有留遗诏确立继承人的前提下，她们婆媳俩决定拥立公子壮，谁敢轻言反对？

再者，在秦国诸公子看来，既然自己没实力竞争王位，与其让公子稷即位，不如拥护公子壮即位，公子壮毕竟是嫡子，让一个庶子凌驾于他们之上，仔细想想真的很不甘心。

另外，当时公子稷正在燕国当人质，公子壮人就在秦国，拥立公子稷即位的风险太大，公子壮在惠文后的拥立下随时可能即位，如此他们很容易遭到清算。

从上面的分析也可以看出，不论在即位资格上还是实力上，公子稷和公子壮都不在同一条起跑线上，公子壮似乎遥遥领先于公子稷。但公子稷也不是完全没有获胜的可能，他也有一支非常强悍的团队支持。

这支团队为首的是他的母亲芈八子。芈八子是楚人，是个非常聪明、颇有胆色又极具政治手段的女强人。秦惠文王在位时，很喜欢这个有个性的楚国女子，芈八子也趁机交结朝臣，把娘家人安插进秦国高层，建立了庞大的关系网。

这些进入秦国高层的娘家人自然与芈八子站在一边，支持她拥立公子稷即位。其中最有能力的莫过于魏冉，此人是芈八子的同母弟，在秦惠文王时就开始任职，是个可以出将入相的超级牛人。还有娘家亲戚向寿，此人曾和甘茂一同出使魏国说服魏襄王与秦国一同出兵攻打宜阳，也是个能领兵作战的能人。

除此之外，芈八子还把一个超级重量级人物也拉入阵营，他便是秦惠文王的弟弟，秦国元老级人物、功勋卓著的嬴疾。嬴疾在秦国朝野具有极高的威望，有他在，支持公子壮的宗室势力断然不敢轻举妄动。可以这样说，嬴疾的支持，对芈八子拥立公子稷起到至关重要的作用，如果没有他的支持，公子稷即便即位也很可能有名无实。

说到这里，我们会发现，公子壮与公子稷的实力来了个逆转，公子壮的支持者以诸公子和普通朝臣为主，他们或许人多势众，或许占据道德高位，但公子稷的支持者多是实力派，关键是掌握军队势力，而且团队的领导者惠文后和芈八子也不在同一水平线上。

实际上，公子稷团队的整体实力似乎要比公子壮团队强。

更让公子壮一伙吐血的是，芈八子竟然还有外援。赵武灵王为了在秦国扶立一个亲赵政权，在得知秦武王的死讯后，连忙派将军赵固从燕国迎接正在做人质的公子稷，并将他护送到秦国继承王位。

在各方势力的运作下，公子稷成功回到秦国，在芈八子、魏冉、嬴疾等人的拥立下即位，是为秦昭王，又称秦昭襄王。秦昭王尊母亲芈八子为太后，是为宣太后。与此同时，惠文后也不甘示弱，连忙立公子壮为王，是为季君。是时，秦国出现了两王并立的乱象。

读书人说，天无二日，人无二主；老百姓说，一山不容二虎，除非一公一母。总之，秦国只能有一个王，于是一场事关生死存亡的王权之战拉开序幕。

宣太后雷厉风行，果断提拔魏冉为将军，守卫咸阳（昭王即位，以冉为将军，卫咸阳）。从这里我们也可以发现，在咸阳宫里称王的是秦昭王，而季君并没有占据王宫。很显然，宫中的王嬴稷比宫外的王公子壮更有合法性，公子壮为了争取合法性，为了成为秦国独一无二的王，必须攻打咸阳宫里的嬴稷。

但攻打王宫岂是易事，在魏冉的守护下，季君与惠文后党羽始终无法对秦昭王下手，局势对他们越来越不利。而且，由于军方代表人物嬴疾站在宣太后和秦昭王一边，季君党羽也缺乏一支强悍的军队，等待他们的只可能是被击败的厄运。

秦昭王三年（前304年），季君党羽在魏冉等人的强势出击下彻底溃败，历时三年的季君之乱终于平定。凡参与拥立公子壮为王的宗室公子、朝臣，皆遭到宣太后集团的残酷镇压，除了武王后外，一律处死，连惠文后也死在此次动乱之中。

在这里稍提一下惠文后的死，史书上有不同记载，据《穰侯列传》记载，武王母号曰惠文后，先武王死，如果此说成立，惠文后拥立公子壮的事就不存在。另外，还有一种说法，惠文后与公子壮结党，及昭襄王杀公子壮，惠文后忧心而死。我认为这两种说法都不实，《秦本纪》明确记载，庶长壮与大臣、诸公子为逆，皆诛，及惠文后皆不得良死。之所以会出现这两种说法，大概是因为杀太后不太光彩，时人有所隐讳罢了。

武王后的结局相对最好，她只是被宣太后集团赶回魏国娘家。这个女人还很年轻，不如惠文后那样在朝中经营多年拥有较大的威望与势力，对宣太后集团的威胁不大。还有一点，从女性的角度分析，武王后是宣太后的晚辈，两人之间没有私怨，既然如此，宣太后自然没必要对她赶尽杀绝。

季君之乱得以顺利平定，避免了秦国因内乱导致国力走衰覆辙、百余年前的悲剧重演，也没有破坏秦孝公、秦惠文王、秦武王三朝苦心孤诣开创的事业，这实在是秦国之幸。

遥想当年，秦国的复兴之路多么艰辛！

回首往事，那段铁血变法、合纵连横的峥嵘岁月，又让人多么感慨！

秦孝公即位之初，秦国犹如一位沉疴待诊的病人，家长嬴渠梁忧心忡忡，请来良医商鞅，在他的回春妙手之下，经过二十多年的养精蓄锐，终于重焕生机。秦惠文王即位，坚定不移推行新法，重用张仪、嬴疾、司马错等人才，开疆辟土，使秦国鹤立于诸侯之中。秦武王在位时间虽不长，但虎父无犬子，派甘茂锐意攻取宜阳，控制通往山东各国的门户，为秦国实行大规模兼并战争铺平道路。从此以后，秦国更为轻视诸侯，屡动干戈，长驱直入，威震天下，山东各国由此进入战略防守阶段。

从秦孝公即位到秦武王末年，在这五十五年的峥嵘岁月里，秦国发生了翻天覆地的变化，从一个久病不振的古老诸侯国一跃成为战国时代最强大的王国。秦国之前并非一向积弱不强，在秦穆公时期也曾称霸天下，后来由于国内政局混乱，才导致原本强大的大秦落后于山东强国。因此，秦孝公即位之初锐意改革，可称之为"图复兴"，即恢复大秦往日的雄风。经过五十五年三代人的不懈努力，到秦武王攻取宜阳之后，秦人可以骄傲地对外宣称，大秦的复兴之路已经圆满走完，大秦的国力更甚于先祖秦穆公时代。

季君之乱虽然对秦国国力有所影响，但因为仅用三年便已彻底平定，秦国依然保持秦武王时期的强盛，依然具有睥睨天下的实力。在平定季君之乱中，宣太后由于在拥立秦昭王、击败季君党羽上功勋卓著，既深得秦昭王敬重，又积累了很高的声望，所以她并没有立刻还权于秦昭王，秦国开始进入君王与太后共治的时代。

从此，秦国挟复兴之国力，"遂将骁勇击强国，百万雄师下崤山"，进入战略大举进攻阶段。